Dieses Buch schließt die Lücke zwischen dem Bildungssystem und den Ansprüchen der Arbeitswelt. Ein überaus hilfreiches Werkzeug für alle Berufseinsteiger und Berufstätigen.

Reinhold Würth, Unternehmer

Inhaltsverzeichnis

11 Vorwort: Welches Wissen im Leben wirklich zählt

Vieles, worauf es im Berufsleben ankommt, haben wir in der Schule nicht gelernt. Zwischen den Inhalten des Bildungssystems und den Erfordernissen des Arbeitslebens klafft eine tiefe Lücke: die Bildungslücke. Welche Inhalte sind wirklich wichtig? Die Herausgeber beschreiben, wie es zu diesem Buch kam und was sie damit bezwecken.

19 Martin Laschkolnig: Weil ich es selbst wert bin
Wie Sie sich das Recht nehmen, glücklich und erfolgreich zu sein

Um beruflich erfolgreich zu sein, ist Selbstwert die Basis – denn er bedingt Wertschätzung und Kooperation. Leider vermittelt die Schule Selbstwert kaum. Doch erst wenn wir zu uns selbst stehen können, eröffnen wir uns die Möglichkeiten des Lebens. Wie finden Sie zu mehr Selbstwert und Selbstvertrauen?

35 René Borbonus: Respekt!
Wie Sie zu Anerkennung gelangen und andere anerkennen

Aus Selbstwert und Wertschätzung folgt Respekt - eine Seltenheit im alltäglichen Umgang gegenüber Kollegen und Kunden. Zugleich erfordert der Alltag im Beruf nahezu durchgängig Respekt. Wie lässt sich Respekt entwickeln?

47 Stefan Frädrich: Die richtige Richtung finden
Was die Schule vom Leben lernen kann

Die Strukturen des Bildungssystems verleiten zu einem Leben auf Autopilot - die meisten tun, was man von ihnen erwartet. Doch zahlreiche erfolgreiche Menschen durchbrechen die Strukturen und entscheiden selbst, was richtig ist. Wie gelingt es Ihnen, die richtige Richtung zu finden?

61 Alexander Maria Faßbender: Das ist deine Chance!
Wie Sie Gelegenheiten erkennen und die Initiative ergreifen

Die Regel in der Arbeitswelt ist Passivität: Wir warten auf unsere Chance. Doch klüger ist es, sich seine Chancen selbst zu schaffen. Elementar dabei ist die Frage nach dem, was unsere Mitmenschen wollen - der Grundgedanke jeder guten Geschäftsidee. Wie finden Sie heraus, was geht?

73 Katja Schleicher: To be professional
Welche Persönlichkeitsmerkmale das Berufsleben wirklich fordert

Kaum ein Arbeitgeber bejubelt Schulabgänger - auch weil ihnen Professionalität fehlt. Dabei ist Professionalität im Arbeitsleben unentbehrlich. Wie werden Sie professionell?

91 Lothar Seiwert: Sie haben Zeit!
Wie Sie Prioritäten setzen und erkennen, was wirklich wichtig ist

Was ist wichtig, was nicht? Wie gelingt es, nicht im Kleinkram zu
ersticken? Eine der wichtigsten beruflichen Fähigkeiten ist es,
das Wichtige vom Unwichtigen zu unterscheiden. Wie setzen Sie
sinnvolle Prioritäten?

105 Jörg Laubrinus: Wer will, der macht!
Wie Sie Entscheidungen treffen und Ihre Ziele erreichen

Viele Menschen zerreißen sich, weil sie nicht ehrlich sind zu sich selbst.
Entscheidungsschwäche ist ein großes Problem in der Arbeitswelt, doch
das Bildungssystem zeigt uns nicht, wie wir klug entscheiden. Wie treffen
Sie Ihre Entscheidungen so, dass sie Sie zum Ziel führen?

119 Ingo Buckert: Gesund in jedem Alter
Wie Sie zu körperlicher Fitness gelangen

In der Schule spielt unser Körper fast nur im Sportunterricht eine Rolle.
Doch er ist die Basis für unseren Erfolg bis ins hohe Alter. Da das Gesund-
heitssystem uns krank macht, ist es höchste Zeit, die Regeln allen zu
verraten: Wie werden und bleiben Sie fit?

133 Stefanie Betz: Kein Streit!
Wie Sie Konflikte verstehen, vermeiden und lösen

Manchmal müssen wir kämpfen. Doch nicht immer sind Konflikte sinnvoll
- oft sind sie die pure Energieverschwendung. Die Schule verschweigt
zudem, dass Konflikte oft wichtig und gut sind. Doch wie erkennen Sie,
wann es sich zu kämpfen lohnt? Wie führen Sie einen Kampf fair? Und
wie lösen Sie ihn?

145 Petra Pinker: Mach das Beste daraus!
Wie Sie mit Rückschlägen umgehen, ohne den Mut zu verlieren

Manchmal wirft uns das Leben zu Boden. Schon ein Jobverlust bringt Menschen zum Verzweifeln, denn unsere Gesellschaft straft Niederlagen, und der Neubeginn gilt als schwer. Dabei kommt es vor allem darauf an, wieder aufzustehen. Wie gelangen Sie zur nötigen Kraft?

157 Boris Grundl: Entwickeln Sie Menschen!
Warum Lehrer Führungskräfte sind, die Führung vermitteln

Obwohl Unternehmen hierarchisch geführt sind, konditioniert uns die Schule auf ein Leben nach den Idealen der Gleichberechtigung. Im Beruf ist vielen Menschen dann nicht klar, wann Kompromisse und Konsens gefragt sind und wann das Vertrauen in die Entscheidungen der Führung. Was macht Leadership aus, und wie werden Sie ein guter Chef?

171 Stéphane Etrillard: Bitte mehr Charisma!
Wie Sie Ausstrahlung und Präsenz gewinnen

Eine gute Ausstrahlung zeugt von Selbstbewusstsein ohne Arroganz. Die Schule hilft nicht dabei, individuelle Persönlichkeitsmerkmale zu entwickeln - dabei sind sie die wesentliche Voraussetzung für eine starke und selbstbewusste Wirkung. Wie werden Sie charismatisch?

183 Thilo Baum: Komm zum Punkt!
Wie Sie pragmatisch kommunizieren

Beim Thema Sprache zielt die Schule vor allem auf Fehlerlosigkeit und aufs Literarische. Wie man Gedanken einfach vermittelt und leicht verständlich auf den Punkt bringt, verrät sie nicht. Dabei müssen wir im Beruf sehr oft in aller Kürze einen Zusammenhang vermitteln und deutlich machen, worum es geht. Wie funktioniert klarer, pragmatischer Ausdruck?

197 Michael Rossié: Und Auftritt!
Wie Sie sich und Ihre Gedanken vor Publikum präsentieren

Mit überfrachteten Powerpoint-Folien und zu vielen Worten wirken wir nicht souverän. Denn anders, als das Bildungssystem vermittelt, geht es bei professioneller Präsentation nicht um Faktenhuberei, sondern um Wirkung. Präsentationen sind im Beruf alltäglich. Wie funktioniert die perfekte Präsentation?

211 Elisabeth Motsch: Sehen Sie gut aus!
Wie Sie stilsicher werden und optisch optimal ankommen

Statt jungen Menschen zu helfen, ihren individuellen Stil zu finden, diskutiert die Bildungselite gesellschaftspolitische Themen wie Markendruck und Schuluniform. Da auch viele Elternhäuser versagen, sind die Folge jede Menge schlecht gekleidete Angestellte. Doch Stil lässt sich erwerben: Was steht Ihnen wirklich?

229 Heidi Pütz: Der Flirt mit dem Traumjob
Wie Sie (sich) richtig (be)werben

Verkauf und Werbung gelten in der Schule als verpönt. Denn die Schule ist ein Hort des öffentlichen Dienstes, der traditionell nicht erfolgsorientiert denkt. Doch in der wirklichen Arbeitswelt leben Menschen davon, dass Unternehmen Produkte verkaufen. Und schon bei der Bewerbung verkaufen wir uns selbst. Wie verkaufen Sie sich am besten?

241 Ingeborg Rauchberger: Alles Verhandlungssache!
Wie Sie Ihre Gespräche zu nachhaltigem Erfolg führen

Sobald Sie in einem Gespräch ein Ziel haben, sind Sie mitten drin in der Verhandlung. Doch die Kunst des Verhandelns findet im Bildungssystem nicht statt - selbst Juristen lernen sie nicht an der Uni, obwohl sie sie täglich brauchen. Wie werden Sie zu einem guten Verhandler?

257 Holger Klein: Medien verstehen
Wie Sie klug mit Informationen umgehen

Medienkompetenz kommt in der Schule bislang zu kurz, da sie das konkrete Wissen dazu nicht hat. Doch Medien-Mechanismen sind wichtig – ob wir Medien als mündige Bürger konsumieren oder ob wir selbst Medien machen. Warum melden Medien so oft Unfug, und was sollten Sie übers Internet wissen?

271 Martin Betschart: Regieren Sie das Geld!
Wie Sie mit Finanzen umgehen und unabhängig werden

Aufgrund ihrer grundsätzlichen Skepsis gegenüber der Wirtschaft vermittelt die Schule so gut wie kein ökonomisches Wissen. Da sich bisher nur eine Elite das Wissen der finanziellen Unabhängigkeit aneignet, klaffen Arm und Reich immer weiter auseinander. Wie funktioniert Geld, und wie sollten Sie damit umgehen?

285 Markus Hofmann: Lernen, ohne zu pauken
Wie Sie Wissen ganz einfach im Gedächtnis verankern

Pauken, pauken, pauken – darauf setzt die Schule in ihrer Tradition der Disziplin. Doch moderne Techniken des Gedächtnistrainings helfen uns längst ganz einfach, uns neue Gedanken und Lerninhalte zu merken. Wie werden Sie zum Superhirn?

299 Nachwort: In neuen Kategorien denken

Das Arbeitsleben erfordert anderes Wissen, als die Schule es vermittelt. Wie lassen sich die relevanten Inhalte im Bildungssystem etablieren?

Vorwort

Welches Wissen im Leben wirklich zählt

„Vergiss alles, was du in der Schule und in der Uni gelernt hast!"
Diesen Satz hören zahlreiche Berufseinsteiger. Ihre künftigen Kollegen und Vorgesetzten stutzen sie erst einmal zurecht: Sie sollen nur nicht denken, sie könnten mit ihrem Wissen punkten, das ihnen das traditionelle Bildungssystem vermittelt hat. Was im Job wirklich zählt, werden sie ohnehin nur durch die Praxis lernen, die die Schule versäumt hat zu vermitteln.

Uns fällt nun einmal kein Arbeitgeber ein, der sagen würde, dass die Schulen hervorragende Arbeit machen würden. Kennen Sie einen Wirtschaftstreibenden, der sich für die Professionalität von Schul- und Hochschulabsolventen begeistert? Eben. Geradezu rituell beschweren sich Arbeitgeber über die mangelnden Qualifikationen junger Menschen. Bei der Kritik geht es meist um „Defizite in der Alltagskompetenz", wie Thilo Pahl vom Deutschen Industrie- und Handelskammertages (DIHK) sagt. Es scheint, als lehre die Schule eine Menge Fachwissen, das jungen Menschen zu einer Spezialisierung verhilft – nicht aber jenes Know-how, welches nötig ist, um dieses Fachwissen in der Arbeitswelt erfolgreich anzuwenden. Was aber fehlt nun genau?

Was fehlt, sind Kompetenzen, die nicht Schulfach sind

74 Prozent von mehr als 14.000 Unternehmen beklagen laut der Ausbildungsumfrage 2010 des DIHK „mangelnde Qualifikation der Schulabgänger". „Zunehmend beklagen Unternehmen (...) auch eine mangelnde Qualität und Relevanz des Berufsschulunterrichts."[1] Ein leichter Aufwärtstrend zeigt sich bei Deutsch und Mathematik – aber dennoch sehen im Jahr 2010 noch 54 Prozent der Unternehmen bei Schulabgängern Defizite im „mündlichen und schriftlichen Ausdrucksvermögen". Fatal ist: „Nur 9 Prozent der Unternehmen sehen keine Mängel bei der Ausbildungsreife der Schulabgänger." Neben den klassischen Schulfächern sehen die DIHK-Forscher vor allem Defizite in den Soft Skills. Diesen liegen Kriterien wie Disziplin, Belastbarkeit, Interesse, Leistungsbereitschaft und Umgangsformen zugrunde. Zu deren Entwicklung sagt Thilo Pahl: „Das Schulische wird besser, die sozialen und persönlichen Kompetenzen schlechter." Der DIHK listet als wünschenswerte soziale Kompetenzen auf: Einsatzbereitschaft und Verantwortungsbewusstsein, Team-, Kritik- und Konfliktfähigkeit, interkulturelle Kompetenz und Kommunikationsfähigkeit. Auffallend ist, dass kaum eine der aufgeführten Kompetenzen bislang Teil eines Schulfaches ist.

Eine zweite Forderung des DIHK bezieht sich auf die Akademiker: „Hochschulen müssen die Praxisanteile im Studium ausbauen. Vielen Absolventen mangelt es an der Fähigkeit, das im Studium erlernte Wissen anzuwenden."[2] Das bedeutet: Die Konzentration auf reines Fachwissen

---

1) Deutscher Industrie- und Handelskammertag e.V.: „Ausbildung 2010. Ergebnisse einer IHK-Unternehmensbefragung". Berlin und Brüssel 2010, Seite 30.

2) Deutscher Industrie- und Handelskammertag e.V.: „Erwartungen der Wirtschaft an Hochschulabsolventen". Berlin und Brüssel 2011, Seite 4.

scheint ein Muster zu sein – das Bildungssystem blendet die Anwendbarkeit und die konkrete Praxis offenbar systematisch aus. Weiter heißt es: „Nur wenn schon während des Studiums die Theorie mit der Praxis verknüpft wird, kann das Bologna-Ziel der Beschäftigungsfähigkeit erreicht werden." In Österreich wurde mit dem Fachhochschulwesen bereits ein vielversprechender, vermehrt praxisorientierter Ansatz entwickelt, wenngleich es immer noch vielfach zu wenige Absolventen für die Nachfrage gibt – und ein großer Teil der hier vorgestellten Kompetenzen wird auch dort nicht vermittelt.

Hauptschüler sozial inkompetent, Abiturienten zu verkopft

Die Klagen wiederholen sich regelmäßig. Weder für normale Jobs in abhängigen Beschäftigungen erfahren Schülerinnen und Schüler bisher das Nötige, noch dafür, um sich selbstständig zu machen und unternehmerisch zu arbeiten. Den Absolventen der Haupt- und Realschulen fehlen in der Regel soziale Kompetenz und Umgangsformen, Abiturienten sind für den Alltag meist zu verkopft und theoretisch. Hochschulabsolventen kommen oft mit einem so festgefahrenen Glauben ans Theoretische an ihren ersten Arbeitsplatz, dass es fast unmöglich scheint, ihnen den Sinn fürs Praktische und das Denken in Ergebnissen beizubiegen.

Mit diesem Buch wollen wir zeigen, welches Wissen Berufseinsteiger wirklich brauchen. Denn zwischen dem, was Schule und Universität uns lehren, und dem, was das spätere Leben einfordert, klafft eine tiefe Lücke: die Bildungslücke. Die Schule lehrt korrektes Schreiben, die Universität schult uns in Präzision – aber an den meisten Arbeitsplätzen geht es um treffende, prägnante und schnelle Kommunikation. Die Schule lehrt exaktes und differenziertes Denken, aber nicht souveränes Bewerten. Die Schule lehrt Perfektion in den Abläufen und Rechenwegen, aber nicht den Sinn fürs Ergebnis. Die Schule lehrt die hehren Ideale der Demokratie, aber keine Führung. Die Schule lehrt die Theorie der sozialen Marktwirtschaft, nicht aber, wie man sich mit einem Produkt auf einem

Markt positioniert. Am Ende verlassen junge Menschen die Schulen, denen die ersten Tage und Wochen an einem Arbeitsplatz wie eine Parallelwelt erscheinen – obwohl sie sich jetzt, nach der Schule, in der Realität befinden. Doch nun fordert man von ihnen die Dinge, auf die sie niemand vorbereitet hat. Darum brauchen wir eine Liste jener Inhalte, die fürs Arbeitsleben wirklich wichtig sind, damit die Bildungspolitik sie in die Lehrpläne und den schulischen Betrieb integrieren kann.

Warum PISA keine Rolle spielt

Falls Sie sich fragen, weshalb in diesem Buch die sogenannten „PISA-Studien" keine Rolle spielen – die Antwort ist einfach: Da „PISA" lediglich Kenntnisse der vorhandenen Inhalte schulischen Lernens evaluiert, sind die Ergebnisse für die berufliche Praxis der meisten jungen Menschen kaum relevant. Die sogenannte Bildungselite – Pädagogen, Politiker, Ministerialbeamte – weigert sich konsequent, ihr Weltbild zu hinterfragen, und darum kreist die Bildungsdebatte um sich selbst. Man diskutiert darüber, ob wir das Abitur in zwölf oder dreizehn Jahren machen sollen – aber solange wir in dieser Zeit nicht lernen, wie man beispielsweise eine Geschäftsidee erkennt, ist es eigentlich egal, ob wir das zwölf oder dreizehn Jahre lang nicht lernen.

Dabei ist es keineswegs neu, dass es nicht gut um unser Bildungssystem steht: Die Debatte läuft seit Jahrzehnten. Man spricht über Erziehung, die richtigen Methoden und die Frage, ob wir die erste und die zweite Klasse zusammenlegen oder nicht. Gesamtschule ja oder nein? Wer das Geschehen von außen betrachtet, fragt sich: Warum sprechen die Bildungsexperten nur über solche formalen Fragen? Warum erfahren wir in dieser Bildungsdebatte so wenig über Inhalte und darüber, was Menschen heute eigentlich wissen sollten? Wer außerhalb des Bildungssystems und außerhalb des öffentlichen Dienstes jemals wirklich gearbeitet hat, weiß: Statt nur über die Form zu sprechen, wäre es an der Zeit, die Inhalte zu thematisieren, damit junge Menschen wirklich fit sind für

das, was sie nach der Schule erwartet. An interessanten und vielverspre-
chenden Schulversuchen, die auch seit vielen Jahren konsistent bessere
Ergebnisse bringen, mangelt es nicht, wenn wir uns beispielsweise die
Europaschule in Bielefeld anschauen. Es gibt also Wege, besser zu lernen.
Nur die Inhalte, die wir in diesem Buch zusammengefasst haben, lernt
man auch dort größtenteils nicht.

Das Ziel der Schule ist Erfolg nur innerhalb des Systems Schule

Das Ziel der Schule scheint im bisherigen Weltbild des Bildungssystems nicht zu sein, dass junge Menschen erfolgreich werden im Leben.
Das Ziel scheint zu sein, dass sie ein Zeugnis bekommen mit guten Noten in den Fächern, die innerhalb des Systems Schule wichtig sind. Dieses Denken und der damit einhergehende Realitätsverlust zeigen sich
auch an höchster Stelle: „Die jungen, gut ausgebildeten Absolventen sind
für die Unternehmen attraktiv und bekommen vernünftige Perspektiven", sagte Bundesbildungsministerin Annette Schavan am 3. Mai 2011
bei einer Pressekonferenz des Stifterbandes für die Deutsche Wissenschaft zum Thema Bachelor-Abschluss. Es war, als käme sie von einem
anderen Stern – was sie erzählte, war schlicht nicht real. Ihren akademischen Blick brachte der Vorsitzende des Stifterverbandes Arend Oetker
bei dieser Veranstaltung auf den Boden: „Der großen Mehrheit der Unternehmen kommt es nicht auf die Art des akademischen Abschlusses
an, sondern auf die Fähigkeiten des Berufseinsteigers. (…) Jeder neue
Mitarbeiter wird entsprechend seines oder ihres individuellen Kompe-
tenzprofils eingesetzt."

Und das ist die Wahrheit: Unternehmen sind froh, wenn sie Leute
bekommen, mit denen sie arbeiten können. Ob diese Leute dem akade-
mischen Bildungsideal entsprechen, von denen Lehrer im öffentlichen
Dienst träumen, spielt für Arbeitgeber keine Rolle – und auch nicht zu
Beginn einer Selbstständigkeit. Und das ist nur ein Beispiel, in dem das
Bildungssystem konsequent an den Belangen des Lebens vorbeiarbeitet.

Die Bildungsdebatte unterliegt dem Filter des öffentlichen Dienstes und seiner Denkweisen – einem Filter, der die Realität ignoriert. Der Philosoph Seneca hatte recht mit seinem zynischen Spruch „Nicht für das Leben, sondern für die Schule lernen wir", als er die Philosophenschmieden seiner Zeit kritisierte. Im Grunde hat sich nichts geändert: Der Beruf, auf den die Schule am besten vorbereitet, ist der des Lehrers. Es ist ein geschlossenes System, das bisher so gut wie keine Impulse von außen erlaubt.

Warum „allgemeinbildend", wenn die wesentlichen Inhalte fehlen?

Wir sollten die Frage stellen, warum sich Gymnasien „allgemeinbildend" nennen dürfen, obwohl sie weder Professionalität lehren noch die Fähigkeit, Prioritäten zu setzen. Nicht einmal die Frage, wie man mit Geld umgeht, steht auf dem Lehrplan. Stattdessen beschäftigen Lehrer ihre Zöglinge mit klassischer Literatur, höherer Mathematik und naturwissenschaftlichem Fachwissen. All das sind schöne Dinge, aber wo bleibt das Wesentliche? Der Begriff der Allgemeinbildung scheint völlig verzerrt zu sein: Nur akademische Bildung gilt demnach als Bildung. Der akademische Betrieb scheint es nicht für nötig zu halten, den verantwortungsvollen Umgang mit Medien zur Allgemeinbildung zu erklären, obwohl diese Dinge unser Leben stärker beeinflussen als Franz Schuberts Vertonung von Goethes „Erlkönig". Heute gehören Dinge zur Allgemeinbildung wie die Fähigkeit, zu einem stabilen Selbstwert zu finden, jenseits der vorgegebenen Bahnen zu denken, Geschäftsideen zu entwickeln und zu bewerten und vieles mehr.

Es wundert daher niemanden außerhalb dieses Systems, dass die bisherige Debatte am Thema vorbeigeht. Genau darum ist es wichtig, dass dieses Buch nicht von Vertretern des vom öffentlichen Dienst geprägten Bildungssystems kommt, sondern von Vertretern der Seminar- und Coachingszene, die aus der Praxis berichten, in der sie berufstätigen Menschen das fehlende Wissen nachliefern.

Der Weiterbildungsmarkt schließt die Bildungslücke

An einem schönen Sommertag des Jahres 2009 trafen sich die Herausgeber dieses Buches zum ersten Mal. Wir waren bei der „Coaching Convention" in Wien, auf der es nur um Wissen ging. Die Redner, die dort und bei anderen Kongressen auftreten, vermitteln Wissen in Unternehmen, das die Schule unterschlägt. Nicht umsonst boomt der Weiterbildungsmarkt. Denn Erwachsene müssen, wollen sie beruflich erfolgreich sein, eine ganze Menge Wissen nachholen, das das Bildungssystem ihnen politisch und historisch bedingt vorenthält. Professionalität, Entscheidungsfindung, zielgerichtete Kommunikation, Selbstwert, Stil, Respekt und Verkauf hat ihnen ja bisher niemand beigebracht – also machen wir das, die Speaker- und Trainerszene. Und so buchen Unternehmen „Keynote-Speaker" (Neudeutsch für Vortragsredner) für Impulsvorträge, manchmal nur einstündige Referate mit oft starker und nachhaltiger Wirkung auf das Unternehmen und seine Mitarbeiter, wenn die Botschaft klar rüberkommt. Oder es geht um tagelange Verhandlungstrainings, Anti-Burnout-Seminare, Zeitmanagement, Erfolgsseminare, emotionale Intelligenz, Mitarbeiterführung und um alles andere, was wichtig ist, um erfolgreich zu sein, ohne sich zu verheizen. Nur im vorurteilsgesteuerten Klischeebild bekommt das Publikum „Tschacka"-Theater, und so mancher Vertreter des klassischen Bildungssystems rümpft über den unakademischen Zugang die Nase. In der Realität aber bekommt das Publikum brauchbares und konkret anwendbares Know-how. Genau das, was das Bildungssystem nicht leistet.

Konkretes Wissen für Berufseinsteiger

Beim Mittagessen unterhielten wir uns über unsere Jobs und darüber, was wir hier eigentlich tun. Wir wussten: Letztlich gibt es unseren Markt nur, weil der öffentliche Dienst und das Bildungsbürgertum seit Jahrzehnten die Menschen von der Wirklichkeit fernhalten. Wie wäre es also, wenn wir dem Bildungssystem konkret zeigen, welches Wissen in die Schule gehört? Wir haben es doch gebündelt und müssen die Kolleginnen und Kollegen nur fragen, ob sie mitmachen! An diesem Tag beschlossen wir, dieses Buch zu schreiben. Wie wäre es, wenn man schon in der Schule von unserem Wissen erführe?

Ob wir mit diesem Buch die Schule oder das Bildungssystem ändern werden, wissen wir nicht. Wir wissen nicht einmal, ob uns die Vertreter des Bildungssystems überhaupt zuhören würden. Aber das macht nichts und es ist letztendlich auch irrelevant für die Menschen, die jetzt ins Berufsleben starten. Was wir leisten können, ist ein konkreter Beitrag für jeden einzelnen Schulabgänger und Berufseinsteiger. Wir bündeln in diesem Buch einen Teil des Wissens, das die Schule verschweigt und das Menschen in so gut wie allen Berufen brauchen. Diesen widmen wir dieses Buch.

Heiligengrabe und Linz/Donau, 1. Januar 2012
Thilo Baum und Martin Laschkolnig

Weil ich es selbst wert bin

Wie Sie sich das Recht nehmen, glücklich und erfolgreich zu sein

VON MARTIN LASCHKOLNIG

Die Grundlage für Erfolg und Glück im Berufsleben ist ein gesunder Selbstwert. Das bedeutet nicht Lautstärke oder Arroganz, sondern ein Bewusstsein dafür, dass wir nicht per se unwürdige Sünder sind. In der Geschichte war es fast nie das Ziel, aus jungen Menschen im Volk selbstbewusste und starke Persönlichkeiten zu machen. Ein gesunder Selbstwert ist die Basis dafür und der erste Aspekt, den sich Berufseinsteiger zulegen sollten.

Klaus Krinner ist siebzig. Seine Schulzeit ist lange vorbei – und sicherlich wurde zu seiner Zeit nicht mit den Methoden oder Erkenntnissen von heute unterrichtet. Etwas vom Wichtigsten im Leben hat er aber nicht in der Schule gelernt. Klaus Krinner wuchs unmittelbar nach dem Zweiten Weltkrieg auf – auf einem Bauernhof in Niederbayern. Die Zeiten waren hart, die Eltern streng. Schon als kleiner Junge musste er mitarbeiten, damit Essen auf den Tisch kam. So weit teilt er dieses Schicksal mit vielen, die zu dieser Zeit aufwuchsen.[1]

Was das mit heute zu tun hat? Viel. Denn Klaus Krinner besitzt trotz der widrigen Umstände eine Fähigkeit, die wir auch heute brauchen. Es ist der Glaube an sich selbst.

Klaus Krinners Eltern haben eine Sache richtig gemacht: Hatte Klaus eine Idee, ließen sie ihn machen. Während die meisten von uns von scheinbar wohlmeinenden Freunden, Eltern und Lehrern hören: „Lass das doch, das bringt doch eh nichts. Du verschwendest doch nur deine Zeit. Wenn das was bringen würde, wäre darauf ja schon längst jemand anderes gekommen." Und wir glauben es und lassen uns von unseren inneren Impulsen abbringen.

Keine Erfindungen ohne Freiheit im Geiste

Klaus Krinner begann als Bauer, später sattelte er auf Erdbeeren zum Selbsternten um und irgendwann mal hatte er ein Problem: Er sollte für seine Frau eine Wäschespinne im Garten aufstellen. Im Regelfall hieß das, Loch graben, Zement anrühren, Fundament bauen, tagelang trocknen lassen. Doch Klaus Krinner dachte sich, das muss doch leichter gehen – und erfand das Schraubfundament. Schraubfundamente sind überdimensionale Schrauben in verschiedenen Größen, die sich in den Boden schrauben lassen und heute nicht nur Wäschespinnen halten, sondern auch Fahnenmasten, Carports, Solaranlagen und Messezelte.

---

1) *Brand eins*, 1/2009, Seite 20.

Klaus Krinners Betrieb exportiert weltweit und bietet mehr als vierzig Mitarbeitern einen Arbeitsplatz – dank seiner Freiheit im Geiste. Klaus Krinners Neugier, sein Vertrauen in sich selbst und seine Ideen und Einfälle haben eine Grundlage: Selbstwertgefühl.

Viele Berufstätige haben die Erfahrung gemacht: Um mehr aus sich zu machen, muss man an sich arbeiten. Und damit meine ich nicht die fachliche Kompetenz – sondern die menschliche, die emotionale, die persönliche. Wir machen Kurse, besuchen Seminare, machen Selbsterfahrungstrainings, vielleicht auch in eine therapeutische Richtung, um den ganzen mentalen und emotionalen Müll, der sich über Jahre und Jahrzehnte angesammelt hat, aus unserem System zu befördern. Was für ein riesiges Geschenk für jeden jungen Menschen individuell und für die Gesellschaft als Gesamtes wäre es, wenn wir den Menschen schon in jungen Jahren Mittel an die Hand geben könnten, damit sich dieser emotionale Ballast gar nicht erst aufbaut?

Gewiss kann niemand einem Schüler ein hohes Selbstwertgefühl beibringen wie Kenntnisse in Englisch und Biologie. „Na also", werden sich jetzt manche Lehrer denken, „passt doch. Wir sind aus dem Schneider." Doch so einfach ist es nicht: Schüler, Eltern und auch Lehrer bestimmen maßgeblich das Umfeld, in dem sich jemand einen hohen Selbstwert aufbauen kann. Selbstwert ist also sowohl Hol- als auch Bringschuld.

Selbstwert hilft gegen Mobbing und fördert Wertschätzung

In unseren Schulen sind emotionale Intelligenz, sozialer Durchblick und wertschätzender Umgang mit sich selbst und anderen leider – noch – kein Lernziel. Studien von Pilotversuchen in USA und Europa haben immer wieder gezeigt, dass eine gezielte Förderung von Selbstkompetenz und Selbstwert massive positive Auswirkungen hat: Die akademischen Resultate verbessern sich, Mobbing geht zurück, Vandalismus verschwindet fast gänzlich. Die Kooperation und der wertschätzende Umgang nehmen deutlich zu.

Der Selbstwert des Individuums ließe sich bereits in der Schule fördern – allerdings ist es nicht mit ein paar Beratern getan, die die Schüler trainieren, und dann geht alles so weiter wie bisher. Das Interesse am gesamten Menschen muss wachsen. Es ist traurige Realität: Das Bildungssystem begreift den Schüler großteils noch immer als funktionellen Teil des Systems wie im 19. Jahrhundert. Erst wenn wir uns in der Schule für die Schüler – und an Arbeitsplätzen für Mitarbeiter – als menschliche Wesen interessieren, wird es dem Einzelnen leichter fallen, einen gesunden Selbstwert aufzubauen.

Zunächst möchte ich mit einem Mythos zum Thema Selbstwert aufräumen: Es gibt keinen „zu hohen" Selbstwert. Immer wieder mal liest man in Zeitungsartikeln, ein emotionales Fehlverhalten sei auf „ein zu stark ausgeprägtes" oder „zu hohes" Selbstwertgefühl zurückzuführen. Lassen Sie mich das richtigstellen: Wer arrogant oder aggressiv auftritt, hat keinen „zu hohen", sondern einen *defensiven* Selbstwert – Arroganz und Aggression dienen der Verteidigung und sind selbst kein Ausdruck von Stärke. Ein gesunder, hoher Selbstwert zeichnet sich durch aktives Mitgefühl und Empathie aus – und er ist sich seiner Bedürfnisse ebenso bewusst und findet die Balance zwischen den beiden.

Der internationale Rat für Selbstwert[2], den ich in Österreich vertrete, orientiert sich an der Definition des Selbstwerts von Nathaniel Branden: „Das Selbstwertgefühl ist die Disposition, sich selbst als kompetent im Umgang mit den grundlegenden Herausforderungen des Lebens zu erfahren, und dass man es wert ist und es verdient, glücklich zu sein."[3]

Hier zeigen sich insbesondere zwei Dinge, auf die es bei Selbstwert ankommt:

- Erstens geht es darum, dass wir uns selbst als kompetent erfahren, mit den grundlegenden Herausforderungen im Leben umgehen zu

---

2) Gegründet anlässlich der 1. Internationalen Selbstwertkonferenz am 11.8.1990. mit Gründungspräsident Bob Reasoner. www.self-esteem-international.org.

3) Branden, Nathaniel: „The Six Pillars of Self-Esteem". Bantam, 1994.

können – und zwar unabhängig davon, für wie kompetent andere uns halten und welche Befähigungen, Erfahrungen oder Ausbildungen wir haben. Solange wir uns selbst nicht als fähig ansehen, spielen Qualifikationen kaum eine Rolle.

- Zweitens geht es um die grundlegenden, allgemeinen Herausforderungen des Lebens. Jeder muss schwere Schicksalsschläge erst verarbeiten – nur gelingt dies Menschen mit einem hohen Selbstwertgefühl leichter als anderen.

Verdienen Sie es, glücklich zu sein?

Fragen Sie sich einmal selbst: „Verdiene ich es wirklich, glücklich zu sein? Verdiene ich es, respektiert zu werden?" Mehr als neunzig Prozent der Menschen in unseren westlichen Gesellschaften haben hier Zweifel – völlig verständlich, denn über Jahrhunderte wurde uns eingetrichtert, wir seien unwürdige Sünder. Auch wenn Sie nicht religiös im traditionellen Sinne sind, so sind diese Denkmuster doch zutiefst in unseren gesellschaftlichen Normen und Mustern verankert. Weder Klerus noch Adel waren daran interessiert, selbstständig denkende und unabhängig agierende Menschen als Volk zu haben.

Leider ist das heute nicht grundlegend anders – nur die herrschenden Schichten haben sich etwas verändert. Allerdings setzte in den vergangenen fünfzehn bis zwanzig Jahren ein massiver Wandel ein, der zu mehr Selbstwert beim Individuum führen kann. Zahlreiche Menschen, die heute Kinder großziehen, sind Teil dieser neuen Bewegung – einer Bewegung, die nicht nur materielle Errungenschaften anstrebt, sondern vor allem emotionale und persönliche Erfüllung. Dafür ist ein gesunder Selbstwert die grundlegende Voraussetzung. Die tiefe innere Gewissheit, den Herausforderungen des Lebens gewachsen zu sein, ist eine der Fähigkeiten, die durch einen hohen Selbstwert entsteht beziehungsweise darauf aufbaut.

Selbstwert im Quadrat

Verschiedene Formen von Selbstwert ergeben sich, wenn wir das Verhältnis von zwei Komponenten betrachten: einerseits die Wahrnehmung unseres eigenen Werts – der eigenen Wertigkeit: Als wie wertvoll empfinden wir uns? – und andererseits unsere uns selbst beigemessene Kompetenz. Beides ist subjektiv, aber für die meisten Menschen ergibt sich die Kompetenzbeimessung aus den Rückmeldungen der Umwelt, die unreflektiert als Wahrheit in die eigene Wahrnehmung übernommen werden – nach dem Motto: „Ich kann nur, wovon die anderen sagen, dass ich es kann." Es ergeben sich vier Selbstwerttypen:

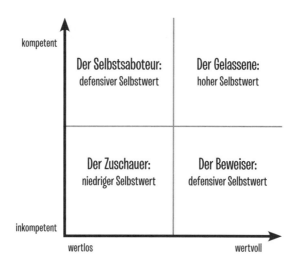

Selbstwert: sich als wenig wertvoll und wenig kompetent zu empfinden, führt zu niedrigem Selbstwert (der Zuschauer); sich wenig wertvoll, aber kompetent zu fühlen (der Selbstsaboteur) führt ebenso zu defensivem Selbstwert wie sich wertvoll, aber wenig kompetent zu fühlen (der Beweiser). Sich als wertvoll und kompetent zu empfinden führt zu hohem Selbstwert (der Gelassene).

Es ist aber keineswegs in Stein gemeißelt, in welchem der vier Quadranten ein Mensch sich befindet. Denn diese Zuordnungen sind keine letztendliche Be- oder Verurteilung, sondern können sich ständig verändern. Bei allen vier Typen ist die persönliche Wahrnehmung gemeint – was andere über uns denken, spielt zunächst keine Rolle. Erst wenn wir für uns entscheiden, dass die Meinungen anderer auf uns zutreffen, übernehmen wir dieses Außenbild in unsere persönliche Bewertung. Wie wir wissen, geschieht das in unserer Gesellschaft sehr oft.

Die vier Ausprägungen im Einzelnen:

- **Wahrnehmung als wenig wertvoll, wenig kompetent: der Zuschauer.** Sind Wert und Kompetenz niedrig, ergibt sich daraus ein niedriger Selbstwert. Wenn wir von uns selbst denken, wir seien nicht viel wert und hätten keine Kompetenz, dann begründet dies unsere Wahrnehmung von uns selbst. Dies führt in der Regel dazu, dass wir auch Aussagen anderer durch diesen Filter wahrnehmen und bewerten. Erst wenn wir unsere Überzeugung über uns selbst ändern, können wir auch von anderen annehmen, dass sie uns schätzen oder uns etwas zutrauen. Ich nenne diesen Typen „Zuschauer", weil Menschen mit niedrigem Selbstwert dazu neigen, andere bestimmen zu lassen, was geschieht. Sie passen sich gesellschaftlichen Normen ohne großes Hinterfragen des Sinns an und ordnen sich dem System unter. Daraus ergibt sich auch, dass der Zuschauer keinen großen Beitrag zum gesellschaftlichen Fortkommen leistet. Viel Potenzial geht hier verloren, nur weil diese Menschen keinen Glauben an sich selbst besitzen.
- **Wahrnehmung als wenig wertvoll, aber kompetent: der Selbstsaboteur.** Ist die Wertvorstellung niedrig und die wahrgenommene Kompetenz hoch, ergibt sich daraus ein defensiver Selbstwert. Der Selbstsaboteur ist die erste der beiden möglichen Ausprägungen defensiven Selbstwerts. Das Ungleichgewicht erzeugt ein inneres Unbehagen und die geheime Angst, Ansprüchen nicht gerecht zu werden. Anschauliche Beispiele sind abgestürzte Prominente,

die zuvor sehr schnell erfolgreich geworden waren: Plötzlich erleben diese Menschen (mit oftmals wirklich außergewöhnlichen Talenten) eine unglaubliche hohe Wert- und Kompetenzzuweisung von außen – eine CD wird ein Hit, Filme sind Kassenschlager, sie werden manchmal über Nacht berühmt oder reich. Der Selbstsaboteur greift jetzt unbewusst zu herabsetzenden Verhaltensweisen, wie zu Alkoholexzessen, zu Drogen, sich mit einem Callgirl im Cabrio auf einer belebten Straße beim Sex erwischen zu lassen und so weiter, nur um die von der Außenwelt entgegengebrachte Kompetenz- und Wertvorstellung wieder dem eigenen Erleben anzupassen. Die Umgebung denkt sich oft: „Wie kann man nur so blöd sein!". Aber das war ja genau der unbewusste Plan. Um dauerhaft Erfolg zu haben, müssen wir unser eigenes Können auch annehmen.

- **Wahrnehmung als wertvoll, aber wenig kompetent: der Beweiser.** Typ Nummer 2 mit defensivem Selbstwert ist der Beweiser – nur sind hier die Vorzeichen jenen des Selbstsaboteurs genau entgegengesetzt. Der Beweiser hat eine sehr hohe Wertvorstellung und Meinung von sich selbst, betrachtet sich insgeheim allerdings als im Verhältnis zu wenig kompetent, was ihm ja auch die Außenwelt vermittelt. Daher ist er ständig bemüht, sich selbst zu beweisen und die Welt dazu zu bringen, ihn so zu sehen, wie er es selbst gerne hätte. Das kann die verschiedensten Formen annehmen – von übercooler Attitüde über den Rowdy bis zur Anerkennung durch körperliche Gewalt, aber auch die Form von Angeberei oder Arroganz. Wer sich selbst und andere wertschätzt, braucht niemandem etwas zu beweisen – und mit hohem Selbstwert haben wir kein Bedürfnis, andere herabzusetzen. Arroganz ist immer ein Zeichen mangelnden Selbstwerts.
- **Wahrnehmung als wertvoll und kompetent: der Gelassene.** Der letzte der vier Archetypen zeichnet sich durch die Balance zwischen Wert und Kompetenz aus. Dieser Mensch muss niemandem etwas beweisen – auch sich selbst nicht. Er zeichnet sich durch eine

gesunde Mischung aus Ambition, Zufriedenheit und Gelassenheit aus. Er kann sich zu großen Taten entschließen und ebenso auch anderen den Vortritt lassen. Er nimmt die Möglichkeiten des Lebens wahr und nutzt sie, wenn das aus seinem Wertkontext und seinem persönlichen Integritätsempfinden erstrebenswert ist. Gelassene Menschen können für andere durchaus frustrierend sein, da bei ihnen die üblichen Spielchen von Schuldzuweisung und „schlechtem Gewissen machen" nicht funktionieren. Sie können begangene Fehler problemlos zugeben, haben aber auch kein Problem, für ihre Überzeugungen einzustehen, auch wenn das gegen die Meinung des Mainstreams sein sollte. Über alldem steht ein hohes Mitfühlen mit anderen Wesen um sie herum: Sie bemühen sich, in ihrem Sein und Handeln den größtmöglichen Nutzen für die größtmögliche Anzahl von Menschen zu bewirken. Sie haben wahrhaft erkannt, dass Erfolg und Wohlbefinden auf dem Miteinander aufbauen und nicht, indem der Stärkere dem Schwächeren etwas wegnimmt oder vorenthält. Das heißt nicht, dass diese Menschen perfekt sind – sie haben ebenso Stärken und Schwächen wie andere Menschen auch. Sie sind aber ausreichend selbst reflektiert, um mit diesen Eigenschaften proaktiv umgehen zu können. Sie erkennen sich selbst als wertvoll an, unabhängig von ihrem individuellen Mix aus Stärken und Schwächen.

Die Utopie des „Gelassenen" ist erreichbar

In einem gewissen Sinne ist die Beschreibung dieses letzten Archetypus, des „Gelassenen", eine Utopie – allerdings eine, die erreichbar ist. Es gibt aber auch nicht die eine, magische Lösung, durch die dann – abrakadabra – hoher Selbstwert entsteht.

Der Selbstwert eines Menschen beruht auf vielen verschiedenen Einzelfaktoren, die sich in sechs Bereichen zusammenfassen lassen, aufgrund deren wir uns persönlich bewerten:

- Angeborene Eigenschaften wie beispielsweise die Erscheinung, die Intelligenz, natürliche Fähigkeiten
- Das Gefühl, mögenswert und liebenswert zu sein
- Das Gefühl, einzigartig und wertvoll zu sein und es zu verdienen, respektiert zu werden
- Das Gefühl, die Kontrolle über das eigene Leben zu haben
- Ethische und moralische Werte sowie Integrität
- Die persönlichen Errungenschaften, wie Erfolg, Fertigkeiten, Besitz, Status, Karriere

Auch hier ist wieder die Balance dieser verschiedenen Faktoren zu beachten. Wenn sich unser Selbstwert beispielsweise nur über eine berufliche Position definiert und wir aufgrund äußerer Faktoren diese Stellung verlieren, fallen wir in ein tiefes Loch – ohne, dass wir etwas hätten, was uns auffängt. Elementar sind neben Errungenschaften daher auch die anderen Punkte.

Die fünf Schritte zu ausgezeichnetem Selbstwert

Sie sehen: Ein gesunder Selbstwert macht das Leben leichter und erfüllender. Nun möchte ich Ihnen fünf Stufen vorschlagen, Ihren eigenen Selbstwert aufzubauen, ohne von anderen abhängig zu werden. Die Formel der fünf Schritte lautet:

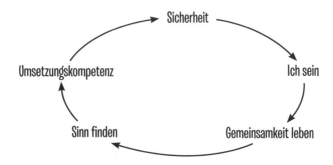

- **Sicherheit.** Wir leben in einer relativen Welt. Sind wir frisch verliebt, ist die Welt der schönste Platz, den es gibt. Sollte uns der- oder diejenige gerade verlassen haben, ist alles fürchterlich. Es ist aber immer noch die gleiche Person und auch noch die gleiche Welt. Das heißt: Wir interpretieren die Welt. Wir geben Ereignissen eine Bedeutung. Vordergründig mag es erscheinen, dass es uns nützt, wenn wir anderen die Schuld für unsere Misere geben – schließlich können wir dadurch die Verantwortung für das Geschehene abgeben. Das hat allerdings fatale Folgen. Wir überlassen unsere Geschicke unserer Umwelt und machen uns so von ihr abhängig. Daher ist die Erkenntnis, dass wir selbst bestimmen, wie wir die Welt sehen, die Basis für unsere Sicherheit. Wenn wir anerkennen, dass wir selbst durch unsere Interpretation die Sicht der Welt bestimmen, holen wir uns selbst aus der Opferrolle heraus. Wenn wir die Verantwortung für unser Geschick und Glück übernehmen, machen wir nicht nur einen Riesenschritt zur Selbstbestimmung. Es hilft uns und unserem Selbstwert ungemein, wenn wir das Gefühl entwickeln, dass wir die Kraft und die Möglichkeit haben, das zu beeinflussen, was in unserem Leben geschieht.
- **Ich sein.** Erst wenn wir das Gefühl haben, mit den Herausforderungen des Lebens zurechtzukommen, können wir es uns auch erlauben, nicht mehr nur zu funktionieren, sondern uns aktiv mit uns selbst auseinanderzusetzen. Aus diesem Gefühl der Sicherheit heraus können wir uns selbst akzeptieren als Mensch, der Stärken und Schwächen hat. Erst dann können wir uns mit unseren Schwächen auseinandersetzen und gezielt daran arbeiten, Stärken zu entwickeln. In unserer schnelllebigen, multimedialen Welt von Zwei-Minuten-Videoclips kommt diese Vielschichtigkeit des Menschseins oft zu kurz. Hier auch seine Erwartungen richtig zu setzen und klar zu definieren ist ein erster Schritt, um in dieser komplexen Welt schon einmal mit sich selbst besser zurechtzukommen. Ein positives Selbstbild aufzubauen, bedeutet nicht, der Selbstverliebtheit Tür und Tor zu öffnen. Im Gegenteil, ein waches Bewusstsein

für die eigenen Stärken und Schwächen gehört dazu und führt uns im Idealfall zu einer zielorientierten Haltung von „Wie geht das?" anstelle von „Das schaffe ich ja ohnehin nicht."

- **Gemeinsamkeit leben.** Der Mensch ist ein soziales Wesen, wir brauchen den Austausch mit anderen. Jahrtausendelang waren wir für unser Überleben auf den Schutz der Sippe angewiesen, und dieser Bezug auf die Gruppe hat sich tief in uns und unsere sozialen Normen eingeprägt. Wir können uns also einer Straßengang anschließen oder zur Freiwilligen Feuerwehr gehen – wir werden die Gruppe beeinflussen und sie auch uns. Welche Gruppe wir wählen, hängt von der Verfügbarkeit und bei Verfügbarkeit von mehreren Möglichkeiten von unserer Basis aus den Bereichen „Sicherheit" und „Ich sein" ab. Um es einer Gruppe zu ermöglichen, einen hohen Selbstwert auszubilden, braucht sie eine Kultur der Offenheit und gegenseitiger Anerkennung. Wenn wir uns damit abfinden, dass rund um uns herum alle an „Jammeritis" erkrankt sind, brauchen wir uns nicht wundern, wenn sich auch unser eigenes Befinden in eine Abwärtsspirale begibt. Eine Gruppe, die es allen ermöglicht, einen hohen Selbstwert zu entwickeln, verhindert Isolation weitgehend und pflegt ein gesundes Bestreben, alle einzubinden und Möglichkeiten zu schaffen, wie jeder Einzelne in der Gruppe einen Beitrag leisten kann, der ihm selbst gerecht wird und den die Gruppe als Bereicherung erfährt. Das stärkt langfristig die Verbindungen in der Gruppe, vertieft die Freundschaft und anstelle eines negativen „Ich-bin-besser-als-du"-Stolzes entwickelt sich eine gesunde Wertschätzung der Gruppe.
- **Sinn finden.** Gerade Jugendliche sind schwer damit beschäftigt, ihren persönlichen Sinn im Leben zu finden. Die Wahrnehmung der Welt der Erwachsenen ruft oft mehr Zweifel als Klarheit hervor: Was „die Alten" hier auf dieser Welt so aufführen, das kann es in den Augen vieler junger Menschen nicht sein. Den eigenen Weg finden und eine persönliche, kraftvolle Vision für das eigene Leben entwickeln können wir aber erst dann wirklich gut, wenn wir in

den ersten drei Schritten die Grundlage für einen hohen Selbstwert und ein gesundes Selbstvertrauen gelegt haben – und einen selbstbestimmten Sinn können wir erst dann entwickeln, wenn wir die eigene Identität geklärt und uns bewusst entschieden haben, welcher Gruppe oder sozialen Schicht im weiteren Sinn wir uns zugehörig fühlen. Erst dadurch kann der Sinn, den wir uns geben, auch unsere innersten Wünsche umfassen und über gesellschaftliche Konventionen hinauswachsen. So können wir es uns erlauben, auch Visionen ins Auge zu fassen, die eine Herausforderung darstellen. Wenn eine klare Vision mit einem Sinn vor uns liegt, helfen uns Ziele dabei, auf unserem Weg auch einmal nachzusehen, wie gut wir vorankommen.

- **Umsetzungskompetenz.** Doch was nützen uns die beste Vision, der höchste Sinn, der größte Traum, wenn wir nicht zur Tat schreiten, weil uns die Kompetenzen fehlen, unsere Vision Wirklichkeit werden zu lassen? Ein Mensch mit Sinn bewahrt eine positive Einstellung und entwickelt aus dem Sinn somit Umsetzungskompetenz. Er lässt sich keine Limits auferlegen, sondern sucht immer konstruktive Möglichkeiten, mit Schwierigkeiten umzugehen, und er hat für sich die Entscheidung getroffen, immer sein Bestes zu geben.

Zum Abschluss habe ich noch eine Formel für Sie. Sie ist klein, aber bedeutungsvoll. Ich habe sie von meinem Freund und Mentor Jack Canfield[4], einem der großen amerikanischen Persönlichkeitstrainer, der mit dem Buch „Hühnersuppe für die Seele" weltberühmt wurde. Jack Canfield selbst lernte die Formel wiederum von Dr. Robert Resnick, einem Psychotherapeuten aus Los Angeles. Die Formel lautet:

$$E + R = F$$
Ereignis + Reaktion = Folgen

4) www.jackcanfield.com.

Es mag banal klingen, aber die Implikationen dieser Formel auf unser Leben sind faszinierend. Es heißt schlicht und ergreifend nichts anderes, als dass es *immer* zwei Komponenten für die Folgen eines Ereignisses gibt. Wenn ein Ereignis eingetreten ist, ist es geschehen – trotzdem hängen die Folgen, die daraus entstehen, immer auch noch von meiner Reaktion auf das Ereignis ab.

Bei den meisten Menschen läuft diese Reaktion auf Autopilot ab. Jemand sagt: „Du bist doof!", und wir ärgern uns ganz automatisch. Dabei muss das gar nicht so sein! Dass wir uns ärgern, ist unsere Entscheidung – es ist in keiner Weise zwangläufig. Welche Gefühle wir haben, bestimmen wir. Wir alle kennen das: Wir führen eine hitzige Diskussion mit jemandem, es fliegen die Fetzen. Plötzlich klingelt das Telefon, die Lieblingstante oder der Chef erscheinen am Display, und wir nehmen das Gespräch ganz charmant und entspannt an. Wir haben im Bruchteil einer Sekunde unsere Emotionen umgeschaltet. Es geht also.

Sich bewusst zu verhalten, geht nicht immer – zu stark prägen unbewusste Muster unsere Reaktionen. Oft auch sind wir so eingebunden ins Geschehen, dass wir in dieser Situation sofort automatisch reagieren. Abschalten lässt sich der Autopilot nur durch bewusstes Leben und Erleben. Nehmen wir uns immer wieder Zeit, uns klar zu werden, was wir wie mit wem wollen – erlauben wir uns auch die Bewusstheit, es zu tun!

Martin Laschkolnig, Jahrgang 1970, stammt aus Linz an der Donau und vermittelt das Know-how, einen gesunden Selbstwert zu entwickeln und dadurch erfolgreich zu sein. Er ist der deutschsprachige Partner von Jack Canfield („Hühnersuppe für die Seele", „The Success Principles") und hilft Unternehmern, Führungskräften, Selbstständigen und Mitarbeitern in Vorträgen und Seminaren, die wahren Potenziale in sich zu entdecken und produktiver zu werden. Gemeinsam mit seiner Frau Monika ist Martin Laschkolnig Österreich-Repräsentant des Internationalen Rates für Selbstwert. Beide leiten die Österreich-Zentrale eines bekannten Franchise zur englischen Frühförderung.

www.dieerfolgsprinzipien.de

Respekt!

Wie Sie zu Anerkennung gelangen und andere anerkennen

VON RENÉ BORBONUS

Ohne Respekt geht gar nichts. Mit Respekt dagegen geht fast alles. Respekt ist der Schlüssel zu (fast) jeder Tür und gehört zu den wichtigsten Soft Skills. Doch Lehrer verwechseln Respekt oft mit Gehorsam, und auch Eltern sind oft genug selbst respektlos und können Respekt nicht vorleben und vermitteln. Respekt bleibt unsichtbar für alle, denen er nie vermittelt wurde - sie handeln respektlos, oft ohne es zu merken. Entsprechend erfolglos sind solche Leute im Job, denn im Beruf ist Respekt unabdingbar. Respekt bedeutet nicht zu schleimen, sondern Kommunikation auf Augenhöhe auf Basis eines gesunden Selbstwerts. Und nur wer Respekt zeigt, bekommt auch welchen zurück.

Klaus M., 47, soll in der 10b einen Kollegen vertreten. Mit versteinertem Gesichtsausdruck marschiert er zum ersten Mal in diese Klasse. Er trägt seinen pädagogischen Kampfanzug: Jackett und Krawatte. Damit will er klarmachen: Ich habe hier das Sagen. Als er das Klassenzimmer betritt, ignoriert er die dreißig Augenpaare und faucht sein „Guten Morgen" ins gegenüberliegende Fenster. Er schreibt „Test" an die Tafel und erklärt, dass er sich erst einmal einen Überblick darüber verschaffen will, ob die Schüler überhaupt etwas drauf haben. Aus der letzten Reihe hagelt es Protest. Klaus M. erteilt den entsprechenden Schülern einen Tadel und stellt schwere Zeiten in Aussicht, wenn sie ihm nicht den gebührenden Respekt entgegenbringen.

Werden die Schüler Klaus M. nun respektieren? Sicher nicht. Das Einzige, was sich Klaus M. eingehandelt hat, ist ein zur einen Hälfte verängstigter und zur anderen Hälfte stinkwütender Haufen Jugendlicher. Die erste Hälfte wird künftig selbst dann den Mund halten, wenn sie etwas beizutragen hätte. Die zweite Hälfte wird alles daran setzen, das autoritäre Regime von Klaus M. zu unterlaufen.

Mit allem, was er an diesem Morgen getan hat, wollte Klaus M. das einfordern, was er für Respekt hält. Doch tatsächlich hat er innerhalb von fünf Minuten alles dafür getan, sich den potenziellen Respekt der Schüler zu versagen. Und der Fehler ist simpel: Respekt lässt sich nicht fordern.

Respekt ist die Haltung, anderen einen Wert zuzugestehen

Zunächst ist Respekt eine Haltung. Es ist die Haltung, dass alle Menschen grundsätzlich gleichwertig sind. Wer diese Erkenntnis verinnerlicht hat, wird jeden Menschen mit Achtung behandeln – ob er siebenundvierzig ist oder siebzehn. Zudem kennen wir das Wort „Respekt" als die Haltung gegenüber jemandem, zu dem wir aufschauen oder dessen Leistungen uns beeindrucken. Und diese Art von Respekt in Form von Anerkennung müssen wir uns verdienen, indem wir anderen einen guten Grund geben, uns ernst zu nehmen und uns mit Achtung zu begegnen.

Respekt ist ein spannendes Phänomen: Er bleibt unsichtbar für die, denen er nie vermittelt wurde. Diejenigen jedoch, die wissen, wie er funktioniert, scheint er überallhin zu begleiten. Denn zunächst einmal beginnt Respekt in uns selbst – mit der Achtung, die wir vor unserer eigenen Persönlichkeit empfinden, vor unseren Wünschen und Zielen, aber auch vor unseren Grenzen. Der Respekt entspringt unserem Selbstwert und unserer Selbstachtung. Wer sie nicht empfindet, begegnet den Herausforderungen des Lebens und seinen Mitmenschen meist wie das Kaninchen der Schlange. Nicht, weil er vor ihnen besonderen Respekt hätte – sondern weil er sich bedroht fühlt. Viele Menschen verwechseln Respekt mit Angst und Unterordnung.

Respekt verschaffen Sie sich nicht, indem Sie auf den Tisch hauen

Wir alle können nur auf eine einzige Art und Weise lernen, wie man sich Respekt verdient: indem man ihn uns vorlebt. Denn Respekt, wenn er aufrichtig ist, bleibt nie einseitig. Wir müssen es erleben, dass sich aus Selbstachtung Respekt ergibt und Menschen gegenüber einander respektvoll werden, wenn man ihnen respektvoll begegnet. Doch viele sogenannte Respektspersonen sehen ihre Aufgabe darin, Respekt einzufordern – und wundern sich, wenn das nicht funktioniert. So geht es zum Beispiel dem Vertretungslehrer Klaus M., der erst einmal kräftig auf den Tisch haut.

Verwechseln Sie Härte also nicht mit Stärke. Härte ist niemals stark. Deshalb respektieren wir Härte nicht unbedingt, sondern reagieren entweder mit Gehorsam oder mit Auflehnung. Wahre Stärke dagegen respektieren wir, wenn wir selbst stark genug sind, um sie schätzen zu können. Wer stark ist, muss nicht hart sein. Und das verschafft Respekt. Das gilt nicht nur für Vertretungslehrer, sondern für alle Berufstätigen. Respekt bekommen wir nur, wenn wir ihn uns jeden Tag neu in der Kommunikation verdienen – als Lehrer mit unseren Schülern und deren Eltern, in anderen Berufen mit Kunden, Chefs und Mitarbeitern.

Verwechseln Sie Respekt nicht mit Gehorsam

So wie dem Vertretungslehrer Klaus M. geht es vielen Erwachsenen, die Respekt sagen und Gehorsam meinen. Auch die ältere Dame, die ihren Sitzplatz im Bus durch böse Blicke und notfalls mithilfe ihres Gehstocks einfordert, statt höflich zu fragen, wird mit wenig Respekt rechnen dürfen. Wenn der Gepeinigte daraufhin tatsächlich den Platz räumt, dann nur, weil er im Unterschied zu der alten Dame weiß, was sich gehört – oder einfach, weil er keine Lust auf blaue Flecken hat. Und wenn Klaus M. es in der wütenden Hälfte der 10b mit Schülern zu tun hat, die von ihren Eltern vermittelt bekommen haben, was Respekt bedeutet und wie er funktioniert, hat er ganz schlechte Karten für seine restliche Zeit mit dieser Klasse – ebenso wie jede Führungskraft, die im Beruf meint, das so gelernte falsche Verständnis von Respekt am Arbeitsplatz anwenden zu können.

Wenn Sie bereits im Arbeitsleben stehen oder sich in der Berufsausbildung befinden, hatten Sie es vielleicht schon mit einem Chef zu tun, der gern seine Autorität zelebriert, um die Unterordnung seiner Angestellten sicherzustellen. Mit Respekt reden die Kollegen sicher nicht von einem solchen Vorgesetzten, vielmehr werden sie jede Gelegenheit nutzen, um hinter seinem Rücken über ihn zu lästern. Stillhalten werden sie nur aus Angst vor Sanktion – oder weil sie sowieso lieber Anweisungen befolgen, als Risiken einzugehen.

Wenn Sie selbst oder Ihre Freunde jüngere Geschwister haben, kennen Sie vielleicht aus eigener Erfahrung die Verlockung, den vermeintlichen Respekt der Jüngeren ohne Anstrengung einfach für sich geltend zu machen. Ihr jüngerer Bruder wird allerdings herzlich wenig davon halten, Ihr Zimmer für Sie aufzuräumen, nur weil Sie ihn dazu auffordern. Aber er wird bewundernd zu Ihnen aufschauen, wenn Sie vor den Eltern Partei für ihn ergreifen, weil sie ihn beispielsweise für etwas bestrafen wollen, was er nicht getan hat. Dafür werden Sie echten Respekt von ihm bekommen, und Ihre Beziehung wird sich schlagartig verbessern. Vielleicht räumt er sogar Ihr Zimmer für Sie auf, wenn Sie mal zu viel zu tun haben. Schließlich wohnen Sie beide im gleichen Haus und sitzen als Geschwister im selben Boot. Warum sollten Sie einander dann nicht auf Augenhöhe begegnen?

Respekt funktioniert nur auf Augenhöhe

Respekt kann ohne Augenhöhe nicht funktionieren. Die Herkunft des Wortes deutet bereits an, dass eine respektvolle Perspektive immer auch etwas mit der Sichtweise des anderen zu tun hat: Das lateinische Verb „respicere" bedeutet „zurücksehen". Respekt ist also verwandt mit Begriffen wie „Rücksicht" und „berücksichtigen". Wenn wir jemandem unseren Respekt zollen, bedeutet das, dass wir ihn berücksichtigen. Wir schätzen ihn wert, schenken ihm Aufmerksamkeit oder erweisen ihm Ehre. Das können wir nur, wenn wir bereit sind, uns in seine Lage zu versetzen und anzuerkennen, dass seine Bedürfnisse gleichberechtigt sind mit unseren eigenen. Und genau das bedeutet Augenhöhe.

Ein anderes Beispiel, das sich um das Prinzip Augenhöhe dreht, ist der Kinobesuch mit Ihrer Partnerin oder Ihrem Partner. Natürlich können Sie darauf beharren, die Ärmste immer wieder in den neuesten Actionfilm zu schleifen, den Sie sich sowieso mit Ihren Kumpels ansehen wollen. Wahrscheinlich ernten Sie dafür auf Dauer Genörgel und schlechte Laune, und das kann ich Ihrer Freundin oder Frau auch nicht verdenken. Sie könnten aber auch einfach mal mit ihr in die romantische Komödie gehen, die sie sich gern mit Ihnen anschauen würde. Dann nämlich wird Ihre Partnerin erkennen, dass Sie ihr zuhören und ihre Wünsche respektieren – und sie wird Ihnen umgekehrt ebenfalls mit mehr Respekt begegnen und nichts dagegen haben, wenn Sie sich beim nächsten Mal wieder einen Actionfilm anschauen. Probieren Sie es einfach aus – das Prinzip Augenhöhe ist ein direkter Weg zu mehr Respekt.

Respekt hat also – neben der Selbstachtung – auch etwas mit der Achtung der Wünsche und Gefühle anderer zu tun. Wer neben der Einsicht über die eigenen Wünsche und Grenzen auch einen Blick für die Bedürfnisse und Sorgen anderer entwickelt und danach handelt, ist sich des Respekts seines Umfelds schon so gut wie sicher.

Also doch gar nicht so schwierig, das mit dem Respekt? Ganz genau – mit Respekt wird sogar vieles leichter.

Respektlos beim Vorstellungsgespräch

Wenn Sie einmal verinnerlicht haben, wie Respekt funktioniert, kann er Ihnen fast jede Tür öffnen. Es gibt nur einen Weg, sich den Respekt anderer zu verdienen. Um den zu verdeutlichen, schauen wir uns eine Situation an, mit der fast alle es zu tun bekommen: ein Bewerbungsgespräch. Und weil das nicht gerade eine einfache Situation ist, schicken wir erst einmal Robert vor.

Robert ist vierundzwanzig und hat gerade seinen Bachelor in Game-Design in der Tasche. Jetzt hat er sein erstes Bewerbungsgespräch, und zwar bei einer Firma, in der Robert seine Leidenschaft zum Beruf machen könnte: Sie stellt Computerspiele her. Also steht Robert pünktlich für sein Bewerbungsgespräch im Vorzimmer des Personalchefs. Die reizende Sekretärin strahlt ihn neugierig an und bittet ihn, Platz zu nehmen. Robert grüßt kurz, setzt sich und checkt am Handy noch schnell seine Facebook-Nachrichten.

Schließlich bittet die immer noch lächelnde Sekretärin Robert ins Büro des Personalchefs. Robert betritt den Raum mit lässiger Pose und Siegerlächeln, obwohl er nervös ist – schließlich ist es sein erstes Bewerbungsgespräch seit dem Studienabschluss, und außer durch ein paar Praktika, die ihm die Hochschule vermittelt hat, musste er sich bisher nicht professionell beweisen. Nach dem obligatorischen Händeschütteln fragt der Personalchef Robert, warum er sich für den Job beworben hat. Der frischgebackene Game-Designer antwortet, dass Computerspiele schon immer sein Hobby waren und er jetzt, mit dem Bachelor-Abschluss, alle Voraussetzungen mitbringe, seine eigenen Gamer-Vorstellungen umzusetzen. Den Rest des Gesprächs verbringen die beiden damit, über die Grafik eines Spiels zu fachsimpeln, das die Firma herstellt. Robert fühlt sich auf sicherem Boden und bleibt gern bei dem Thema. Als der Personalchef ihn fragt, ob er noch Fragen habe, verneint er, um sich nicht doch noch auf schwieriges Terrain zu begeben. Die beiden verabschieden sich, und Robert hat das Gefühl, dass es richtig gut für ihn gelaufen sei. Umso verblüffter ist er, als er wenige Tage später eine Absage bekommt.

Wer anderen etwas vormacht, ist respektlos

Was ist passiert? Robert ist gleich mehrmals in die Falle der Respektlosigkeit getappt. Das ging schon bei der Sekretärin los: Dass sie dort arbeitet, wo er gern arbeiten würde, und er sie mit einem freundlichen, offenen Auftreten und ein paar gezielten Fragen ganz einfach für sich hätte gewinnen können, ist Robert gar nicht in den Sinn gekommen. Robert weiß nicht, dass die Sekretärin ihren Chef bei der Auswahl neuer Mitarbeiter unterstützt. Der legt nämlich wegen ihrer Menschenkenntnis großen Wert auf ihren ersten Eindruck. Wer sich bei ihr im Vorzimmer nicht gut darstellt, hat von vornherein schlechte Karten. Noch bevor das Gespräch begonnen hat, ist Robert also ins erste Fettnäpfchen getappt – weil er es nicht für notwendig hielt, sich für eine Sekretärin besonders zu interessieren und stattdessen lieber an seinem Handy herumspielte.

Den zweiten Fehler hat Robert gemacht, als er sich anstrengte, betont lässig aufzutreten. Kein Personalexperte – außer vielleicht beim Film – ist auf der Suche nach einem Schauspieler. Wer sich beim Bewerbungsgespräch als jemand darstellt, der er nicht ist, vermittelt den Eindruck, dass er etwas zu verbergen hat. Außerdem scheint er zu glauben, dass er seinem Gegenüber etwas vormachen kann. Respekt – und Selbstachtung – beweist dagegen, wer sich so gibt, wie er ist, und seine Persönlichkeit in die Waagschale wirft.

Kein Interesse am anderen? Respektlos!

Schließlich hat Robert die Chance ausgeschlagen, Fragen zu stellen. Damit hat er seinem Gesprächspartner den Eindruck vermittelt, dass er sich nur für seinen eigenen Spaß interessiert und nicht für das Unternehmen. Welche Aufgaben im Rahmen der Stelle auf ihn zukämen, welche Anforderungen der potenzielle Arbeitgeber an ihn stellt und ob er dafür überhaupt die persönlichen Voraussetzungen mitbringt, hat ihn dagegen nicht gekümmert. Der Personalchef, der sich mit Charakteren schon von Berufs wegen auskennt, hat das natürlich sofort gemerkt – und in Robert wenig Respekt für die Arbeit seiner Firma und wenig Verantwortungsbewusstsein ausgemacht, was für eine Anstellung nötig wäre.

Respektvoll zu sein, wäre für Robert dabei ganz einfach gewesen: Hätte er die Sekretärin als Verbündete auf Augenhöhe wahrgenommen, durch ein natürliches Auftreten Selbstachtung und seine Anerkennung der Menschenkenntnis des Personalchefs bewiesen und sich für die Belange der Firma interessiert, hätte er um ein Vielfaches höhere Chancen auf die Stelle gehabt. Damit hätte er nämlich aktiv etwas dafür getan, den Respekt seines potenziellen Vorgesetzten zu bekommen, anstatt einfach darauf zu hoffen, dass der ihn toll findet. Warum sollte er?

Auch Schleimen ist respektlos

Während viele Autoritätspersonen gern Respekt einfordern, wenn sie eigentlich Gehorsam meinen, machen viele Zeitgenossen mit geringer Selbstachtung übrigens auch das Gegenteil: Sie schleimen. Und das ist ebenso respektlos. Schleimer glauben, sie müssten nur genug Schleim über ihrem Gegenüber ausschütten, um sich durch demonstrative Unterordnung einen Vorteil zu verschaffen. Manche versuchen schon in der Schule und später während ihrer ganzen Karriere, sich mit solchen Tricks durchs Leben zu mogeln.

Ein Schleimer versucht mit allen Mitteln, sich jeglicher Verantwortung zu entziehen. Solche Angestellten braucht kein modernes Unternehmen. In der Arbeitswelt kommt es heute verstärkt auf Eigeninitiative und auf die Bereitschaft an, Verantwortung zu übernehmen. Dazu ist ein Schleimer aber meist nicht in der Lage. Er wird nie über eine bestimmte Karrierestufe hinauskommen und schon gar nicht etwas Eigenes aufbauen, weil er keine Ahnung hat, wofür er steht – und weil er dann für seine Handlungen die Verantwortung tragen müsste.

Wenn ein Schleimer Ihnen ein Kompliment macht, seien Sie gewarnt: Er meint es vermutlich nicht aufrichtig. Wahrscheinlich will er Ihre Zuneigung nur gewinnen, um Sie auszunutzen. Halten Sie sich privat und beruflich lieber an die, die Ihnen gegenüber auch mal ihre Meinung sagen und deren Charakter konstant erkennbar ist – also Menschen, die sich selbst treu sind. Diese Menschen verfügen nicht nur über mehr Selbstachtung als ein Schleimer, sondern sind auch bereit, auf Augenhöhe mit ihrer Umwelt zu kommunizieren. Ehrliche, produktive Kritik zeugt nämlich von viel mehr Respekt als ein unaufrichtiges Lob.

Der anonyme Troll im Internet

Noch gefährlicher als jede Schleimspur ist der Mangel an Respekt, der von der Anonymität ausgeht, die neue Kommunikationsmedien erlauben. Noch nie war es so einfach wie heute, anonym enormen Schaden anzurichten. Und das gilt nicht nur für Schaden an unserem Eigentum und an unseren Daten, sondern auch für Schaden an unserer Persönlichkeit: Der Mangel an Respekt, der im Internet allgegenwärtig ist, stellt eine Gefahr dar, gegen die mit offiziellen Mitteln kaum vorzugehen ist. Wohl aber können Sie sich selbst vor den respektlosen Geistern der vernetzten Gesellschaft schützen: den anonymen Usern, im Internet „Trolle" genannt[1], die sich so genannter „Sockenpuppen" bedienen, also Fake-Accounts.

1) http://de.wikipedia.org/wiki/Troll_(Netzkultur).

Gewiss: Manche Dinge im Internet gehen nur anonym – politische Aktivisten in Ländern ohne Meinungsfreiheit etwa, die mit Repressalien von der Regierung zu rechnen haben, können sich nur anonym organisieren. Solche Gemeinschaften werden sogar zunehmend zu einer neuen Macht der demokratischen Ordnung – und das ist wunderbar, wenn sie für eine gerechte Sache einstehen.

Leider kann die Anonymität im Internet aber auch der Diskussionskultur schaden. Sie müssen sich nur die anonymen Leserkommentare bei Online-Medien oder Rezensionen von Pseudonymen bei Amazon anschauen, um dieses Phänomen zu erleben: Im Angesicht des anderen würden sich sicher die wenigsten so unverschämt äußern, wie sie es online anonym oft tun. Im Unterschied zum Dialog von Angesicht zu Angesicht macht das Internet es uns leicht, über die Stränge zu schlagen. Das ist ganz ähnlich wie im Straßenverkehr, in dem wir unserem „Gegner" nicht direkt ins Gesicht schauen – aber stellen Sie sich mal vor, Sie merken plötzlich, dass im gegnerischen Wagen ein Bekannter sitzt, den Sie da beschimpfen. Dazu, sich online im Ton zu vergreifen und respektlos zu sein, neigen ganz besonders Zeitgenossen, die sich zu wenig beachtet fühlen, denn genau ihnen fehlt es an Selbstwert, um mit offenem Visier zu kommunizieren und anderen wertschätzend gegenüberzutreten.

Respektlose Menschen respektieren auch sich selbst nicht

Falls Sie einmal Opfer einer anonymen Schmähung werden, dann vergessen Sie nicht: Die meisten Angriffe aus Respektlosigkeit haben mehr mit dem Angreifer selbst zu tun als mit Ihnen. Wer über wenig Selbstachtung verfügt, versucht oft, andere zu erniedrigen, um sich selbst nicht mehr ganz so klein zu fühlen. Vielleicht haben Sie das Sprichwort schon einmal gehört: „Was Peter über Paul sagt, sagt mehr über Peter als über Paul." Und genau so ist es: Wer Ihnen gegenüber respektlos ist, ist es im Grunde gegenüber sich selbst. Wer fähig zum Respekt ist, merkt das auch – nur die Respektlosen merken es nicht. Das Beste ist: Stehen Sie einfach über Respektlosigkeiten.

Ganz konkret an Respekt verlieren können wir aber auch, wenn wir die Achtsamkeit bei der persönlichen Kommunikation schleifen lassen. Und zwar auch bei der elektronischen, zum Beispiel per E-Mail. Vielen ist nicht bewusst, dass wir mit jeder E-Mail auch eine Visitenkarte unserer Art zu kommunizieren versenden – und damit eine Visitenkarte unserer Persönlichkeit. Unsere E-Mails haben Einfluss darauf, wie uns Freunde, Kollegen und Geschäftspartner wahrnehmen. Sogar anhand solcher Kleinigkeiten wie Kleinbuchstaben: Kunden, die in ihrer ersten E-Mail-Anfrage nur Kleinschreibung und Abkürzungen aus der SMS-Sprache verwenden, zahlen mit höherer Wahrscheinlichkeit nicht pünktlich – das beobachtete eine befreundete Firmenchefin. Offensichtlich besteht also ein Zusammenhang zwischen dem Respekt in Sachen Kommunikation und dem Respekt in Sachen Zahlungsmoral.

Respekt ist, wenn man ihn zeigt

Das Beste am Respekt ist: Er wächst jedes Mal, wenn Sie ihn einsetzen. Jede einzelne Respektsbekundung, die Sie jemandem entgegenbringen, kommt Ihnen früher oder später zugute. Jede Respektlosigkeit, der Sie produktiv begegnen, macht Sie ein Stück stärker. Jedes Mal, wenn Sie für Ihre eigenen Überzeugungen eintreten und dabei auch den Respekt für die Meinung Ihres Gegenübers wahren, werden Sie ein Stück zufriedener und erfolgreicher – und finden Schritt für Schritt zu sich selbst und damit auch zu mehr Selbstachtung.

Und zum Schluss noch die verblüffend einfache Grundregel, wie man sich den Respekt seiner Mitmenschen verdient: indem man ihn zeigt. Respekt bekommen Sie ausschließlich dadurch, dass Sie ihn bei jeder Begegnung selbst vorleben – persönlich, im Internet, im Straßenverkehr. Wenn Sie Ihrem Gegenüber aufrichtig Respekt zeigen, kommen spannende Veränderungen in Gang. Und die können Ihr ganzes Leben positiv beeinflussen – auch Ihren Erfolg im Job.

René Borbonus, Jahrgang 1977, ist Trainer, Vortragsredner, Coach und Buchautor. Er entdeckte schon früh seine Leidenschaft für Sprache. So war er stets ein gefragter Hochzeitsredner, Moderator und Redenschreiber. Nach seiner Lehre zum Bankkaufmann studierte er Psychologie, Germanistik und Politik und begann dann schließlich im Jahr 1997 seine Karriere in der Weiterbildung. Seit 2008 ist René Borbonus stolzer und glücklicher Vater eines Sohnes. Die Familie lebt in Mittelfranken.

www.rene-borbonus.de

Die richtige Richtung finden

Was die Schule vom Leben lernen kann

VON STEFAN FRÄDRICH

Warum haben Schulnoten und Lebenserfolg weniger miteinander zu tun, als die Schule glaubt? Weil Leistung und Motivation von Faktoren abhängen, welche die Schule oft nicht berücksichtigt: von persönlichen Stärken, Interessen, dem Gefühl eines Sinns und der Positionierung auf einem Markt. Wenn die Schule das besser berücksichtigt, kann sie das Potenzial junger Menschen entwickeln und zu müheloser Leistung hinführen - zum eigenen Flow.

Hin und wieder habe ich einen Albtraum: Irgendeinem Bürokraten in irgendeiner Schulbehörde fällt auf, mir hätte zur formalen Zulassung zum Abitur noch eine bestimmte Musikklausur gefehlt. Und damit werden mir dann plötzlich all meine Ausbildungserfolge aberkannt: Abi futsch, Studium futsch, Doktortitel futsch – es sei denn, ich bestehe meine Musikprüfung. Termin: morgen. Und dann wache ich desorientiert auf und muss mich sortieren, bis ich mir sicher bin: Ich bin erwachsen und führe ein beruflich und persönlich erfolgreiches Leben. Die Schule ist vorbei.

Absurder Traum? Klar. Aber das Grundthema beschäftigt mich – und vermutlich nicht nur mich – tatsächlich: die Diskrepanz zwischen dem, was die Schule lehrt und dem, was der Einzelne davon braucht, um glücklich und erfolgreich zu leben. Denn dass Schul- und Lebenserfolg nicht zwingend etwas miteinander zu tun haben müssen, liegt auf der Hand: Wir alle kennen frühere „gute" Schüler, die als Erwachsene eher frustriert vor sich hindümpeln. Und wir kennen ehemals „schlechte" Schüler, die heute glücklich, selbstbewusst und erfolgreich ihr Ding machen – und das damals in der Schule nie für möglich gehalten hätten.

Wie kommt das? Ganz einfach: weil wir die wesentlichen Dinge fürs Leben bisher durchs Leben selbst lernen. Der alte Pauker-Spruch „Nicht für die Schule, sondern fürs Leben lernen wir" sollte eigentlich heißen: „Nicht in der Schule, sondern im Leben lernen wir". Und wir können mehr lernen, als wir für möglich halten. Schulische Leistungen sagen über das, was ein Mensch kann, nur relativ wenig aus.

Meine Ex-Schule bereitet jetzt besser auf die Uni vor

Bei einem Abi-Ehemaligentreffen machten wir vor Kurzem mit „unserem Direktor" einen Rundgang durch „unser Gymi". Alles hatte sich gut weiterentwickelt, der Direktor war (zu Recht) stolz. Besonders hob er hervor, dass die Schule nun viel besser aufs Studium vorbereite. Doch als ich ihn fragte, wie die Schule auf Berufs- und Privatleben vorbereite, wusste er nicht, was ich damit meinte. Als ich vorschlug, bei Schülern

Neigungs-, Stärken-, Persönlichkeits- und Wertetests durchzuführen, damit sie sich später besser im (Berufs-)Leben zurechtfänden, wunderte sich mein Ex-Direktor. Immerhin bekämen die Kinder doch allerlei Noten, an denen sie sich orientieren könnten. Dass später „da draußen" nicht nur ein standardisierter 08/15-Arbeitsmarkt auf Schüler wartet, sondern auch Spielplätze der Möglichkeiten und Minenfelder voller Job-Frust-Fallen, konnte er nicht nachvollziehen. Fast hätte ich ihn einen „typischen Beamten" genannt – er denkt im Schema des öffentlichen Dienstes und hält das Leben im öffentlichen Dienst für völlig normal. Ich verkniff mir auch die Bemerkung, dass ich mit einem einzigen Vortrag mehr verdiene als mein Ex-Direktor im ganzen Monat.

Millionen guter Leute verkennen ihr Potenzial

Das bedeutet, das Welt- und Menschenbild in meiner Ex-Schule hält weite Teile des beruflichen Daseins gar nicht für möglich, ja wundert sich sogar darüber: Wieso sollte es wichtiger sein, einem Schüler seinen Platz im Leben zu zeigen, als die Anforderungen einer Uni zu erfüllen? Dass unser Direktor stolz ist auf eine bessere Vorbereitung auf die Uni, ist innerhalb seines Denkens löblich und selbstverständlich. Den Blick von außen hat er nicht. Doch liegt der Sinn unseres Bildungswesens tatsächlich darin, dass alle unsere Kinder eine Universitätskarriere machen, wie der britische Systemkritiker Sir Ken Robinson süffisant bemerkt?[1] Natürlich nicht! Doch innerhalb des Systems ist das normal, solange Menschen mit Universitätsausbildung Lehrpläne schreiben und Schüler unterrichten, die aus der Schule in die Uni und dann wieder direkt in die Schule zurückgewechselt sind und keinen oder nur wenig Kontakt mit dem Arbeitsleben hatten.

Insofern ist es ein Resultat des Bildungssystems, dass die Mehrzahl der jungen Menschen für den Arbeitsmarkt gar nicht ordentlich vorbereitet ist.

---

1) http://www.ted.com/talks/lang/ger/ken_robinson_says_schools_kill_creativity.html.

Die Schulprioritäten zielen an ihrer eigentlichen Aufgabe vorbei, denn der Maßstab für Verbesserungen liegt bislang nur innerhalb des Systems. Übernimmt ein junger Mensch nun dieses rein regelhaft schul- und ausbildungsbezogene Welt- und Menschenbild, so denkt er möglicherweise selbst nicht weiter. Das Ergebnis: Millionen guter Leute verkennen ihr Potenzial und verharren in einem engen Korsett begrenzter Möglichkeiten. Wirklich klug erscheint mir das nicht, wenn ich daran denke, dass wir zahlreiche gesellschaftliche Probleme schneller lösen könnten, wenn wir die Potenziale junger Menschen wirklich entdecken und fördern würden.

Vom Ergebnis her denken

Dass aus einigen doch etwas wird und sie ihr Leben auf kreativere Weise auf die Reihe bekommen, als es unser Schuldirektor für möglich hält, liegt eben daran, dass für den Einzelnen zum Glück nicht nur die Schule als Denkvorlage existiert: Welche Vorbilder hat man? Wo wächst man auf? Wie denken Familie und Freunde? Welche Bücher, Blogs und Zeitschriften liest man? Mit welchen Themen beschäftigt man sich gerne? Welche TV-Sendungen schaltet man ein? Also: Was tut man sich in den Kopf? Statt zu tun, was immer schon normal war, sollten wir den Blick von außen einnehmen und vom gewünschten Ergebnis aus denken: „Was soll am Ende herauskommen? Und welcher Weg führt zu diesem Ergebnis?" Und nicht: „Auf welchem Weg gehen wir? Dann schauen wir mal, wo wir ankommen!"

Betrachten wir einmal meine Schulbildung vom Ergebnis her. Das Ergebnis ist: Ich coache und trainiere Menschen zu Motivations-, Lebens-, Business- und Gesundheitsthemen. Dazu schreibe ich Bücher und halte Seminare und Vorträge. Ich stehe vor Menschen und spreche. Ich muss Menschen begeistern, damit sie mir zuhören. Das mache ich nicht, weil mich der Zufall da hingespült hätte, sondern weil ich das will und mich dazu entschieden habe. Es war die Richtung, in die ich wollte. Also: Was brauche ich für dieses Leben? Und was davon hat die Schule mir geliefert?

Wichtig am Ende: Sport und die Theater-AG

Im Rückblick waren meine beiden wichtigsten Fächer Sport und die Theater-AG. Im Sport-Leistungskurs habe ich die Grundzüge gesunder Lebensweise kennen- und umzusetzen gelernt, die mir heute noch (und gerne auch morgen) einen hohen körperlichen Leistungslevel ermöglichen. So schnell mache ich nicht schlapp, auch wenn es mal heftig wird. Und in der Theater-AG lernte ich, auf den Punkt zu lernen, mich selbstbewusst vor größeren Menschengruppen zu präsentieren und notfalls zu improvisieren. Also: Danke, liebe Schule! Danke, Theater und Sport! Ausschlaggebend waren jeweils auch die Lehrer. Also könnten wir auch sagen: „Nicht in der Schule lernen wir, sondern durch gute Lehrer lernen wir."

Ich kann mich auch noch gut an einen Mitschüler erinnern, der mit unserer Deutschlehrerin auf Kriegsfuß stand. Er war eher einer der Easy-Going-Typen, um die man sich trotz mittelmäßiger Schulleistungen keine Sorgen machen musste – mein Mitschüler war sehr beliebt und hatte ein tolles Händchen für Menschen. Er würde im Leben immer auf die Füße fallen. Nur: Gedichtinterpretationen und „Iphigenie auf Tauris" interessierten ihn nicht. Da unserer spröden und regelorientierten Deutschlehrerin leider der Sinn fürs Easy-Going fehlte, nahm sie seine Ablehnung der Themen persönlich und empfand sich in ihrer Hauptfach-Ehre so gekränkt, dass sie die aberwitzigsten Rechtfertigungen dafür ersann, ihm mit absurd schlechten Noten die Abiturzulassung zu versauen.

Heute ist mein lieber Schulfreund im diplomatischen Dienst tätig – in einem Bereich also, in dem ein tolles Händchen für Menschen gefragt ist. Seine erfolgreiche Karriere nach einem erfolgreichen Studium wäre fast an einer Lehrerin gescheitert, die sich und ihre Gefühle wichtiger nahm als ihre Aufgabe, junge Menschen fürs Leben fit zu machen. Es bedurfte damals eines nicht unerheblichen diplomatischen Aufwandes, um die Dame dazu zu bringen, sich locker zu machen und meinem Mitschüler die verdiente ausreichende Note zuzugestehen.

Ist das Leben wirklich kein Wunschkonzert?

Wo gute, engagierte Lehrer Großes leisten, indem sie die für den Einzelnen relevanten Stärken fördern, folgen schlechte Lehrer nur dem Standard – und begrenzen im dümmsten Fall mit ihrem eigenen engen Weltbild auch die Chancen junger Menschen. Für das Denken innerhalb des Systems ist die kritische Frage symptomatisch: Sollten wir wirklich einfach tun dürfen, was wir können und gerne machen? Ist es nicht viel wichtiger, Schwächen zu kennen und an ihnen zu arbeiten? „Das Leben ist schließlich kein Wunschkonzert", heißt es. Überall müssen wir schließlich Anforderungen erfüllen: in der Schule, bei Ausbildung oder Studium, im Job. Im Privatleben nebenbei auch noch. Und oft genug müssen wir dabei in den sauren Apfel beißen und Dinge tun, die uns schwerfallen und uns keinen Spaß machen.

Der Blick von außen allerdings sollte genau diese Haltung infrage stellen. Sollte es nicht die Ausnahme sein, in den sauren Apfel beißen zu müssen? Warum sollten wir Dinge tun, die uns schwerfallen und uns keinen Spaß machen? Wirklich erfolgreiche Menschen beißen selten in saure Äpfel, und sie tun sich auch nicht schwer. Im Gegenteil: Sie sind meist mit Begeisterung und Spaß bei ihrer Arbeit, und sie geht ihnen leicht von der Hand. Denn sie verbringen ihre Zeit nicht damit, ihre Schwächen zu kompensieren, sondern konzentrieren sich auf das, was sie können. Diese Grundhaltung, durch die Arbeit im Beruf mühelos sein und Spaß machen kann, hat uns die Schule nicht vermittelt. Das müssen Berufseinsteiger millionenfach nachholen – wenn sie jemand darauf aufmerksam macht, dass das überhaupt möglich ist.

Spitze sein statt mittelmäßig

Sicher: Wir alle sollten Schwächen in einem erträglichen Rahmen halten. Aber wir sollten ihnen auch nicht mehr Macht geben, als ihnen zusteht. Denn Leistungsgrenzen haben wir alle – jeder woanders.

Stellen wir uns vor, ein Profi-Fußballer wie Bastian Schweinsteiger will ehrgeizig seine Kompetenzen erweitern und trainiert Disziplinen, in denen er Defizite hat. Vielleicht paukt er chemische Formeln oder lernt Gedichte auswendig, weil er ein altes Schultrauma mit sich herumschleppt: „Arbeite an deinen Schwächen!" Hinsichtlich seiner wirklich großen Begabung wäre das schlicht dumm: Er sollte seine Energie lieber in Dinge stecken, die ihn persönlich weiterbringen. Selbst wenn irgendein Lehrplan Chemie und Lyrik für wichtig hält, spielen diese Dinge für Bastian Schweinsteigers beruflichen Erfolg keine Rolle und sind bestenfalls nette Hobbys.

Die Frage ist demnach: Wo sollten sich junge Menschen ihre Leistungsgrenzen suchen? Wenn sie sie in Bereichen suchen, in denen sie schwach sind, werden sie vermutlich niemals spitze, sondern bestenfalls mittelmäßig. Konzentrieren sich Menschen aber auf Bereiche, die ihnen liegen und Spaß machen, ist der Weg nach oben frei. Es liegt auf der Hand, wie wichtig diese Auswahl für unseren Lebenserfolg und letztlich unsere Zufriedenheit ist – zumal die Fähigkeit, an der eigenen Leistungsgrenze zu agieren und hartnäckig zu bleiben, zu den wichtigsten Erfolgskriterien im Leben gehört.

Im Grunde ist es einfach: Wer sich entscheidet, was er im Leben will (und das daraus ableitet, was er gut kann und ihn interessiert), entscheidet damit auch, was er nicht will (und daraus ableitet, was er weniger gut kann und ihn nicht interessiert). Wer sich wie Bastian Schweinsteiger als Fußballer positioniert, hat damit auch die Entscheidung getroffen, nicht täglich Chemie zu pauken. Denn wenn es dumm läuft und wir unsere Energie in die falschen Projekte stecken, fehlt uns diese Energie da, wo wir sie brauchen: bei unseren wichtigen Projekten.

Flow – die Leistungstrance

Ich bin überzeugt: Menschen sind dann erfolgreich, wenn man sie machen lässt, was sie für richtig halten. Nur so gelangen sie in den wunderbaren Zustand, den die Wissenschaft „Flow" nennt und in dem wir automatisch und mühelos erfolgreich sind, indem wir das für uns Richtige tun. Flow bedeutet, dass wir voll und ganz in einer Aufgabe aufgehen – eine Erfahrung, die viele Berufstätige nicht machen, weil sie im schulischen Denken verhaftet bleiben. Flow ist, wenn wir Zeit und Ort vergessen und einfach handeln – anscheinend mühelos und dennoch konzentriert, ganz im Einklang mit unserer Umgebung. Währenddessen fühlen wir uns wohl, und jede Ablenkung stört uns. Flow ist eine Art Trance, die wir vor allem dann erleben, wenn die Richtung stimmt.

Das sogenannte Flow-Erleben beschrieb der Chicagoer Psychologe Mihály Csikszentmihályi bereits im Jahr 1975. Vereinfacht gesagt, basiert Flow auf der richtigen Mischung von Anforderungen und Fähigkeiten. Übersteigen die Anforderungen unsere Fähigkeiten, fühlen wir uns überfordert – und so sehr wir uns auch anstrengen, Spaß haben wir keinen. Übersteigen unsere Fähigkeiten die Anforderungen, fühlen wir uns unterfordert. Und auch das macht uns auf Dauer keinen Spaß: Wir werden kraftlos. Sprich: Wir müssen unserer Aufgabe gewachsen sein – und die Aufgabe muss uns entsprechen.

Weitere Voraussetzungen für Flow-Erleben sind: Menschen müssen sich auf eine Aufgabe konzentrieren können, ohne abgelenkt zu werden. Eine echte Flow-Aktivität sollte außerdem klare Ziele verfolgen und eine möglichst unmittelbare Rückmeldung über Erfolg und Misserfolg geben. Und das Gefühl ist wichtig, die Aktivität selbst kontrollieren zu können. Fremdbestimmung stört dabei. Man könnte fast sagen, ein Flow-Empfinden haben Menschen am ehesten, wenn sie wie kleine Kinder spielen – mit Spaß, Interesse, ihrem Leistungslevel entsprechend, nahezu gedankenverloren. Wer ganz in seiner Aufgabe aufgeht, erlebt das so und arbeitet völlig mühelos und ist trotzdem erfolgreich. Das bedeutet: Wenn Schüler in der Schule bereits lernen sollen, wie sie später am besten arbeiten, dann sollten wir uns wieder am Ideal orientieren.

Was macht uns leistungsfähig?

Sobald wir wissen, welches Potenzial ein junger Mensch hat, stellt sich die Frage: Was macht ihn dann noch leistungsfähig? Der Psychologe Gary McPherson hat dazu ein sehr aufschlussreiches Experiment gemacht, das wunderbar zu meinem Musikprüfungsalbtraum passt.[2] McPherson untersuchte 157 zufällig ausgesuchte Kinder, die ein Musikinstrument lernten. Ziel der Untersuchung: Welche Kinder wurden dank welcher Faktoren besonders gut? Zunächst zeigte sich, was zu erwarten war: Ein paar wenige lernten sehr schlecht, ein paar wenige besonders gut, und die mit Abstand meisten Kinder tummelten sich irgendwo im Mittelfeld.

Gegenstand des Experiments war die Frage: Wie kamen die besonders guten Leistungen zustande? Und da gab es zunächst eine Überraschung: McPherson konnte ausschließen, dass die besonders erfolgreichen Entwicklungen etwas mit Intelligenz, Gehör, Mathematik-Kenntnissen, sensomotorischen Fähigkeiten oder Familieneinkommen zu tun hatten. Unerwartet, nicht wahr?

Woran lag es dann? Überraschung Nummer 2: Der Unterschied lag in einer kleinen, scheinbar unbedeutenden Frage, die McPherson den Kindern zu Beginn der Übungsphase gestellt hatte. Er hatte gefragt: „Was meinst du, wie lange du das Instrument spielen wirst?" Die Kinder hatten folgende Antworten zur Auswahl: dieses Schuljahr, nur während der Grundschulzeit, während der gesamten Schulzeit oder das ganze Leben lang. Die Kinder gaben also eine Einschätzung ab, wie wichtig das Instrument für sie zukünftig werden würde – und gaben damit eine Richtung vor, in die sie wollten. Und nun teilte McPherson die Antworten in drei Kategorien ein: in kurzfristige, mittelfristige und langfristige Leistungsbereitschaft.

---

2) „Commitment and Practice: Key Ingredients for Achievement during the early Stages of Learning an Musical Instrument", in Council for Research in Music Education 147, 2001.

Auf langfristige Leistungsbereitschaft kommt es an

Nun teilte McPherson die Kinder danach ein, wie lange sie wöchentlich übten: wenig (20 Minuten), mittel (45 Minuten) oder lange (90 Minuten). Als McPherson nun die Übungszeiten mit der langfristigen Leistungsbereitschaft verglich, zeigte sich abermals ein unerwartetes Ergebnis. Die Kinder, die nur eine kurzfristige perspektivische Leistungsbereitschaft hatten, erbrachten eindeutig die schlechtesten Leistungen. Besonders interessant dabei: Diese Kinder verbesserten sich selbst durch intensives Üben nicht. Die Kinder mit der mittelfristigen Leistungsbereitschaft dagegen waren erwartungsgemäß besser – und deren Leistungen verbesserten sich auch mit der Übungsdauer.

Nun der Knaller: Die Kinder mit der langfristigen Leistungsbereitschaft waren die mit Abstand besten. Selbst bei der geringsten Übungsdauer waren sie immer noch besser als die kurzfristig Motivierten mit der längsten Übungsdauer. Und ihre Leistung schnellte mit steigender Übungsdauer viel steiler nach oben als bei den mittelfristig Motivierten – sie explodierte förmlich! Bei gleichen Übungszeiten waren die langfristig motivierten Kinder viermal besser als die nur kurzfristig motivierten.

Die Leistungsbooster: Motivation plus Übung

Damit liegt auf der Hand, was die eigentlichen Booster für Spitzenleistungen sind: Motivation und Übung. Treten sie gemeinsam auf, potenzieren sie sich gegenseitig. Sie sind somit wichtiger als Intelligenz, Herkunft, Talent, Geld oder Erziehung – sogar wichtiger als die Schule, solange sie diesen Umstand nicht berücksichtigt. Motivation und Übung sind die eigentlichen Erfolgsmacher. Und sobald sich die Schule diese Erkenntnis zu Herzen nimmt, ist sie eine Erfolgsmaschine für junge Menschen.

Auch der Umkehrschluss ist erhellend: Womöglich ist Übung ohne Motivation, Sinn oder Perspektive komplett vergebliche Liebesmüh.

Denken Sie an Ihre Schulzeit: Wurden Sie in Fächern, die Sie nicht interessierten, auch dann nicht wesentlich besser, wenn Sie darin geübt haben? Es hat also womöglich gar keinen Sinn, demotivierte Schülerinnen und Schüler zum Üben zu verdonnern! Zudem könnte es sein, dass schlechtere Leistungen gar nichts über Intelligenz oder grundsätzliche Leistungsfähigkeit aussagen, sondern nur über die Motivation eines Schülers bezüglich eines bestimmten Themas oder Lehrers. Mir beispielsweise wird dadurch klar, warum ich als Schüler in ganzen vier Jahren nicht durch ein einziges Klavierübungsbuch durchgekommen bin: Meine Eltern wollten, dass ich Klavier lerne – ich wollte es nicht. Nicht, dass ich unmusikalisch wäre, aber das Ganze hatte für mich keinen Sinn. Bis meine Eltern erkannten, dass sich Motivation nicht erzwingen lässt, habe ich unsäglich viel Zeit für die falsche Sache verschwendet.

Die wesentlichen Fragen lauten also: Wozu sind wir motiviert? Was wollen wir erreichen, sodass wir sehr gerne so lange üben, bis wir darin richtig gut werden? Mathematik, Zeichnen, Sport, Fremdsprachen – oder vielleicht etwas, was es als Schulfach bisher gar nicht gibt? Konfliktlösung, Projektmanagement, Menschen für Ideen gewinnen? Oft zeigt sich schon früh, wer was kann und gerne tut – wir müssen nur schauen, wer wobei Flow-Erlebnisse hat.

Das Leben hängt selten vom Schulwissen ab

Ich kenne etliche Menschen, die im Leben völlig unabhängig von ihrer Schulausbildung durchgestartet sind: als Unternehmer, Kreative, Ingenieure, Autoren, Trainer, in den Medien – viele davon übrigens selbstständig jenseits des „Systems Festanstellung", auf das das Bildungssystem uns konditioniert. Sie erscheinen ihren Lehrern heute als Exoten – so wie ich meinem ehemaligen Schulleiter. Und das, obwohl es sehr viele von diesen kreativen Typen gibt. Viele Menschen merken später im Berufsleben, dass ihre tatsächlichen Lebenserfolge nichts mit Schulwissen oder gar Noten zu tun haben. Prominente outen sich als Sitzenbleiber,

Parlamentsabgeordnete als Schulschwänzer, erfolgreiche Unternehmer als Studien- oder gar Schulabbrecher.

Ist das nicht merkwürdig? Statt ein schiefes Welt- und Menschenbild gerade zu rücken und es auf die Realität des Berufslebens auszurichten, halten viele Vertreter des regelorientierten Behördendenkens an ihren Prinzipien stur fest. Dabei werden wir die unabhängigen Querköpfe in unserer Arbeitswelt brauchen! Die guten Unternehmertypen, denen Rechtschreibung zweitrangig erscheint, weil für E-Mails die Sekretärin zuständig ist. Die guten Kommunikatoren, die Buchhaltung den Buchhaltern überlassen. Und die guten Buchhalter, die sich vor Kundschaft nicht retten können, weil es eben gute Unternehmer und Kommunikatoren gibt.

Die Erkenntnis, dass sich unsere Arbeitswelt ändert und dass es heute viel stärker als früher auf Flexibilität und Einfallsreichtum ankommt, steht zwar immer wieder in der Zeitung, hat sich aber im Denken der meisten noch nicht durchgesetzt. Dabei kennen wir alle Menschen, die ohne Gewerkschaft, Burnout oder Gejammer einfach gerne ihren Job machen und dabei erfolgreich sind – oft sogar ohne Ausbildung und trotz scheinbarer Benachteiligung. Sie machen etwas anders als die meisten anderen: Sie denken und handeln selbstständig.

China-Drill: Nur Fleiß, keine Kreativität

Keine Angst übrigens vor den Leistungsperfektionisten aus dem fernen Osten! Klar führen die schulisch perfekt gedrillten jungen Menschen aus China die PISA-Rankings an. Sie sind unseren Schulabgängern allerdings nur aufgrund ihres reinen Fleißes überlegen – denn neben der Motivation ist ja immer auch Übung wichtig. Aber in Sachen Kreativität, in Sachen unabhängiges und eigenständiges Denken und in Sachen Entscheidungskompetenz sind die westlichen Kulturen, allen voran die USA, immer noch erfolgreicher. Der chinesisch gedrillte Schüler funktioniert, ist aber kein guter Selbstdenker. Die meisten Innovationen kommen daher noch immer aus den freien westlichen Ländern. Dort ist zwar auch nicht alles Gold, was glänzt, aber es herrscht seit jeher eine ausgeprägte Kreativitäts- und Innovationskultur.

Sobald Berufseinsteiger lernen, wie sie zu Flow kommen, der eben nicht nur aus sturem Pauken besteht, hat der Zwang ein Ende. Ein ganzes Weltbild kann sich drehen: Wir müssen nie wieder „arbeiten" oder etwas mühsam „lernen" – selbst wenn wir uns anstrengen und an der Leistungsgrenze agieren. Sondern wir erarbeiten uns unseren Lebensinhalt spielerisch wie Kinder. Dann tun wir es nämlich gerne, weil alles eins geworden ist: arbeiten, spielen, leisten, leben, genießen und lernen. Dann haben wir tatsächlich nicht für die Schule, sondern fürs Leben gelernt. Und das ist sehr wichtig: Denn eines Tages sind wir erwachsen. Die Schule ist vorbei.

Stefan Frädrich ist promovierter Arzt und Experte für Selbstmotivation. Bekannt als Trainer, Coach und Consultant wurde er durch seine Bücher („Günter, der innere Schweinehund", „Besser essen - Leben leicht gemacht" u. a.) sowie durch zahlreiche eigene Fernsehsendungen (Pro 7, SAT1, WDR, Focus Gesundheit).
Stefan Frädrich ist Entwickler erfolgreicher Seminare (z. B. „Nichtraucher in 5 Stunden") und motiviert als einer der Top-Referenten im deutschsprachigen Raum jedes Jahr Tausende Seminar- und Vortragsteilnehmer. Sein Ziel: komplexe Zusammenhänge verständlich, logisch und unterhaltsam machen - und dadurch etwas bewirken!

www.stefan-fraedrich.de

Das ist deine Chance!

Wie Sie Gelegenheiten erkennen und die Initiative ergreifen

VON ALEXANDER MARIA FASSBENDER

Erschreckend viele Menschen verharren in Passivität. Sie sitzen zu Hause und warten. Sie warten auf die Zusage für den Ausbildungsplatz, den Studienplatz, den Arbeitsplatz. Sie warten auf den Anruf vom Arbeitsamt, dass sie eine Stelle bekommen. Und wenn all das ausbleibt, verharren sie eben weiter in Passivität und warten auf ihr Glück. Statt aktiv zu werden und sich ihre Chance selbst zu schaffen. Wir haben viel mehr Chancen, als wir glauben - doch das Bildungssystem konditioniert uns zu Bittstellern, die abwarten. Unternehmerisch zu denken, lernen wir dadurch nicht. Wie also entkommen Sie der Lethargie und übernehmen die Regie über Ihre Gelegenheiten? Und wie erkennen Sie Geschäftsideen?

„Einmal eine richtige Chance bekommen, dann geht's los!" Eine Menge Leute warten, bis endlich etwas passiert. Denn: „Eine wahre Chance hat man nur einmal im Leben!", heißt es, und: „Man muss eben Glück haben!" Denn: „Wenn man mal Glück hat, dann kommt es von außen!" Alles Glaubenssätze, die uns zur Passivität verdammen. So, als seien wir grundsätzlich fremdbestimmt. Weil wir unsere Chancen nicht selbst herbeiführen können, bleibt uns scheinbar nichts anderes als zu warten. Wie ist das bei Ihnen? Denken auch Sie, Sie seien zum Warten verurteilt?

Zur richtigen Zeit am richtigen Ort das Richtige tun

An einem Morgen im Juli 1978 reiste eine zwanzigjährige Frau mit gerade mal fünfunddreißig Dollar in der Tasche nach New York City, mit einem Wintermantel, einem Seesack voller Ballettsachen und dem festen Willen, aus ihrem Leben etwas Bedeutendes zu machen. Heute gehört Madonna zu den erfolgreichsten Künstlerinnen der Welt. Sie hat nicht gewartet, sie hat gehandelt. Und im Jahr 2006 warf ein junger Amerikaner sein Informatik-Studium hin, obwohl Millionen junger Menschen seinen Studienplatz in Harvard gerne gehabt hätten. Aber wozu sollte er noch studieren? Innerhalb von zwei Jahren war seine Kontakt-Plattform namens „Facebook" weltweit erfolgreich geworden. Mark Zuckerberg besitzt heute mehrere Milliarden Dollar. Beide – Madonna und Mark Zuckerberg – wären heute nicht da, wo sie sind, wenn sie sich nicht ihre Chancen selbst gebastelt hätten. Indem sie zur richtigen Zeit am richtigen Ort das Richtige taten. Das gilt übrigens auch für Sie: Auch Ihr Wohlergehen hängt nicht vom Zufall ab, sondern von dem, was Sie aktiv aus Ihrem Leben machen.

„Immer diese Amerikaner!"

„Ja, sicher, das sind immer diese berühmten Einzelfälle", sagt unsere gesellschaftliche Konditionierung. „Und immer diese Amerikaner!"

Na gut, dann schauen wir nach Deutschland: Lena Meyer-Landrut hätte im Jahr 2010 sicher nicht für Deutschland den Eurovision Song Contest gewonnen, wenn sie nicht die Chance dazu ergriffen und zuvor auf diese Chance hingearbeitet hätte. Und es müssen nicht nur A-Prominente sein: Nahezu jeder Musiker, der seine Songs bei iTunes oder soundtaxi.net verkauft, hat sich eine Chance geschaffen und nutzt sie. Ohne dass wir die Initiative ergreifen, werden unsere Songs dort nicht gelistet! Eine ganze Menge Unternehmensgründer schaffen sich ihre Chancen, indem sie Messen und Kongresse besuchen und dort ihre Geschäftspartner kennenlernen. Diese aktiven Menschen tun jedenfalls eines nicht: zu Hause sitzen und warten, dass das Glück an die Tür klopft, und ihre Zeit mit Fernsehen und sinnlosem Surfen im Internet verschwenden.

Der verbreitete Irrglaube, dass Chancen einfach so auf einen zugeflogen kommen, ist weit weg von der Realität – auch wenn die Schule uns darauf trimmt, uns zu bewerben und positive Bescheide abzuwarten. In den seltensten Fällen fällt uns eine Gelegenheit einfach so in den Schoß. Das Prinzip „Ich warte jetzt mal in Ruhe ab, was passiert und dann wird das schon", geht meist in die Hose. Klüger ist es, grundsätzlich vom Passiv- in den Aktivmodus zu schalten, damit sich eine Chance überhaupt erst einmal ergeben kann. Aktiv zu sein, bedeutet, die Initiative zu ergreifen. Im Coaching gibt es dafür den Begriff „Proaktivität". Das Kunstwort aus dem Lateinischen bündelt das Wörtchen „pro" („vor" oder „für") und eben die Aktivität. Es heißt: hin zur Aktivität!

Du kannst etwas? Dann mach gefälligst etwas daraus!

Letztlich gibt es zwei Möglichkeiten, zu Chancen zu kommen: Entweder wir ergreifen sie oder wir schaffen sie. Im Leben bekommen wir einige Chancen geboten, oft ohne es zu merken. Die Frage ist daher: Wie erkennen wir sie? Und dann: Wie nutzen wir sie? Außerdem können wir eben Chancen selbst herbeiführen. Hier fragen wir uns: Wie geht das?

DIE BILDUNGSLÜCKE **63**

Nicht ohne Grund sind viele erfolgreiche Vorbilder Amerikaner. Gewiss, in Amerika gibt es auch eine Menge Leute, die es nicht geschafft haben. Aber dass es überall auch eine Gegenseite gibt, schränkt den Verweis auf die Erfolgreichen nicht unbedingt ein. Zu einem der gesellschaftlichen Pfeiler der US-Gesellschaft gehört der Grundsatz des Selfmade-Man: Machen wir etwas aus uns! Wer etwas kann, soll gefälligst etwas daraus machen – das ist eines der Prinzipien des „American Dream". Die bekannte Tellerwäscher-Story erklärt, dass es jeder zu etwas bringen kann, zumindest nach den theoretischen Prinzipien der Gleichheit aller Menschen, auch wenn sich auch heute in Amerika noch einiger Rassismus findet. An große Träume zu glauben und sie zu verfolgen, macht den amerikanischen Gedanken aus – denn Amerika ist seit jeher das Wunschland zahlreicher Auswanderer, die im „alten Europa" nicht die nötige Freiheit hatten, um ihr Ding zu machen. Und so ist in Amerika nicht unbedingt geachtet, wer sich konform verhält und im Glied marschiert wie alle anderen, sondern wer seine Ideen umsetzt. Genau deswegen haben wir so viele erfolgreiche Vorbilder und auch Nobelpreisträger aus den USA.

Auf diese Weise amerikanisch zu denken, bedeutet nicht, sich gemein zu machen mit der Politik von US-Regierungen oder sich die Armut in den USA schönzureden. Die USA sind, wie andere Länder auch, ein komplexes Gebilde, das unter zahlreichen Einflüssen steht. Wichtig ist das gedanklich-kulturelle Grundkonzept: Im Sinne von Bildung und Beruf „amerikanisch" zu denken, bedeutet, Stärken zu stärken. Finden wir das, was uns ausmacht, und genau das machen wir groß und erfolgreich! Wer das nicht tut, weil er etwa mit einem Musik-Talent Buchhalter wird, denkt nicht amerikanisch, sondern europäisch-konformistisch. Auch die Proaktivität ist eher amerikanisch als europäisch.

Zeit ist relativ

Die Sozialisierung treibt leider noch weiteren Unfug. Denn zu allem Übel gibt es ja noch die gute alte Kultur und Traditionen, die es angeblich aufrecht zu erhalten gilt. Meine Eltern beispielsweise sind im Zweiten Weltkrieg geboren und gehören zu den sogenannten Wirtschaftswunderkindern. Es gab jede Menge Jobs und damit auch genug zu tun. Ich selbst habe als Schüler Sätze gelernt wie: „Einmal im Beruf, bleibst du dort bis zur Rente!" Die Perspektive war der Arbeitsplatz fürs Leben.

Heute dagegen scheint es, als gäbe es kaum noch Perspektiven. Niemand weiß, was in zehn, zwanzig oder gar dreißig Jahren sein wird. Wie auch – leben wir doch in einer Welt, in der sich alles im Eiltempo verändert. Die Technik schreitet rasend schnell voran. Und mit dem Fortschritt verändert sich auch die Gesellschaft – und mit ihr unsere Chancen. Wieder und wieder. Das heißt: Was für unsere Eltern und Lehrer galt, muss für uns lange nicht mehr gelten. Wenn sie uns beibringen, was für sie einst gegolten hat, bringen sie uns möglicherweise Konzepte bei, die für unser Leben nicht sinnvoll sind. In der heutigen Zeit kann kaum noch jemand planen, dass er zwei, fünf oder mehr Jahre in ein- und demselben Job oder in ein- und derselben Firma zubringt. Wir brauchen heute also nicht mehr nur die eine Chance, sondern wir brauchen immer wieder Chancen. Wir müssen nach Möglichkeiten Ausschau halten, und wir müssen Möglichkeiten schaffen.

Der Zauderer klebt an seiner Qualifikation und verkennt seine Qualität

Eine Menge Chancen sehen wir schon deswegen nicht, weil wir qualifikationsorientiert denken. Da hat man also Psychologie studiert, das Studium abgeschlossen – und jetzt? Eine Bewerbung nach der anderen erntet eine Absage. Konformistisch erzogen, konzentrieren wir uns auf unser Fach und suchen wie verzweifelt einen Arbeitgeber, der einen Psychologen oder eine Psychologin sucht. Statt dass wir das enge Korsett der Qualifikation verlassen und uns unseren Qualitäten widmen. Schon dieser Blickwechsel erweitert den Horizont und eröffnet uns eine Menge Chancen, von denen wir bisher nichts wussten.

Was bringt es, wenn wir aus unserem Schulabschluss, dem Diplom und der Ausbildung anschließend keinen Nutzen ziehen können? Wenn wir letztlich keine Arbeit haben und dann eben doch studierter Taxifahrer werden oder von Hartz IV leben? Nichts! Das klassische Festhalten an Konventionen – hier beispielsweise dem Denken in Qualifikationen – verhindert, dass wir Chancen sehen und auch welche schaffen.

Die Horizonterweiterung sollte eines mit einbeziehen: unsere Erfahrungen. Je mehr wir erlebt haben, je weniger wir uns wie ein Streber auf die Abläufe von Schule und Uni konzentriert haben, desto umfangreicher ist der Erfahrungsschatz, aus dem wir etwas machen können. Eine Chance zu schaffen, bedeutet, dass wir sämtliches Wissen einsetzen, das wir aus unseren Erfahrungen angehäuft haben. Dieser Gedanke schließt ausdrücklich nicht nur das Wissen ein, das wir formal gelernt haben, sondern auch alle anderen Erfahrungen – zumal an vielen Arbeitsplätzen praktische Erfahrungen jenseits der formalen Qualifikationen ja gefragt sind.

„Moment mal", fragt die Konvention. „Sollen wir unsere Qualifikationen über Bord werfen?" Nein, natürlich nicht. Jurist zu sein oder auch Psychologe ist schon etwas Gutes. Aber der Glaubenssatz „Schuster, bleib bei deinem Leisten" gilt nicht mehr in dem Ausmaß, wie wir das bisher vielleicht dachten. Der Appell, sich auf den Kern seiner Qualifikation zu besinnen, ist gewiss in manchen Handwerksberufen klug und auch in der Konzentration aufs Kerngeschäft bei manchen Unternehmen. Aber er gilt nicht allumfassend und ist nicht generell sinnvoll. Menschen können oft weit mehr, als man ihnen zutraut oder sie selbst für möglich halten. Und genau dort lauert ihr Potenzial.

Was eine gute Geschäftsidee ausmacht

Chancen zu erkennen, bedarf einer gewissen Offenheit und Wahrnehmung. Das Wesentliche dabei ist ein Wechsel der Perspektive: weg von dem Gedanken, was wir brauchen (wir brauchen Geld und darum einen Job), hin zu dem Gedanken, was die anderen brauchen (wir könnten bieten, was die anderen suchen). Im Grundsatz müssen wir uns nur umschauen und uns überlegen, was die anderen brauchen – und das unabhängig von den bisherigen Bahnen, auf denen wir uns bewegt haben. Denn was jemand kann, ist im Idealfall das, was ein anderer braucht. Aus dieser Sicht ergeben sich mit einer geschulten Wahrnehmung jede Menge Chancen.

Eine wesentliche Fähigkeit, die viele Menschen erst Jahre nach ihrer Schulzeit und ihrem Studium oder auch nie lernen, ist es, Geschäftsideen zu bewerten. Der Kern einer guten Geschäftsidee ist es, etwas zu bieten, was gefragt ist, und wofür andere bereit sind zu bezahlen. Eine großartige und zugleich einfache Geschäftsidee sind kühle Getränke, Eis und Güter des täglichen Bedarfs im Sommer, geliefert übers Wasser an Yachten und Boote. Jemandem eine Facebook-Seite einzurichten, ist eine gute und einfache Geschäftsidee. Alle diese Gedanken gehen konsequent nur von dem aus, was die anderen brauchen, statt von dem, was wir selbst brauchen. Mit diesem Blick wird so mancher frustrierter Profi-Bewerber verstehen, weshalb er seine vergangenen fünfzig Bewerbungen für den Papierkorb geschrieben hat. Die vielen Unternehmen haben sein Angebot offenbar nicht gebraucht. Oder vielleicht doch – dann waren sie nicht bereit, ihn dafür zu bezahlen. Beides – der Bedarf und die Zahlungsbereitschaft – gehören zu einer guten Geschäftsidee.

Nehmen wir ein einfaches Beispiel, wie sich aus dem Gedanken an den Bedarf der anderen eine Geschäftsidee entwickeln und sich daraus eine Chance herstellen lässt: Zahlreiche Seminaranbieter fressen wie wahnsinnig Kilometer. Aufgrund der oftmals vertrackten Reisepläne (Bad Tölz – Braunschweig – Wiesbaden – Ingolstadt – Salzburg – Bad Tölz) lassen sich solche Touren kaum mit dem Flieger oder mit der Bahn machen – es ist zu kompliziert, und Kostüm und Anzug werden ebenfalls knittrig. Zugleich aber bedeutet Auto fahren eine enorme Zeitverschwendung, denn am Steuer lassen sich weder Texte schreiben noch Präsentationen vorbereiten. Und ein fester Chauffeur für einen Trainer ist nicht nötig. Also haben wir es hier mit einem typischen Job zu tun, für den man jemanden fallweise buchen will. Auf Zuruf.

DIE BILDUNGSL"CKE **67**

Wer kümmert sich um meinen Hund?

Wenn nun jemand einen Personenbeförderungsschein hat und auch die restlichen rechtlichen Voraussetzungen für eine Tätigkeit als Chauffeur erfüllt, kann er sich als Chauffeur anbieten, entweder mit dem eigenen Wagen oder – was vielen Trainern lieber ist – in deren Wagen. Der Chauffeur fährt nicht nur, sondern lässt den Wagen auch waschen, tankt, holt frischen Kaffee und sucht das Hotel. Der Trainer kann in der Zwischenzeit auf der Rückbank ganz relaxt am Rechner arbeiten oder sich auch einfach von einem anstrengenden Seminartag erholen. Während des Seminars kümmert sich der Chauffeur vielleicht sogar um den Hund des Trainers. Es ist ein Produkt, das viele brauchen, und wofür einige bereit sein dürften zu bezahlen. Die gilt es, zu finden.

Also stellt sich im nächsten Schritt die Frage: Wo bekommt unser frischgebackener Chauffeur Kunden her? Und schon sind wir in der Akquise: Visitenkarten und kleine Flyer drucken, aus denen der Service hervorgeht, und dann hin zu den relevanten Messen und Kongressen der Branche. Ich bin sicher: Wer mit dieser Geschäftsidee auf der jährlichen Convention der „German Speakers Association" aufkreuzt und gerne mit Menschen ins Gespräch kommt, bekommt Aufträge. Der Besuch auf der Convention ist eine selbst herbeigeführte Chance. Mit den Menschen ins Gespräch zu kommen, bedeutet, diese Chance zu nutzen.

Oder: Wie viele Menschen wünschen sich einen Personal Trainer, der nicht nur Sport mit ihnen macht, sondern ihnen auch auf den Teller schaut? „Herr Faßbender, nehmen Sie statt Pommes bitte Gemüse und statt Bier Wasser" – solche Sprüche am Büffet können schon der Anlass sein, um in entscheidenden Momenten das Richtige zu tun. Vielleicht ist das eine Geschäftsidee für Hotels und Kongressbetriebe. Der Vorstellungskraft sind keine Grenzen gesetzt.

Messen und Kongresse zu besuchen, ist die einfachste Art, auf Chancen zu treffen. In der Schlange beim Mittagessen habe ich schon jede Menge wertvolle Kontakte geknüpft. Sobald Sie sich darüber im Klaren sind, was Sie anderen bringen können – unabhängig von Ihrem Studium –, finden Sie automatisch die richtigen Termine für die jeweilige Branche. Nötig dazu ist im Grunde nur eines: ordentliche Visitenkarten, aus denen nicht nur Name und Adresse hervorgehen, sondern auch, was Sie bringen. Machen Sie den Nutzen klar, den Effekt.

Zehn Schritte zur Chance

Zum Abschluss möchte ich noch eine Liste anbieten: zehn Schritte zur Chance in Kurzform. Was sollten Sie tun, um Chancen zu schaffen und zu ergreifen?

- **Haben Sie Mut.** Seien Sie mutig, auf Menschen zuzugehen und sie anzusprechen. Sie brauchen keine Angst vor Menschen zu haben. Warum auch? Die anderen Menschen sind ebenso wie Sie auf dem Markt und suchen Menschen, die ihnen etwas bringen können. Haben Sie den Mut, sich anzubieten!
- **Finden Sie Ihre Potenziale.** Dazu nehmen Sie zunächst Ihre Talente wahr: Machen Sie sich klar, was Sie wirklich können und auch gerne tun. Ein Potenzial wird daraus, wenn Sie den Bedarf finden, den Sie mit Ihrem Talent decken können.
- **Entdecken Sie Ihre Antreiber.** Was treibt Sie an, ohne dass Sie sich zwingen müssen? Etwas, womit Sie beruflich glücklich sind, sollten Sie nicht widerwillig tun müssen. Nehmen Sie Abschied von dem Irrglauben, Arbeit müsse mühsam sein. Das ist falscher Moralismus, der zum Burn-out führt. Was Sie am liebsten tun – schreiben, musizieren, sprechen, basteln, technische Probleme lösen – das ist Ihre Spur.
- **Denken Sie unternehmerisch und in Geschäftsideen.** Viele Angestellte sprechen nur über ihre Abläufe, nicht über den Sinn. Ganz gleich, ob Sie selbstständig sind oder angestellt: Orientieren Sie sich in allem, was Sie sagen und tun, am Sinn! Und der Sinn Ihres Tuns ist der Nutzen der anderen. Nur wenn Sie mit Ihrem Potenzial anderen etwas bringen, bekommen Sie selbst, was Sie brauchen.

- **Seien Sie aktiv und pro-aktiv.** Niemand hat etwas gegen Pausen und Erholung, aber verfallen Sie niemals in Passivität und Lethargie. Aktivität hält Sie wach und Ihren Blick für Neues offen. Führen Sie Gelegenheiten bewusst herbei, bei denen Sie entscheidende Menschen ansprechen und sie auf das hinweisen können, was Sie bieten können.
- **Lernen Sie fürs Leben.** Sie befinden sich – wie alle Menschen – in einer Entwicklung. Entwicklung bedeutet: Es geht voran! Wenn Sie eine Weile mit Ihren Talenten und Potenzialen glücklich sind, heißt das nicht, dass das so bleiben muss. Die Welt ändert sich und mit ihr der Bedarf Ihrer Mitmenschen. Vielleicht ersetzt plötzlich eine Software Ihren Job? Darum sollten Sie schon jetzt, sollten Sie immer an Alternativen arbeiten und Ihr Wissen aktuell halten.
- **Seien Sie offen für Neues!** Da die Welt sich ständig ändert, sollten auch Sie selbst beweglich bleiben. Können Sie in Ihrer Umgebung Ihr Potenzial als Rap-Musiker nicht umsetzen, weil Sie in einem österreichischen Dorf leben? Suchen Sie sich das richtige Umfeld und seien Sie offen dafür. Warum nicht nach Kalifornien ziehen? Statt neuen Möglichkeiten gegenüber grundsätzlich skeptisch zu sein, seien Sie grundsätzlich offen! Es ist mehr möglich, als wir denken.
- **Entdecken Sie Altes wieder.** Was haben Sie früher getan, was Spaß gemacht hat und vielleicht sogar erfolgreich war? Ganz gleich, ob Sie mit Begeisterung Partys organisiert oder Klettertouren gemacht haben – die Rückbesinnung auf die Vergangenheit kann Sie auf die Spur bringen. Vielleicht ist ja Event-Management Ihr Ding oder Sie führen künftig Bergtouren?
- **Glauben Sie an sich.** Niemand entscheidet, was Sie tun und wo Sie landen, außer Ihnen. Sie haben nur sich. Also werden Sie aus dem, was Sie haben, das Bestmögliche machen. Lassen Sie sich nicht einreden, manche Dinge gingen nicht. Sondern fragen Sie, wie sie gehen. Niederlagen und Rückschläge verbuchen Sie als Erfahrungen.
- **Sammeln Sie Erfahrungen.** Über Ihre Qualifikation hinaus sollten Sie leben, leben, leben. Bei allem, was Sie tun, begegnen Sie

Menschen und Situationen, von denen und aus denen Sie lernen können. Die Welt braucht nicht so sehr gelehrte Menschen, denn davon gibt es viele. Die Welt braucht zunehmend erfahrene Menschen. Überlegen Sie, wem Sie mit Ihren Erfahrungen nützen können – unabhängig von Ihrem Alter. Gerade im Alter haben Sie mehr Erfahrungen als andere. Helfen Sie anderen, nicht dieselben Fehler zu machen wie Sie.

Alexander Maria Faßbender (Jahrgang 1964) ist einer der bekanntesten Coaching-Experten im deutschsprachigen Raum. Er unterstützt Menschen und Unternehmen, wenn sie nicht mehr weiter wissen und Perspektiven suchen. Alexander Maria Faßbender inspiriert und begeistert darüber hinaus mit den Themen „Humor als erfolgreiche Lebenskompetenz" und „Mut". Er ist zudem ein Fachmann in Sachen Social Media und ein Meister des Netzwerkens. Besonders gerne verbringt er seine freie Zeit mit seiner Tochter und seinem Hund.

www.alexander-maria-fassbender.de

To be professional

Welche Persönlichkeitsmerkmale das Berufsleben wirklich fordert

VON KATJA SCHLEICHER

Aus Schülern werden Mitarbeiter, Führungskräfte, Unternehmer. Und am Arbeitsplatz, ob in abhängiger Beschäftigung oder in der Selbstständigkeit, zählt Professionalität. Produktiv sein ohne unnötige Reibungsverluste - darum geht es. Doch so mancher Schul- und Hochschulabsolvent bringt seine neuen Chefs zum Verzweifeln: Der eine beginnt eine Grundsatzdiskussion über theoretische Definitionen, der andere verkünstelt sich unnötig lange mit einer einfachen Powerpoint-Präsentation, der nächste merkt nicht, wenn etwas anbrennt. Professionalität umfasst vieles, was die Schule nicht lehrt: Einsatzbereitschaft, Mitdenken, die richtige Distanz zu Arbeit und Menschen, Ruhe und Verbindlichkeit, Teamfähigkeit und interkulturelle Kompetenz. Ein Schnellkurs.

Die Unternehmerverbände nennen es „Ausbildungsreife", im Berufsleben heißt es Professionalität. Hat ein Schulabgänger das Zeug dazu, an einem Arbeitsplatz sinnvoll zu handeln? Die Professionalität bündelt die zum beruflichen Erfolg nötigen Soft Skills unabhängig jeglicher fachlicher Qualifikation. Professionalität ist der Schlüssel für ein erfolgreiches Arbeitsleben – ob in einer abhängigen Beschäftigung oder in der Selbstständigkeit. Professionalität bedeutet weitaus mehr, als nur Fakten zu beherrschen. Es geht nicht darum, „gelehrt" zu sein, sondern darum, im Berufsalltag die richtigen Dinge zu tun. Insofern deckt das am akademischen Bildungsideal orientierte Schulsystem das Thema „Professionalität" bislang per se nicht ab.

Professionalität umfasst eine Menge Eigenschaften, die dem Einzelnen so etwas verleihen wie eine „sinnvolle Performance" im Arbeitsleben. Dazu gehören Kommunikationskompetenzen ebenso wie Engagement. Um Professionalität geht es vom ersten Moment an, wohin auch immer die beruflichen Schritte führen. Der Vorwurf, unprofessionell zu sein, kann Karrieren stoppen, noch bevor sie in Gang gekommen sind. Jemand mag die besten Noten und die beste fachliche Kompetenz haben – sofern er nie gelernt hat, zuverlässig und verbindlich zu sein, sich am Telefon verständlich auszudrücken, Kollegen zu überzeugen oder auch nur aus der Perspektive seines Gegenübers zu denken, wird seine berufliche Performance schlimmstenfalls die eines sozial unfähigen Fachidioten sein.

Echt unprofessionell!

Die Liste der konkreten Dinge, die Unternehmen als unprofessionell ansehen, ist fast unüberschaubar. Und zwar unabhängig von der Branche – nahezu alle Arbeitgeber ärgern sich bei Berufseinsteigern über dieselben Defizite. Hier die Dauerbrenner:

- **Abteilung „Alle, bloß nicht ich".** Diese Non-Profis stören mit „Ausrederitis", sie sind wehleidig, schnell persönlich beleidigt, sie schieben Dienst nach Vorschrift. Verantwortung übernehmen? Undenkbar!

- **Abteilung „Was geht mich das an?".** Hier finden sich Dauer-Lethargie, desinteressiertes Schulterzucken und die Abwesenheit jedweden Interesses oder gar Einsatzbereitschaft für irgendetwas, was mit dem beruflichen Umfeld zu tun hat. In dieser Abteilung gedeihen als Folge auch Unzuverlässigkeit und Unverbindlichkeit.
- **Abteilung „Angsthase".** Symptome sind Scheuklappen-Denken, Einbahnstraßen-Handeln und die Unfähigkeit, Konflikte auszutragen. Dazu kommt eine Reihe von Kommunikations-Klemmern nach dem Motto: „Lieber nichts sagen oder tun, statt es zu riskieren, einen Fehler zu machen".
- **Abteilung „Platz da, jetzt komme ich!".** Am lauten Ende des Spektrums steht die Egoisten-Fraktion mit der Unfähigkeit zuzuhören, nassforschem Auftreten und Große-Klappe-Syndrom – dem unangemessen hohen Rede-Anteil zur falschen Zeit am falschen Ort. Diese Abteilung produziert nonstop Worthülsen und ist egomanisch statt teamfähig.

Diese Phänomene entstehen meist nicht erst im Berufsleben, sondern wesentlich früher. Von Eltern geduldet, von Lehrern nicht hinreichend bekämpft – und manchmal sogar gefördert – gedeiht der Mangel an Professionalität in den Jugendjahren prächtig. Oft kommt man bis zum Ende der Schulzeit damit durch, weil die Schule das Handeln von Schülern nicht auf Professionalität prüft. Aber einmal im Job angekommen, gibt es kein Pardon mehr. Dann ist aus der kleinen Entwicklungsschwäche ein ernstes Problem geworden, das der beruflichen Entwicklung im Weg stehen kann.

Der Weg zum professionellen Mitarbeiter

Im unternehmerischen Sinn steht Professionalität für die erfolgreiche Kombination einer ganzen Reihe von Fähigkeiten: Das große Ganze sehen und die Sache vor Befindlichkeiten stellen können, Zuverlässigkeit, Verbindlichkeit, klare Kommunikation. Aber auch ein Gefühl für Angemessenheit und Einfühlungsvermögen macht den Profi aus. Profis erkennen, welche Aspekte im Arbeitsprozess welche Bedeutung haben, wie wichtig was ist und welche Handlungsmuster wann sinnvoll sind. Professionalität bedeutet zugleich, sich als Mitarbeiter und Kollege in den verschiedensten Situationen gleichermaßen authentisch zu verhalten.

Professionell zu sein, heißt auch: angemessen im entsprechenden Kontext aufzutreten, was der Begabung bedarf, die Umgebung wahrzunehmen und zu bewerten. In einer Kreativ-Agentur gelten andere Standards als bei der Deutschen Börse oder in der Verwaltung eines mittelständischen Trikotagen-Fabrikanten. Wer das dafür nötige Gefühl entwickelt, findet sich leichter im Job zurecht.

Doch was ist an innerer Einstellung für diese einzelnen Kompetenzen nötig? Welche kommunikativen Fähigkeiten sollte die Schule haben, um diese Haltungen wirkungsvoll an andere weiterzugeben? Und ganz entscheidend: Wo und wie kann Schule diese Kompetenzen bei Kindern und Jugendlichen anlegen und ausprägen? Wichtig ist es, denn Personalentscheider haben letztlich nur einen unabdingbaren Wunsch an die Schule: Ausbildungsreife bei allen ihren Absolventen sicherzustellen. Noch gelten zwanzig Prozent der Schulabgänger als nicht ausbildungsreif. Das ist angesichts des Fachkräftemangels ein unhaltbarer Zustand. Denn die Folge ist, dass jede Menge unprofessionelle Menschen in mitunter verantwortungsrelevanten Positionen arbeiten.

Doch um welche Kompetenzen geht es nun im Einzelnen? Was macht Professionalität aus?

Einsatzbereitschaft: Von der Disziplin zum Sinn

Der erste Punkt ist das Verständnis für den Sinn des Handelns im Unterschied zum Gehorsam. In der Schule „muss" man zu einer bestimmten Zeit da sein. Warum eigentlich? Na ja: weil der Unterricht beginnt. Dieser Unterrichtsbeginn ist definiert durch eine Uhrzeit. Hat das erste Fach am Tag keine Bedeutung für den Schüler, etwa weil „Wallenstein" von Friedrich Schiller ihn nicht interessiert, quält er sich eben hin. Hat die gesamte Schule keine Bedeutung für den Schüler, weil sich ihm ihr Sinn insgesamt nicht erschließt, durchlebt er Jahre des Frusts aufgrund einer Disziplin, die aus seiner Sicht einem Selbstzweck dient. Nur sehr wenige Lehrer scheinen in der Lage zu sein, neben dem reinen Fachwissen auch die Bedeutung und den Sinn ihrer Lerninhalte zu vermitteln. Der Lehrplan tut ein Übriges: Steht der Zitronensäurezyklus auf dem Lehrplan, obwohl der Schüler sicher niemals Biologe oder Mediziner werden wird, ist die Sinnlosigkeit Programm. Dass eine schlechte Note in Biologie diesem jungen Menschen die Zukunft verhageln kann, der eine gute Abiturnote braucht, um an die Musikhochschule zu kommen, ist klugen Menschen kaum vermittelbar. Die Disziplin erweist sich als faul.

Beim Übergang ins Berufsleben verändert sich das Paradigma dieser reinen und oft unverständlichen Disziplin im Idealfall in Verantwortung und Verantwortlichkeit. War das Erscheinen früher nur eine Pflicht um ihrer selbst willen, erfüllt sie sich am Arbeitsplatz mit Sinn. Es gibt einen Grund, pünktlich im Büro zu sein: die Kollegen, die Unterlagen, die Kunden, die Prozesse, der Umsatz. Durch den Sinn erst entwickelt sich wirkliches Verantwortungsbewusstsein, nicht durch die reine Definition einer Uhrzeit. Für eine Aufgabe, die ein Ziel hat, ist der Zwang zur Pünktlichkeit plötzlich nachvollziehbar. Disziplin kann sich in dieser Zeit in Einsatzbereitschaft verwandeln – wenn ein Berufseinsteiger Spaß an seinem Job hat. Macht er ihn nur, weil er muss, und trottet er mit der gleichen Lustlosigkeit ins Büro wie früher in die Schule, dann schiebt er Dienst nach Vorschrift. Die Demotivation Tausender von Arbeitnehmern liegt auch darin begründet, dass diese bedauernswerten Menschen niemals gelernt haben, sinnlose Disziplin von Sinn und Einsatzbereitschaft zu unterscheiden.

Wie gelangen junge Menschen zu einem Sinn dessen, was sie tun? Durch ein paar Fragen, die sie sich selbst stellen können:

- Warum bin ich eigentlich hier?
- Will ich tun, was ich tue?
- Warum ist das, was ich tue, wichtig für mich?

Diese Fragen sollten sich junge Menschen beantworten, bevor sie sich einer beruflichen Herausforderung stellen. Ein bewusstes „Ja" in eine Richtung bedeutet ein „Nein" für viele andere Richtungen.

Gespür fürs Notwendige: Wissen, was wann zu tun ist

Der nächste Aspekt ist die Fähigkeit, zu wissen, was notwendig ist. Was ist wann zu tun? Hier geht es um eine Sicherheit im Gespür angesichts laufender Projekte und Abgabefristen.

Schule, Ausbildung und Studium folgen bis auf wenige Ausnahmen einem komplett anderen zeitlichen Diktat als das Berufsleben: Einerseits ist das Bildungssystem viel strikter, andererseits viel weniger diktatorisch als die Arbeitswelt. In der Schule ist Zeit oft so stark reglementiert, dass Lehrer vorgeben, was wann zu tun ist. Im Job ist es umgekehrt: Erst hat man oft freie Hand, häufig sogar die Wahl der Mittel („Sehen Sie mal, wie weit Sie kommen. Fragen Sie, wenn Sie was brauchen …"). Diese Freiheit ist zunächst enorm verführerisch – niemand schaut einem ständig über die Schulter –, aber sie bedeutet auch eine hohe Unsicherheit, wenn junge Leute nie gelernt haben, selbst zu entscheiden, was wichtig ist. Zudem kommt der Zeitpunkt schnell, an dem alle Beteiligten Ergebnisse sehen wollen. Und je näher dieser Zeitpunkt rückt, desto mehr wächst die Angst, nicht fertig zu werden oder „es nicht zu packen". Und fällt ein Ergebnis aus, ist das im Job in der Tat eine Katastrophe: Sind im Job Meetings nicht vorbereitet, Reports nicht geschrieben oder Unterlagen nicht pünktlich eingereicht, geschieht das einmal, vielleicht zweimal, doch spätestens dann wackelt der Job. Wer als Schüler dagegen keine Hausaufgaben macht, ist zwar nicht diszipliniert und bekommt einen Eintrag ins Klassenbuch, fliegt aber auch nicht sofort von der Schule.

Das bedeutet: Schulabgänger kommen oft mit einem völlig verzerrten Verständnis dessen ins Arbeitsleben, was wann zu tun ist, und auch mit einer völlig verzerrten Vorstellung von den Konsequenzen.

Sinnvoll ist es, die Gepflogenheiten und die ungeschriebenen Gesetze im Unternehmen zu beobachten. Auf welchen Weg fallen Entscheidungen? Wie kurz- oder langfristig wird geplant? Man kann sich so besser auf Timelines einstellen und Stress reduzieren. Parallel dazu sollte man auch den Kollegen gegenüber verdeutlichen, wie man selber „tickt": Arbeitet man selbst lieber kurzfristig oder mit langem Vorlauf? Tütet man ein Projekt schnell ein, oder trägt man es gerne über Wochen als „running task" im Kopf mit sich herum? Kollegen an Arbeitsplätzen respektieren in aller Regel beides – sie müssen es nur wissen. Und das grundlegende Verständnis für die Situation von Führungskräften ist nötig: Ein Chef hat ja gerade deshalb Mitarbeiter, damit er sich um bestimmte Dinge nicht kümmern muss. Führungskräfte wollen sich darauf verlassen können, dass die angestoßenen Sachen laufen, und sie wollen und können gar nicht ständig dahinter her sein. Am Ende muss das Ergebnis stimmen, und dieses zu erreichen, liegt in der Verantwortung des Mitarbeiters.

Distanzgefühl: Persönlich sein, ohne privat zu werden

Ebenso wichtig ist ein gesundes Gespür für Distanz und Nähe. Ein Arbeitsplatz ist im Idealfall ein kreativer Ort, an dem sich die Menschen gut verstehen und gemeinsam für eine große Sache arbeiten. Aber an erschreckend vielen Arbeitsplätzen herrschen strenge Codes und Regeln. Im klassischen Verständnis der Arbeitswelt ist die Unterscheidung zwischen „dienstlich" und „privat" zementiert. Anders als in der Schule, die eher ein gemütliches kreatives Chaos darstellt, was sich in vielen Universitäten dann fortsetzt. Die fürs berufliche Miteinander nötige Distanz erlernen Schülerinnen und Schüler nicht, vielmehr propagieren Lehrer die Schulgemeinschaft als soziales Gefüge, in dem man für den anderen da zu sein hat. Persönliche Anteilnahme ist im Kern sicher nicht schlecht, aber das richtige Maß zwischen Nähe und Distanz für die Arbeitswelt vermittelt die Schule nicht. So wirkt mancher Schulabgänger in seinem ersten Job mitunter sogar distanzlos. Mag ein Flirt an Schule und Uni zwischen Schülern oder Studenten in Ordnung sein, ist er an den meisten Arbeitsplätzen brandgefährlich.

Grundsätzlich lassen sich fünf unterschiedliche kommunikative Sphären unterscheiden, in denen wir uns bewegen:

- intim,
- privat,
- persönlich,
- Team und
- öffentlich.

Die kommunikative Professionalität, die Unternehmen erwarten, liegt vor allem in der persönlichen und der Teamkommunikation, für viele zusätzlich im Bereich der öffentlichen Kommunikation.

Bringt man als Berufseinsteiger diese kommunikativen Sphären durcheinander, sorgt man für Irritation und kommt in jenen Graubereich von Nähe und Distanz, der sich oft erst aus dem Rückblick der Erfahrung genau abgrenzen lässt. Langweilt man im Business-Smalltalk mit seinen Urlaubsgeschichten? Oder gerade, weil man gar nichts von sich preisgibt? Wo endet das Private? Wo wird Kommunikation öffentlich? Auch in der Nutzung sozialer Medien ist die Unterscheidung zwischen „persönlich" und „privat" von großer Tragweite. Die Richtlinie „Privates nur in privat zugänglichen Accounts" hat sich als hilfreich erwiesen.

Die Entscheidung, wie privat eine Kommunikation im geschäftlichen Umfeld sein darf, hängt von zwei wesentlichen Faktoren ab: vom individuellen Verhältnis zu den jeweiligen Kollegen und von der Situation. Daraus ergibt sich die individuelle Nähe-Distanz-Grenze. Die Situation spielt auch die entscheidende Rolle, wenn es um den richtigen Zeitpunkt geht, an dem ein Kommentar oder eine Bemerkung angemessen sind. Zu früh oder zu spät – und der Gedanke dringt nicht durch oder ruft sogar Widerstand hervor, obwohl er von der Sache her vielleicht richtig und gut ist.

Ruhe bewahren: Das richtige Energieniveau

Elementar für die Professionalität ist ein kluger Umgang mit Energie, Tempo und Dynamik. Professionell ist, wer zur Ruhe neigt und nicht die Nerven verliert. Unprofessionell sind Hektiker, vor allem dann, wenn sie auch andere mit ihrem Stress anstecken. Im beruflichen Alltag „brennt" es immer mal wieder irgendwo, und kluge und oft auch schnelle Reaktionen sind gefragt. Allerdings ohne dass wir die Kontrolle verlieren, weil unsere vegetativen Systeme mit uns durchgehen.

Sind wir in Ruhe und ohne Stress, stellen uns die verschiedenen Bereiche unseres Hirns eine Vielzahl an Reaktions-Möglichkeiten zur Verfügung. Je stärker der Stress-Pegel steigt, desto deutlicher verringern sich diese Varianten. Am Schluss bleiben drei übrig: fliehen, versteinern und angreifen. Bei einem nächtlichen Einbruch in die Wohnung zeigt sich das: Sollen wir durchs Fenster verschwinden (fliehen), bewegungslos unter der Decke liegen bleiben (versteinern) oder den Eindringling mit dem Küchenmesser bedrohen (angreifen)? Gelingt es aber, den Stress-Pegel zu regulieren und Ruhe zu bewahren, wie es auf zahlreichen Notfallvorschriften nicht ohne Grund als Allererstes heißt, steht unserem Gehirn die gesamte Bandbreite an Reaktionsmöglichkeiten zur Verfügung: Wir könnten auch unser Handy nehmen, die „110" tippen und versuchen, leise und schnell den Notruf abzusetzen.

„Ruhe bewahren" heißt die Kompetenz – und für ihren Erwerb ist es hilfreich, in die selbst-beobachtende Metaposition zu gehen: Unter welchen Bedingungen bin ich besonders gut ansprechbar, in welchen Umfeldern besonders leistungsfähig? Wie reagiere ich, wenn ich gerade nicht aufnahmefähig bin? Wie reagiere ich unter Stress? Wer das angemessen in sein berufliches Umfeld kommuniziert, sorgt grundsätzlich für mehr Verständnis.

Mitdenken: Die Perspektive wechseln

Neueinsteiger im Unternehmen haben einen unschätzbaren Vorteil: einen unverstellten Blick und damit die Chance, sich eine 360-Grad-Übersicht zu verschaffen. Langfristig erwirbt man mit diesem 360-Grad-Denken die Chance, Projekte besser zu beurteilen und die eigene Meinung fundiert zu begründen. Wichtiges vom Unwichtigen trennen, Aufgaben zu priorisieren – dadurch verschafft man sich Zeit und Gedankenfreiheit für die wichtigen Dinge. Wer wie ein Maulwurf alle Schreibtisch-Papiere durchwühlt, verschafft sich nie einen Überblick, weil er den externen Blick verliert.

Wir alle leben in unserem eigenen Mikro-Kosmos. Die Abfolge unserer Gedanken ist meist nur für uns selbst wirklich logisch. Automatisch haben wir damit in unserer Wahrnehmung recht. Teilen wir unsere Gedanken mit anderen, treffen deren Realitäten auf unsere. Erst ein Perspektivenwechsel in die Gedankenwelt anderer erleichtert es, eine Aufgabe zielgerichtet zu erfüllen. Der amerikanische Kommunikationsberater Frank Luntz fasst diesen Gedanken in einem seiner Buchtitel zusammen: „It's not what you say, it's what they hear". Solche Perspektivenwechsel beginnen bei kleinen Dingen, die das berufliche Zusammenleben schwierig gestalten können – wenn beispielsweise ein Frühaufsteher versucht, von einem später startenden Kollegen gleich um sieben Uhr morgens eine Freigabe für einen Text zu bekommen.

Mitdenken ist ein wesentlicher Aspekt der Professionalität, weil es genau diesen Perspektivenwechsel beschreibt. Nur indem wir die Perspektive wechseln, können wir überhaupt mitdenken. Und die Fähigkeit zum Perspektivenwechsel lässt sich leicht trainieren. Ganz einfach ist beispielsweise das zweiteilige Gedanken-Experiment, das sich in allen Situationen durchführen lässt, und das diesen Perspektivwechsel übt. Wir gehen von einer bestimmten Situation aus (nächtlicher Einbruch, Zeitdruck gegenüber dem Kunden, Konflikt mit dem Chef): In Teil 1 fragen wir uns, was unser Idol in dieser Situation tun würde – wer auch immer das ist. Wie würde Til Schweiger handeln? Robbie Williams? Angelina Jolie? In Teil 2 dann hören wir die Argumente der Gegenseite: Wie würde unser unangenehmster Lehrer, Ausbilder oder Professor oder das mir am wenigsten sympathische Familienmitglied in derselben Situation handeln? Wer gedanklich beide Richtungen in Ruhe durchspielt, gewinnt spannende Perspektiven, wenn es darum geht, beruflich andere Standpunkte zuzulassen.

Die Schule kann das wie in einem Debattier-Club trainieren: Warum nicht Schüler in die Haut eines vehementen Umweltschutz-Gegners schlüpfen lassen und sie seine Argumente durchdenken lassen? Je mehr Schüler in der Lage sind, sich in andere, sogar gegensätzliche Weltbilder hineinzudenken und sich fremden Gedanken zu öffnen, desto gelassener und souveräner werden die Berufstätigen von morgen handeln.

Nachdenken: Wissen bewerten und einordnen

Nicht nur wissen, sondern auch denken zu können, gehört zur Professionalität. Schon in der Schule ist dem Datenchaos in den Köpfen kaum beizukommen. Wir häufen Wissen an, oft ohne es in Beziehung zu anderen Daten zu setzen. Aber erst durch die Verbindung und den Kontext werden aus Daten nutzbare Informationen. Der Geschichtsunterricht fragt immer noch Jahreszahlen von Ereignissen ab, als sei es ein relevanter Unterschied, ob Wilhelm der Eroberer England nun im Jahr 1066 oder im Jahr 1067 erobert hat. Sich ausgerechnet auf die Datierung zu versteifen und nicht etwa auf die politische und ökonomische Bedeutung eines Ereignisses, ist eine kaum zu erklärende selektive Wahrnehmung, die sich später bei Berufseinsteigern oft in einer bemerkenswerten Naivität zeigt: Auf die Bitte hin, ein Flipchart aufzutreiben, treibt der junge Kollege tatsächlich ein Flipchart auf. Aber weil er nur auf seine Daten zugreift („Gefragt ist ein Flipchart") und nicht auf sein Denken im Kontext („Was ist der Sinn eines Flipcharts?"), bringt er weder Papier noch Stifte mit.

Das Gegenteil dieser nicht denkenden Naivität ist Informationskompetenz. Das ist die Fähigkeit, reine Daten und Fakten in anwendbare Informationen zu verwandeln, um zur bestmöglichen Entscheidung zu gelangen. Wie viel Recherche ist nötig, um gut informiert zu sein? Welche Details sind relevant? Was kann getrost weggelassen werden? Was darf wie viel Zeit kosten? Dass Berufseinsteigern schnell der Kopf schwirrt, sobald sie sich in ein Projekt vertiefen, ist mehr als verständlich. Aber ins Verhältnis zueinander gesetzt, ergeben Daten nützliche Informationen. „Wir haben 1.000 Euro gespart" ist eine Aussage, die per se gar nichts aussagt – gespart im Vergleich wozu? Zum vergangenen Jahr? Zum anderen Anbieter? Hätten es vielleicht auch 2.000 Euro sein können?

Integrität: Für sich selbst stehen

Ein relativ komplexer Begriff ist auf den ersten Blick der Begriff der Integrität, das nächste relevante Element von Professionalität. Am einfachsten wird der Begriff klar, wenn wir den völkerrechtlichen Begriff der „territorialen Integrität" heranziehen: Er beschreibt die Unverletzlichkeit eines Hoheitsgebietes. Ein Staat hat Anspruch auf Unversehrtheit. Auf den Menschen bezogen, bedeutet das: Auch ein Mensch hat Anspruch auf Unversehrtheit – nicht nur körperlich, sondern auch bezüglich seiner Persönlichkeit. Menschen haben das Recht, so zu sein, wie sie sind.

Die Integrität steht zwischen dem Denken und dem Handeln. Sie ist wie eine Ausrichtung, beispielsweise bevor wir etwas sagen. Wofür stehen wir? Was macht uns aus? Unechte Wirkung und oft sogar Sprüche wie „Eigentlich bin ich ganz anders" entlarven Berufsanfänger mit instabiler Integrität – und sie gelten schnell als unreif.

Integrität entwickelt sich durch den Blick nach innen und durch die Fähigkeit zur Selbst-Reflexion: Was macht unsere Persönlichkeit aus, nach welchen Werten handeln wir, wie ist unsere Haltung zu bestimmten Dingen? Welches Bild soll im Kopf der anderen entstehen?

Integrität lässt sich in den verschiedensten schulischen und beruflichen Umgebungen durch bewusste Wahrnehmung trainieren: Wie stehen wir in einer bestimmten Situation da? Wie wirken wir auf andere? Wie verändert es meine Integrität, wenn ich einen Ratschlag annehme?

Integrität bedeutet auch, die Größe zu entwickeln, für eigene Fehler einzustehen. Dass Fehler passieren, ist normal. Die Schuldfrage zu stellen, ist müßig. Wichtiger ist es, Lösungen zu entwickeln und zu vermeiden, dass der gleiche Fehler zweimal passiert. Das ist professionell.

Verbindlichkeit: Sagen, was man tut, und tun, was man sagt

Ein Unternehmen lässt sich besser führen, wenn sich alle aufeinander verlassen können. Berufseinsteiger erfahren sehr schnell, wie verlassen man ist, wenn man auf Kollegen nicht zählen kann – jemand hat etwas versprochen, was er dann nicht hält. Besonders hilflos sind Berufseinsteiger, wenn ihnen noch die Routine fehlt, um anstelle des unzuverlässigen Kollegen selbst eingreifen zu können. Verbindlichkeit ist eines der wichtigsten Elemente von Professionalität.

Professionelle Verbindlichkeit ist enorm selten, auch weil es für Schülerinnen und Schüler kaum Konsequenzen hat, wenn sie Zusagen nicht einhalten. Daher sind Kollegen erst einmal misstrauisch: Ist der oder die Neue zu etwas zu gebrauchen, oder ist es wieder jemand, auf den man sich nicht verlassen kann? Darum ist es wichtig, gleich zu Beginn Aussagen und Urteile mit Daten und Fakten zu untermauern. Entsprechende Klarheit schafft beim Gegenüber das Gefühl von Sicherheit, dass man zuverlässig in Wort und Tat ist. Das einfachste Motto ist: „Sagen, was man tut, und tun, was man sagt". Wer zwischen Wort und Tat Übereinstimmung herstellt, wird bald als verbindlich gelten und sich einen hervorragenden Ruf erarbeiten, indem die Leute sagen: „Auf den neuen Kollegen kann ich mich verlassen."

Teamfähigkeit: Gemeinsam ans Ziel ohne Gruppenzwang

Die Schule verteilt Noten für das, was man selbst erarbeitet hat. Sonst nennt sie es Abschreiben. Im Berufsleben dagegen kommt es darauf an, gemeinsam zum Ziel zu kommen. Ein gewaltiger Unterschied zwischen Bildungssystem und Arbeitswelt, der den nächsten Gedanken der Professionalität ausmacht: Teamfähigkeit.

Nicht jeder im Team muss alles gleichermaßen gut können, insofern ist es schon einmal fragwürdig, Schüler wegen schlechter Leistungen in bestimmten Fächern zu maßregeln. Im Team sind die Aufgaben so verteilt und gewichtet, dass sich alle wohlfühlen und gemeinsam das gewünschte Ergebnis erreichen können. Auch hat ein Team nichts mit Gruppenzwang zu tun, sondern nur mit Ergebnisorientierung. Dieser Unterschied zwischen Schule und Arbeitswelt erfordert ein radikales Umdenken seitens der Berufsanfänger.

Die Wirtschaft versteht Schule als „Erstausbildung", in der es darum geht, jeden individuell mit so viel Kenntnissen und Fähigkeiten wie möglich auszustatten. Deshalb wird auch jeder einzeln in seinen Leistungen bewertet. In Unternehmen geht man davon aus, dass die Ausbildung als solche abgeschlossen ist und Wissen und Kenntnisse des Mitarbeiters weitestgehend abrufbar sind, und zwar für gemeinsame Ziele im Team und in der Belegschaft. Es geht nicht mehr darum, individuell zu glänzen und sich durch gute Noten von den anderen abzuheben. Dass Schulabgänger dieser Wechsel erwartet, sollte die Schule dringend lehren, und sie sollten auf die bevorstehenden Situationen vorbereiten. In vielen Schulen gilt inzwischen die Parole „Team um jeden Preis" als Abgrenzung zur lange gängigen Praxis der alleinigen Förderung des Individuums. Doch wann Teamarbeit und wann individuelle Darstellung gefragt ist, lässt die pauschale Parole „Team um jeden Preis" unter den Tisch fallen.

Wenn sie Teamfähigkeit entwickeln, haben Berufseinsteiger einen schmalen Grat zwischen zwei Extremen zu gehen: zwischen dem sich ständig für das Team opfernden Mitarbeiter und dem egoistischen Verweigerer. Irgendwo dazwischen hat jeder neue Mitarbeiter und Berufseinsteiger die persönliche Entscheidung zu treffen, wann für ihn aus Engagement Aufopferung und aus Individualismus Eigenbrötlerei wird.

Interkulturelle Kompetenz: Souverän international agieren

Die Kür in Sachen Professionalität ist die interkulturelle Kompetenz – für eine Menge Arbeitnehmer wichtig, die in internationalen Konzernen arbeiten oder mit solchen zu tun haben. Der britische Kultur-Anthropologe Richard D. Lewis („When cultures collide", „The cultural imperative") hat festgestellt, dass die „Wohlfühl-Distanz" der Deutschen zu anderen Menschen größer ist als in den meisten anderen Kulturen. Es dauert lange, bis sie Privates im geschäftlichen Umfeld preisgeben. Um nicht ausschließlich geschäftlich zu kommunizieren, nutzen viele Menschen im internationalen Kontakt oft die persönliche – aber eben nicht private – Kommunikations-Ebene. Beispielsweise kann man über Musik sprechen (persönlich), ohne zu offenbaren, ob man selbst ein Instrument spielt (privat). Bei deutschen Kollegen erleichtert es das Arbeiten, diese Distanz zu respektieren – dazu eignet sich ja wie im Französischen auch der Unterschied zwischen den Ansprachen „Sie" und „du". Im internationalen Arbeitsumfeld ist eine geringere Hemmschwelle beim frühen Austausch persönlicher Informationen im Business-Umfeld an der Tagesordnung: Wohlfühl-Atmosphäre und emotionale Übereinstimmung zwischen Business-Partnern sind wichtiger als die Geschwindigkeit und Präzision, mit der beide Seiten einen Deal schließen. Solche Aspekte des Zusammenarbeitens werden mit zunehmender Internationalisierung des Geschäftes immer wichtiger.

Angesichts der Globalisierung und der direkten Kommunikationsdrähte in Unternehmen am anderen Ende der Welt besteht in Sachen interkulturelle Kommunikation höchster Nachholbedarf an den Schulen – dort finden Lernerfahrungen mit anderen Kulturen auf zu geringem Niveau statt. Die wichtigsten Schritte zur Vorbereitung von Berufseinsteigern auf die Realität im internationalen Berufsalltag sollten ein verpflichtendes Auslands-Halbjahr sowie eine Lehrplan-Aufwertung von Englisch oder der zweiten Fremdsprache sein. Es kann nicht sein, dass junge Berufstätige im Umgang mit Vertretern fremder Kulturen so tollpatschig sind, dass es auf die Firma oder auch auf den gesamten Kulturkreis zurückschlägt. Andere Nationen sind da weitaus gewandter.

Integration: Professionalität als selbstverständlich anerkennen

Sicher lässt sich Professionalität lernen. Aber sie ist kein Unterrichtsfach, dessen Inhalte man paukt und dann von neun bis siebzehn Uhr anwendet. Professionalität ist eine Haltung. Arbeitgeber und Kollegen fordern sie vom ersten Arbeits-Tag an. Ganz gleich, ob es darum geht, Events zu organisieren, Budgets zu kontrollieren oder Autos zu reparieren – die Kollegen gehen davon aus, dass die Neuen in der Ausbildung ausreichend Fachkompetenz erworben haben und fordern diese ohne zu zögern ab. Zum Üben, in der Schule sehr gefördert, ist nahezu keine Gelegenheit mehr („Haben Sie denn das nicht in der Ausbildung gelernt? Dafür haben wir hier nun wirklich keine Zeit!"). Neben der fachlichen Routine, die Berufseinsteiger in der ersten Zeit trainieren, ist es ebenso wichtig, im beruflichen Umfeld durch individuelle Ansichten und innere Haltungen wahrnehmbar zu werden – professionell auch im emotionalen Sinn. Im dritten Schritt gilt es, diese innere Klarheit wirkungsvoll nach außen zu kommunizieren, sodass das eigene Ich im Gefüge des großen Ganzen für alle Partner sichtbar wird. Die Professionalität, die am Ende dieser Entwicklung steht, sichert ganz gewiss so manchen Job.

Katja Schleicher (Jahrgang 1968), ist Kommunikationstrainerin und Business Coach. Sie hatte schon früh das Gefühl, dass Reden Gold ist. Nach fünf linguistisch-psychologischen Universitätsjahren und fünfzehn weiteren Berufsjahren in verschiedenen Kommunikationsfeldern (PR, Werbung, TV-Produktion, Online-Journalismus, Social Media) ist aus diesem Gefühl felsenfeste Überzeugung geworden: Schweigen ist der Anfang vom Unglück. Deshalb trainiert und coacht Katja Schleicher jetzt Menschen aus internationalen Unternehmen in drei Sprachen und überall in Europa im Reden. Außerdem bereitet sie an der Universität Wien und der Bayerischen Akademie für Werbung junge Kommunikationstalente auf ihre ersten Karriereschritte vor. Ihr Herz schlägt für Europa, Sport, piemontesischen Weißwein und das Theater.

www.interview-training.eu

Sie haben Zeit!

Wie Sie Prioritäten setzen und erkennen, was wirklich wichtig ist

VON LOTHAR SEIWERT

Jeder Mensch hat pro Tag 1.440 Minuten Zeit. Womit füllen wir sie? Mit dem, was wichtig ist? Selten. Die meisten Menschen tun, was man ihnen aufträgt. Viele machen alles der Reihe nach, „eins nach dem anderen", wie sie das in ihrer Erziehung und auch in der Schule gelernt haben. Der Gedanke, dass manche Dinge wichtiger sind als andere, fällt dabei unter den Tisch. Die Schule bringt uns nicht bei, Dinge zu bewerten und Prioritäten zu setzen. Zeitmanagement – der kluge Umgang mit Zeit – gilt als Business-Domäne. Dabei ist die Fähigkeit, das Wichtige vom Unwichtigen und das Dringende vom nicht Dringenden zu unterscheiden, im Berufsleben elementar. Ihre Zeit klüger zu nutzen, gelingt Ihnen, wenn Sie einige einfache Dinge beherzigen.

„Zeitmanagement – das ist doch nur etwas für Top-Manager oder Spitzenpolitiker!" Das bekam ich oft zu hören, als ich vor einigen Jahren begonnen hatte, mich intensiv mit dem Thema Zeit zu beschäftigen. Mittlerweile hat sich das grundlegend geändert. Inzwischen zählt *Zeitmanagement* zu den sogenannten *Soft Skills*, die in fast allen Stellenausschreibungen eine Rolle spielen. Die Personalchefs haben erkannt: Der richtige Umgang mit der Zeit ist ein Schlüssel für beruflichen Erfolg. Und nicht nur das: Zeitmanagement trägt auch entscheidend zu einem glücklichen und zufriedenen Leben bei. Wer weiß, wie er seine Zeit überlegt einteilt, hat deutlich mehr Freiraum für die Dinge, die ihm wichtig sind und Freude machen.

Zeitmanagement kann jeder lernen

Ganz anders als Geld oder Bildung kennt Zeit keine sozialen Unterschiede. Sie ist gerecht verteilt. Vom Schüler bis zum Universitätsprofessor oder Unternehmer: Jeder von uns hat jeden Tag genau 1.440 Minuten zur Verfügung. Niemand besitzt mehr Zeit als die anderen. Zeit lässt sich weder anhäufen noch ansparen. Wer heute eine Stunde „spart", hat morgen nicht automatisch fünfundzwanzig Stunden zur Verfügung. Dennoch ist der Wunsch, Zeit zu sparen, aktueller denn je. Ständig versuchen wir mit allerlei technischen Gerätschaften und ausgefeilten Tricks, der Zeit ein Schnippchen zu schlagen. Doch egal, was wir anstellen, wir alle haben immer nur vierundzwanzig Stunden am Tag.

Im Grunde ist der Begriff *Zeitmanagement* ein Widerspruch. Wir können unsere Zeit nicht managen. Zeit verrinnt kontinuierlich. Wir haben keinen Einfluss darauf. Was wir aber sehr wohl managen können, sind wir selbst. Es liegt an uns, wie wir unsere Zeit nutzen. Es liegt an uns, ob wir nie Zeit haben oder ganz einfach das Beste aus unserer Zeit machen. Und das kann jeder lernen. Dazu sind keine komplizierten Planungstools, ellenlange To-do-Listen oder umständliche Prioritäten-Raster nötig. Im Gegenteil: Je einfacher die Werkzeuge, desto größer ist die Chance, dass wir am Ball bleiben. Daher möchte ich hier einfache und wirksame Strategien vorstellen, die sich mit wenig Aufwand auch im Schulunterricht vermitteln lassen.

Wie Sie aus zehn Minuten eine Stunde machen

Eine wichtige Faustregel lautet: Wer sich täglich knapp zehn Minuten zum Planen nimmt, gewinnt eine volle Stunde! Und schon der Volksmund sagt: „Niemand plant zu versagen, aber die meisten versagen beim Planen." Die einfache, aber effektive *AHA-Methode* macht Planung ganz leicht. In nur drei Schritten sind die Weichen für erfolgreiches Zeitmanagement gestellt:

- **A**lles aufschreiben
- **H**indernisse einplanen
- **A**bends Bilanz ziehen

Schritt 1: Alles aufschreiben

Wer aufschreibt, was alles zu tun ist, muss nachts nicht mehr panisch aus dem Schlaf schrecken, weil ihm einfällt, was er tagsüber alles vergessen hat. Zudem macht schriftliche Planung auch noch eine Menge Spaß. Wenn man einen offenen Posten erledigt hat, kann man ihn genüsslich abhaken – und das ist die beste Motivation, auch die restlichen To-Dos zügig in Angriff zu nehmen. Die folgenden sieben Punkte sollte jeder gute Tagesplan enthalten:

- To-dos und Termine
- Arbeit an größeren Projekten und Zielen
- Unerledigtes vom Vortag
- Verabredungen und private Aktivitäten
- Pufferzeiten für Unvorhergesehenes
- Pausen, Abschalten und Entspannung
- Zeit für Planung und Nachkontrolle

Schritt 2: Hindernisse einplanen

Der größte Stolperstein in Sachen Zeitplanung ist, dass wir uns immer viel zu viel vornehmen. Meist überschätzen wir unsere Kapazitäten und hetzen unserem Zeitplan dann total gestresst hinterher. Ob Störungen, fehlende Unterlagen, streikende Technik oder einfach nur der innere Schweinehund: Wer seinen Tag bis auf die letzte Minute verplant und keine Zeitpuffer für die großen und kleinen Tücken des Alltags setzt, gerät ins Schlingern. Dabei ist die Lösung ganz einfach: Wenn die Zeit nicht reicht, muss man sich eben weniger vornehmen. Deshalb sollte man sich immer an die bewährte *Fifty-Fifty-Regel* halten und fünfzig Prozent seiner Zeit für Hindernisse und Unvorhergesehenes reservieren.

Schritt 3: Abends Bilanz ziehen

Es reicht nicht, Pläne nur zu schreiben. Man muss sie in die Tat umsetzen. Deshalb gehört zu einer guten Planung immer auch die *Nachkontrolle*. Optimal ist es, wenn man sich jeden Abend einige Minuten nimmt, um den Tag noch einmal Revue passieren zu lassen und ehrlich Bilanz zu ziehen. Dabei sind die folgenden Fragen sehr nützlich:

- Was hat besser geklappt als erwartet?
- Wo habe ich mir zu viel vorgenommen?
- War die Zeit für bestimmte Aufgaben zu knapp bemessen?
- Welche Arbeiten kann ich mir in Zukunft einfacher machen?
- Was können andere mir abnehmen?
- Welche Aufgaben muss ich auf morgen übertragen?
- Welche Aktivitäten kann ich endgültig streichen?

Natürlich kann niemand gleich auf Anhieb perfekte Zeitpläne aufstellen und alle Zeitsorgen vergessen. Deshalb sollte man Fehlplanungen nutzen, um zu lernen, wie sich das Zeitmanagement Schritt für Schritt verbessern lässt. Darüber hinaus ist Planung etwas sehr Individuelles: Manche brauchen ein hohes Maß an Planung und Struktur, andere fühlen sich von straff getakteten Zeitplänen eingeengt. Deshalb sollte jeder die in Schritt 1 bis 3 beschriebene *AHA-Methode* ausprobieren und selbst herausfinden, welches Maß an Planung ihm am besten liegt.

Arbeit ist Gummi

Sicher haben wir alle schon die Erfahrung gemacht, dass man Arbeit wie Gummi in die Länge ziehen kann. Gerade bei unliebsamen Tätigkeiten kommt es häufig vor, dass man Ewigkeiten braucht, um sie endlich vom Tisch zu haben. Dieses Phänomen hat der Schriftsteller Cyril Northcote Parkinson näher untersucht, als er in Malaysia lebte und die Kolonialverwaltung dort genauer unter die Lupe nahm. Sein berühmtes *Parkinson-Gesetz* besagt: „Arbeit dehnt sich in genau dem Maß aus, wie Zeit für ihre Erledigung zur Verfügung steht."[1] Wer das Parkinson-Gesetz bei der Planung richtig nutzt, der kann viel Zeit gewinnen. Dazu genügt es jedoch nicht, alle Aufgaben schriftlich festzuhalten. Man muss auch notieren, wie lange man dafür brauchen wird. Dabei sollte man seinen Zeitaufwand realistisch, aber nicht allzu großzügig einschätzen.

Die zehn schlimmsten Zeit-Fallen

Wir alle tappen immer wieder in die gleichen kleinen, aber tückischen Zeit-Fallen. Aber wenn wir diese Fallen erst einmal enttarnt haben, ist es ganz leicht, sie zu umgehen:

1. keine oder schlechte Planung
2. fehlende Prioritäten und Ziele
3. hoffnungslos überfrachtete Zeitpläne
4. ständige Unterbrechungen und Störungen
5. zeitraubende Ablenkungen durch E-Mails und Internet

1) *The Economist* Nr. 5856, 19. November 1955.

6. keine Bereitschaft, Aufgaben abzugeben
7. mangelhafte Fähigkeit, Nein zu sagen
8. übertriebener Perfektionismus
9. andauerndes Aufschieben von Aufgaben
10. langwierige Suchaktionen und Chaos-Schreibtische

Das Wichtigste zuerst!

Eine To-do-Liste ist ein guter Anfang – aber von echtem Zeitmanagement kann hier noch keine Rede sein. Einen an Aufgaben und Abgabetermine erinnern, das kann jeder Küchenwecker. Was also macht den Unterschied? Ganz einfach: Ein Küchenwecker schafft es nicht, klare Prioritäten zu setzen und unwichtige Verpflichtungen ganz gelassen zu ignorieren. Also gilt: das Wichtigste zuerst! Das ist das Geheimnis, um dafür zu sorgen, dass persönliche Wünsche und Ziele bei der Zeitplanung nicht zu kurz kommen.

Wenn Aktionen, Aufgaben und Verpflichtungen miteinander konkurrieren, müssen wir uns entscheiden: Was hat Vorrang? Und worauf kann ich verzichten? Allzu oft verwandeln sich unsere To-do-Listen in einen roten Teppich, auf dem Stars und Sternchen um die Aufmerksamkeit der Fotografen buhlen: Jeder möchte im Mittelpunkt stehen und das Gedränge ist groß. Da stolpert die Diva schon mal über den Action-Helden und das luftig gekleidete Starlet mogelt sich an allen vorbei – direkt ins Blitzlichtgewitter. Aber was kann man tun, damit sich nicht ständig belanglose Kleinigkeiten an die Spitzen unserer To-do-Listen schummeln? Wie bringt man die offenen Posten in die richtige Reihenfolge? Hier schafft das ebenso einfache wie geniale ABC-Prinzip ganz schnell Abhilfe.

Das ABC der Prioritäten

A, B oder C? Oder gar P? Wenn wir bei jeder Aufgabe sofort entscheiden, in welche Kategorie sie gehört, ist das Prioritätensetzen keine große Sache mehr:

A-Aufgaben. Egal ob ein wichtiges Projekt oder die Verwirklichung eines großen privaten Wunsches: A-Aufgaben sind die *allerwichtigsten To-dos.* Auf diese Dinge kommt es wirklich an. Sie bringen uns in Riesenschritten unseren Zielen näher: Statistisch verbringen wir nur fünfzehn Prozent unserer Zeit mit A-Aufgaben, erzielen damit aber fünfundsechzig Prozent unserer Ergebnisse. Hier stimmt das Verhältnis von Aufwand und Nutzen! Darum gehören A-Aufgaben immer ganz oben auf die To-do-Liste.

B-Aufgaben. In diese Kategorie kommen alle Aufgaben, die *wichtig, aber nicht allzu eilig* sind. B-Aufgaben beanspruchen etwa zwanzig Prozent unserer Zeit und liefern auch nur zwanzig Prozent der Ergebnisse. Das Verhältnis von Aufwand und Nutzen ist also nicht gerade überragend, aber immerhin noch ausgeglichen. Deshalb sollte man überlegen, ob man tatsächlich alle B-Aufgaben selbst erledigen muss. Oft lohnt es sich, B-Aufgaben an jemanden abzugeben, der das Ganze schneller und besser macht als man selbst. Bei B-Aufgaben ist die Gefahr groß, dass man sie immer wieder aufschiebt. Dadurch werden sie früher oder später eilig und führen dann zu Zeitdruck. Um sich diesen überflüssigen Stress zu ersparen, sollte man B-Prioritäten immer gleich einen festen Termin geben und die Deadlines konsequent einhalten.

C-Aufgaben. Unter diese Kategorie fallen *Routinearbeiten* und der tägliche *Kleinkram.* Hier finden sich echte Zeitfresser. Denn: C-Aufgaben beanspruchen fünfundsechzig Prozent unseres Zeitbudgets, bringen aber nur magere fünfzehn Prozent der Ergebnisse. Der Aufwand für diese Aufgaben zahlt sich also nicht aus. Daher sollte man C-Aufgaben entweder streichen, abgeben oder zügig abarbeiten. Wer so wenig Energie wie möglich in C-Aufgaben steckt und seine Zeit stattdessen für Wichtigeres nutzt, kommt automatisch auf die Erfolgsspur.

Papierkorb-Aufgaben. Neben A, B und C gibt es noch eine weitere Prioritäten-Kategorie: die *Papierkorb*-Aufgaben. Dazu gehören alle Dinge, die weder wichtig noch dringend sind. Bei den meisten P-Aufgaben fällt es sowieso keinem auf, wenn sie unerledigt bleiben. Aber Achtung: Unerledigtes spukt uns oft im Kopf herum. Deshalb sollte man

P-Aufgaben nicht nur ganz gelassen von seiner To-Do-Liste streichen, sondern sie auch aus seinen Gedanken verbannen.

Farbenfrohes Prioritäten-Management

Um nun schon auf den ersten Blick zu erkennen, welche Aufgaben zuerst anstehen, hilft ein kleiner Trick: farbiges Prioritäten-Management. Das geht ganz einfach, indem man jede Aufgaben-Kategorie mit einer anderen Farbe in seinen Zeitplaner einträgt:

Rot = A-Aufgaben
Blau = B-Aufgaben
Grün = C-Aufgaben

Rote Aufgaben signalisieren sofort: Das ist superwichtig und hat höchste Priorität. *Blaue* To-dos zeigen, dass eine Sache wichtig ist, aber nicht allerhöchste Priorität hat. Und wenn eine Aktivität *grün* ist, dann erkennt man gleich: Das hat keinen Vorrang. Wenn diese Aufgabe heute liegen bleibt, ist das kein Beinbruch. Dann wird sie einfach auf einen späteren Termin vertagt. Aber Achtung! Wie bei allen anderen Aufgaben-Kategorien gilt auch für C-Prioritäten: Das Ganze sollte nicht endlos verschoben, sondern angepackt werden, bevor die Zeit knapp wird.

Wer Ziele hat, hat Erfolg!

Es hat keinen Sinn, mit Feuereifer Sekunden und Minuten einzusparen und dann doch Stunden oder sogar Wochen mit völlig belanglosen Dingen zu verschwenden. Auch mit den besten Zeitmanagement-Werkzeugen kann man nichts erreichen, wenn man keine Ziele hat. Ziele machen den Unterschied. Sie helfen uns, uns auf das Wesentliche zu konzentrieren. Zeitmanagement bedeutet nicht, sich den Tag mit

Aktivitäten vollzustopfen, sondern Ziele zu erreichen. Und dabei gilt: Nicht Tempo führt zum Erfolg, sondern die richtige Richtung!

„Ein Ziel", sagt der amerikanische Autor Leo B. Helzel, „ist ein Traum mit Deadline". Das bringt es auf den Punkt: Zeitmanagement ist die Voraussetzung, um sich die nötigen Freiräume für die Verwirklichung seiner Wünsche zu schaffen. Es geht darum, große Ziele und Projekte in klaren, unmittelbaren Handlungsschritten in unserer Tagesplanung zu verankern. Deshalb gehört zu einem gelungenen Zeitmanagement auch, sich Gedanken über seine Ziele zu machen.

Gut formuliert ans Ziel

Wer seine Ziele richtig formuliert, hat sie fast schon erreicht. Denn die richtige Formulierung bringt oft den entscheidenden Motivationskick, um ein Ziel entschlossen anzugehen. Wie das geht? Hier sind fünf Punkte wichtig:

- **Immer schriftlich.** Ziele werden nur greifbar, wenn wir sie schriftlich festhalten. Wie, wo und wie oft man ein Ziel notiert, bleibt natürlich jedem selbst überlassen. Manche schreiben ihr Ziel auf ein Kärtchen, das sie dann über ihren Schreibtisch hängen oder in ihr Portemonnaie stecken. Manche machen ihr Ziel zum Bildschirmschoner. Andere notieren ihr Ziel mehrmals täglich, um sich intensiv darauf einzustimmen. Hier sollte man einfach ausprobieren, was am besten zu einem passt.
- **Immer in Ich-Form.** Ziele sollten immer in Ich-Form abgefasst werden. Das macht das Ganze verbindlich. So werden Ziele eine Art Vertrag, den man mit sich selbst abschließt und natürlich auch erfüllen will.
- **Immer in der Gegenwart.** Hilfreich ist es auch, seine Ziele in der Gegenwart zu formulieren. So kann man sich besser vorstellen, wie es ist, wenn man sein Ziel bereits erreicht hat. Dabei sollte man

unbedingt auf vage Formulierungen wie „versuchen", „wollen" oder „mögen" verzichten. Denn: Mit halbherzigen Aussagen kommt keiner ans Ziel. Ideal ist es, wenn man es macht, wie ein Sportler vor einem wichtigen Wettkampf und sich in allen Farben ausmalt, wie es sich anfühlt, erfolgreich zu sein.

- **Immer positiv.** „Rasen nicht betreten!" Was passiert, wenn wir so etwas lesen? Ganz klar: Vor unserem inneren Auge entsteht eine herrliche Rasenfläche, die uns förmlich dazu einlädt, sie zu betreten. „Bitte auf den Wegen bleiben!" dagegen zeigt uns ein ganz anderes Bild: Nichts als wunderbare Wege – kein Rasen weit und breit. Genauso ist es mit unseren Zielen. Unser Unterbewusstsein kann nichts mit Formulierungen wie „kein", „nicht" oder „nie" anfangen und tut exakt das Gegenteil, vom dem, was wir wollen. Deshalb sollten wir unsere Ziele immer positiv formulieren.

- **Immer ganz genau.** Die Kunst liegt im Detail. Das gilt auch für die Beschreibung unserer Ziele. Wenn man nicht genau weiß, wo man hin will, läuft man ins Leere. Deshalb sollte man seine Ziele so exakt wie möglich beschreiben. So liefern wir unserem Unterbewusstsein Bilder, die es ihm erleichtern, auf ein Ziel hinzuarbeiten. Zudem entgehen wir der Gefahr, dass sich ein Ziel verselbstständigt und wir am Ende nicht das erreichen, was wir uns eigentlich vorgestellt hatten.

Fahrplan zum Ziel

Und was tun gegen die Ausrede „Dazu habe ich jetzt keine Zeit – im Moment sind andere Dinge drängender!"? Damit kommen wir unseren Zielen leider keinen Millimeter näher. Mit dem folgenden Fahrplan fällt das Durchstarten ganz leicht:

1. **Nur Wunsch-Ziele angehen.** Wenn man etwas nicht wirklich will, wird man es auch nicht bekommen. Das gilt auch für Ziele.

Wenn man nicht voll und ganz hinter einem Ziel steht, ist man auch nicht bereit, die nötigen Mühen dafür auf sich zu nehmen. Deshalb ist es reine Zeitverschwendung, Ziele anzugehen, von denen man nicht überzeugt ist. Ganz wichtig: Ziele sind nicht in Stein gemeißelt. Sie können sich auch ändern. Sobald man merkt, dass ein Ziel nicht mehr zu einem passt, sollte man sich davon verabschieden und neue Wege beschreiten.

2. **Ein Ziel nach dem anderen.** Es ist schon schwer genug, ein größeres Ziel zu erreichen. Zwei oder sogar drei wichtige Ziele gleichzeitig zu verfolgen, ist fast unmöglich. Deshalb sollte man immer ein Ziel nach dem anderen anpacken. Mit voller Konzentration kann man viel mehr erreichen.

3. **Feste Ziel-Zeiten reservieren.** Um konzentriert auf ein Ziel hinzuarbeiten, sollte man konsequent Ziel-Zeiten in seinem Kalender blocken. Hier geht es allerdings nicht um fünf oder zehn Minuten. Wer die Möglichkeit hat, sich ein bis zwei Stunden am Stück für seine Ziele zu reservieren, sollte das unbedingt tun!

4. **Zeitfresser ausschalten.** Für Ziele braucht man vor allem eins: viel Zeit! Diese Zeit muss man sich freischaufeln. Wie das geht? Dazu sollte man seinen Tagesablauf auf Herz und Nieren prüfen:

- Wo verstecken sich Zeitreserven, die man für seine Ziele nutzen könnte?
- Welche Zeitfresser lassen sich ausschalten?
- Was lässt sich von der To-do-Liste streichen?

Auch wenn es nur fünf Minuten sind – hier zählt jede Kleinigkeit! Viele winzige Zeitfresser summieren sich. Wenn man ihnen konsequent zu Leibe rückt, kann man eine Menge Zeit für seine Ziele gewinnen.

5. **Sofort loslegen.** Insgeheim wissen wir es alle: Wenn man ein Ziel erreichen will, muss man die Sache sofort anpacken. Sobald wir

ein klares Bild von einem Ziel haben, müssen wir voll durchstarten. Es bringt nichts, so lange zu warten, bis alle Voraussetzungen perfekt sind. Dann werden wir nie in die Gänge kommen. Irgendeinen Grund findet man immer, warum die Zeit noch nicht reif für ein Ziel ist. Davon sollte man sich nicht abhalten lassen. Je schneller man aktiv wird, desto größer sind die Erfolgsaussichten. Und das Beste: Schon Kleinigkeiten bringen einen in die Erfolgsspur. Oft genügt ein kurzes Gespräch, ein Anruf oder eine Mail, um den Stein ins Rollen zu bringen.

Zeit ist der entscheidende Erfolgsfaktor

Ob wir uns auf eine Prüfung vorbereiten, Karriere machen oder ein Haus bauen wollen: Wenn wir unsere Zeit nicht richtig einteilen, werden wir unsere Ziele nicht erreichen. Egal, was wir tun: Der entscheidende Erfolgsfaktor ist die Zeit. Da die Zeit in unserer modernen Welt immer knapper wird, wird Zeitmanagement immer wichtiger. Im 21. Jahrhundert gehört Zeitplanung zu den zentralen Arbeits- und Lerntechniken.

Prof. Dr. Lothar Seiwert ist Europas führender Experte für das neue Zeit- und Lebensmanagement. Kaum ein anderer Sachbuchautor und Business-Speaker dürfte so häufig ausgezeichnet worden sein: Seiwert erhielt in den letzten Jahren mehr als zehn Awards, u.a. den Benjamin-Franklin Preis („Bestes Business-Buch des Jahres"), den Internationalen Deutschen Trainingspreis, den Life Achievement Award für sein Lebenswerk und den Conga-Award der Deutschen Veranstaltungsbranche. Die German Speakers Association e. V. ehrte ihn mit der Aufnahme in die Hall of Fame der besten Vortragsredner. Der international erfolgreiche Bestsellerautor (mehr als vier Millionen verkaufte Bücher in über dreißig Sprachen) leitet die Heidelberger Seiwert Keynote-Speaker GmbH, die sich auf Time-Management, Life-Leadership® und Work-Life-Balance spezialisiert hat. Von 2009 bis 2011 übernahm Lothar Seiwert das Amt des Präsidenten der German Speakers Association (GSA). Im Juli 2010 wurde er in den USA mit dem höchsten und härtesten Qualitätssiegel für Vortragsredner ausgezeichnet, dem CSP (Certified Speaking Professional). Unter http://twitter.com/Seiwert und http://twitter.com/TimeTip twittert Lothar Seiwert nahezu täglich Zeit-Tipps und motivierende Zitate. Seine Fan-Seite bei Facebook lautet www.facebook.com/Lothar.Seiwert.

www.lothar-seiwert.de

Wer will, der macht!

Wie Sie Entscheidungen treffen und Ihre Ziele errreichenn

VON JÖRG LAUBRINUS

Wir leben in einem freien Land. Wir könnten tun und lassen, was wir wollen. Doch die wenigsten Menschen sind glücklich. Sie leben in einem engen Raster dessen, was sie für möglich halten. In der Midlife-Crisis oder am Lebensende fragen sie sich dann: War es das? Leider hilft die Schule jungen Menschen nicht, ihre Träume zu verwirklichen. Sondern die Schule trimmt uns auf vorgesehene Bahnen. Doch ausbrechen aus dem Raster ist möglich - nach einem einfachen, strikten System.

„Das will ich und das mache ich!" Genauso malen sich junge Menschen die Zukunft aus. Sie wollen Wünsche umsetzen und glücklich sein. Ganz einfach – eigentlich! Aber wie sieht die Wirklichkeit aus?

In Wirklichkeit schleppt sich der Großteil der Menschen jeden Morgen schlecht gelaunt zur Arbeit – frustriert vom Job. Menschen, die abnehmen wollen, stellen nach kurzer Zeit fest: Nix war's, Gewicht unverändert oder sogar zugenommen! Sport? Habe ich angefangen, die ersten drei Tage lief es ganz gut, aber seither kommt irgendwie immer etwas dazwischen. Okay, das „seither" dauert jetzt schon zehn Monate, aber was soll man machen? Und die Umschulung, die wollte ich eigentlich immer machen, aber jetzt bin ich dafür zu alt. Mit dem Rauchen aufhören? Tue ich jedes Jahr zum ersten Januar und dann klappt es auch eine Woche. Weltreise mit Anfang vierzig? Jetzt geht das doch nicht mehr!

Das Ergebnis ist meistens dasselbe: Wieder ist ein Wunsch gestrichen, wieder ist eine Sehnsucht unerfüllt. Und so wachsen Frust, Mattheit und Halbherzigkeit. Dabei – wenn man ehrlich zu sich ist – hätte man doch eigentlich alles erreichen können. Eigentlich. Ein Wort, das das Leben vieler Menschen bestimmt.

Wie wäre es, wenn Sie das Wort „eigentlich" aus Ihrem Leben streichen und endlich wirklich täten, was Sie wollen? Wünsche müssen nicht unerfüllt bleiben, auch nicht aus falsch verstandener Bescheidenheit und Demut aus unserer Erziehung. Dass sich Wünsche erfüllen, muss auch nicht dem Zufall geschuldet sein. Jeder Mensch kann erreichen, was er will, wenn er erstens ein klares Ziel vor Augen hat und zweitens konsequent alles dafür Notwendige tut. Denn Handlungen führen immer zu etwas. Das, was am Ende steht, ist das Resultat dessen, was wir bisher getan haben.

Es mag nicht immer einfach scheinen, das Richtige zu tun. Fast immer hängt an unseren Zielen eine Art Preisetikett. Die Dinge haben einen Preis, den man bereit sein muss zu bezahlen. Wenn Sie nicht bereit sind, einen Euro für ein Eis zu bezahlen, bekommen Sie das Eis für einen Euro nicht. Der Preis für einen Hobby-Sportler, der für einen Triathlon trainiert, ist das Training. Er hat keine Zeit für Kinoabende, Partys und die Selbstverständlichkeiten des Lebens anderer Menschen: Er muss in dieser Zeit laufen, schwimmen und Rad fahren. Als „Verzicht" empfindet er es übrigens nicht, denn er hat ein Ziel. Wessen Ziel das Eis für einen Euro ist, empfindet den Euro ebenfalls nicht als Verzicht.

Doch wie lassen sich die Grenzen überwinden, die die klassische Erziehung und Bildung in unseren Köpfen errichtet hat, und die verhindern, dass wir uns jenseits der üblichen Pfade bewegen? Wie entkommen wir dem Denken, für irgendetwas könne es zu spät, könnten wir zu alt sein? Bislang trainiert uns die Schule auf die eine Entscheidung in jungen Jahren, in der wir uns auf den restlichen Verlauf unseres Lebens festlegen, obwohl kaum ein Lebenslauf noch wie geplant verläuft. Aber wenn sowieso kaum etwas vorhersehbar ist – warum lösen wir uns dann nicht gleich von jeglichen Sperren im Kopf? Was hält uns davon ab?

Floskeln als Ausreden

Eine ganze Menge Dinge scheinen nicht möglich, weil wir uns einreden, sie seien nicht möglich. Eine meiner Lieblingsfloskeln lautet: „Das kann man doch nicht machen!" Dieser Spruch ist das Totschlagargument Nummer 1 gegen Veränderungen und alles Neue. Eltern und Lehrer haben uns diese Floskel beigebracht, und so reden wir sie uns immer und immer wieder ein. Aber liefert diese Floskel wirklich einen Grund, Dinge nicht in Angriff zu nehmen? Oder ist sie nicht ein Vorwand, um die Dinge so zu lassen, wie sie sind? Was „kann man" nicht?

Etwas zu können, heißt, die Fähigkeit zu besitzen, es zu tun. Wenn man etwas kann, so ist man dazu in der Lage. Nicht mehr und nicht weniger bedeutet „können". Und dabei ist es ganz egal, ob man etwas will oder nicht, oder ob das, was wir „können", eine gute Tat ist oder nicht. „Können" ist zunächst ein wertneutraler Begriff: Man kann etwas tun, man hat dazu die Fähigkeit. Ob man es will, für richtig befindet, ob man sich davon Vor- oder Nachteile verspricht, sich damit Freunde oder Feinde macht, das alles steht auf einem anderen Blatt. Wichtig ist zunächst nur: *Sie können.*

DIE BILDUNGSLÜCKE **107**

Angenommen, Sie sind auf einer Party mit einem Büffet, das der Gastgeber nicht offiziell eröffnet. Viele Gäste zieren sich, sich als Erste zu bedienen: „Hab ich einen Kohldampf. Wann geht's denn endlich los?" – „Geh doch hin und hol dir was." – „Ich kann doch da jetzt nicht einfach als Erster zugreifen."

Stopp! Können wir nicht als Erster zum Büffet gehen und zugreifen? Was hindert uns daran? Was auch immer es ist – unsere Fähigkeit, unser Können ist es nicht. Natürlich können wir zum Büffet gehen, einen Teller mit Essen vollladen und essen. Entscheidend ist bei der Frage nach dem Können nicht, ob es „gut" oder „schlecht" ist, als Erster zum Büffet zu gehen, und ob man es tun oder lassen „sollte". Die Bewertung hängt von der subjektiven Einstellung ab. In diesem Stadium stellt sich einzig die Frage: Was will ich? Will ich essen und dafür den Preis bezahlen, dass ich in meiner subjektiven Wahrnehmung ein schlechtes Bild nach außen abgebe? Oder aber will ich meine gesellschaftliche Vorstellung von Höflichkeit erfüllen und dafür den Preis bezahlen, erst einmal hungrig zu bleiben? Das ist die einzige Entscheidung, um die es zunächst einmal geht.

Durch die Floskel „Das kann man doch nicht machen" denken wir überhaupt nicht mehr über unseren Willen nach. Der Spruch suggeriert, irgendetwas sei von vornherein nicht möglich, also ziehen wir es gar nicht mehr in Betracht. Dabei ist vieles durchaus möglich. Es ist – wie immer im Leben – eine Frage des Preises. Sind wir bereit, den Preis für das zu bezahlen, was wir wollen? Dann wollen wir es. Sind wir nicht bereit? Dann wollen wir es nicht. Dann ist etwas anderes wichtiger.

Diese Gleichung können Sie auf alles im Leben übertragen. Sehen Sie in einem Club am anderen Ende des Tresens einen Menschen stehen, mit dem Sie unbedingt die Nacht oder Ihr Leben verbringen möchten, dann ist „unbedingt" eine Frage des Preises. Gehen Sie einfach rüber und sprechen die Person an und zahlen Sie dafür den Preis, eventuell einen Korb zu bekommen? Oder wünschen Sie lieber ein ordentliches öffentliches Bild Ihrer selbst für den Preis, diesen Menschen nicht kennenzulernen? Es ist Ihre Entscheidung. Wenn Sie jemanden kennenlernen wollen, werden Sie den Preis dafür bezahlen. Ansonsten wollen Sie nicht.

Der Spruch „Das kann man doch nicht machen" ist in jedem Fall eine Lüge und Ausrede: Doch, Sie können. Am Können fehlt es nicht.

„Wenn es so einfach wäre, würde es ja jeder machen"

Noch eine Floskel und mentale Blockade hält viele Menschen vom Handeln ab: „Wenn es so einfach wäre, dann würde es ja jeder machen."

Hübsch, nicht? Eine fiese logische Masche. Die falsche Behauptung führt zu dem Umkehrschluss: Macht es denn jeder? Antwort: nein! Und daraus folgt: Es kann also nicht einfach sein. Zack! Eine gedankliche Zwickmühle.

Bleiben wir bei unserem Beispiel im Club. Einfach hinübergehen und anquatschen? Der Einwand ist sofort zur Stelle: „Wenn es so einfach wäre, hätte es jemand anderes längst getan." Die Sache ist nur die: Manche Menschen haben den Mumm und sprechen diese Person tatsächlich an. Ich kenne einige glücklich verheiratete Paare, die sich genau so kennengelernt haben. Es funktioniert! Wir können etwas so Einfaches tun, wenn wir wollen und bereit sind, den Preis dafür zu bezahlen.

Oft benehmen wir uns wie ein Pferd, das vor einer winzigen Hürde zurückscheut. Wir könnten einfach darüber hinwegspringen, aber ein dummer Spruch hält uns davon ab. Dabei halten wir Menschen uns doch für selbstbestimmte Wesen. Warum scheuen wir also zurück, wo gar keine realen Hürden sind? Weil es imaginäre Hürden sind. Hürden in unserem Kopf.

„Nur Hürden im Kopf?", mögen Sie einwenden, wenn Sie zum Ballett wollen, aber einhundertdreißig Kilogramm auf die Waage bringen. Sicher: Manche Menschen sind körperlich beeinträchtigt und können deshalb manches nicht tun. Ich nehme auch an, dass nicht jeder Ballett-Tänzer(in) werden kann, sondern nur zierliche und dennoch athletische Menschen. Keine Frage, in solchen Fällen ist der Begriff „Können" berechtigt. Aber wie häufig setzt sich jemand trotz offenkundiger Unfähigkeit ein absolut illusionäres Ziel? Die Wahrheit ist, und das wissen wir, wenn wir zu uns selbst ehrlich sind: Unsere meisten realen Wünsche bleiben uns verwehrt, weil wir den erforderlichen Preis nicht bezahlen wollen. Wer aber wirklich will, wem das Ziel wert ist den Preis zu bezahlen, der macht auch! Wer Ballett tanzen will, dürfte ständig so begeistert in Bewegung sein, dass er es kaum auf solch ein Übergewicht bringen wird.

Deshalb halte ich im Übrigen auch diesen oft gehörten Spruch für Selbstbetrug: „Der Geist ist willig, doch das Fleisch ist schwach." Wir kennen diese Floskel aus dem Alltag: „Was macht das Lauftraining? Du wolltest doch regelmäßig joggen." – „Ach du weißt ja, der Geist ist willig, doch das Fleisch ist schwach."

Mit Verlaub: Verlogener kann eine Ausrede für Untätigkeit gar nicht sein. Denn wäre der Geist willig, wäre es das Fleisch auch – von wirklich einschränkenden Behinderungen abgesehen. Die Floskel bietet den perfekten Vorwand dafür, etwas nicht in die Tat umzusetzen. Vor allem entlarvt sie uns: Wollen wir wirklich joggen? Nein, wollen wir nicht! Wollten wir es, würden wir es tun. Wir tun es aber nicht, weil wir abends lieber die Füße hochlegen, am Wochenende lieber ausschlafen und uns am Sonntagnachmittag lieber mit Freunden zum Kaffee verabreden. Was wollen wir also? Richtig: Wir wollen ausschlafen und mit Freunden ausgehen. Dafür bezahlen wir, ohne mit der Wimper zu zucken, den Preis, zu wenig Sport zu machen und immer dicker zu werden. Würden wir lieber Sport betreiben, so würden wir den Preis dafür bezahlen, dass die Zeit für den Kaffee mit Freunden knapp wird. In Wahrheit müsste die Floskel also heißen: „Das Fleisch ist fähig, aber der Geist ist schwach."

Egal, wofür wir uns entscheiden: Unsere Entscheidung ist weder gut noch schlecht, sie ist weder richtig noch falsch. Es ist einfach nur eine Entscheidung. Die Frage ist: Machen uns unsere Entscheidungen glücklich? Gehen unsere Wünsche in Erfüllung? Oder schaffen wir uns so viele Denkfallen und mentale Blockaden, dass wir ständig nur den Preis für etwas bezahlen, was uns dauerhaft unglücklich macht? Warum tun wir das? Wie lässt sich dieser Teufelskreis durchbrechen?

Wie gehen Wünsche in Erfüllung?

Drehen wir den Gedanken einfach einmal um und fragen wir vom Ergebnis aus: Wie gehen denn Wünsche in Erfüllung? Vereinfacht gesagt, realisieren wir sie: Wir verwandeln Wünsche also in Wirklichkeit. Aber wie gelingt das? Was müssen wir tun, um einen Wunsch in Wirklichkeit zu verwandeln? Ganz einfach: Zunächst formulieren wir den Wunsch als Ziel. Dieses Ziel ist das, was wir erreichen wollen. Und erst wenn das Ziel exakt definiert ist, kümmern wir uns um die dazu nötigen Schritte.

Für viele Menschen beginnt hier ein Problem. Es ist kaum zu glauben, aber Ziele, die den Namen verdienen, sind Mangelware. Kaum jemand definiert exakt sein Ziel. In Coachings lasse ich meine Besucher als Erstes ihre Ziele auf ein Blatt Papier schreiben. Meine Beobachtungen lassen nur einen Schluss zu: Ziele zu haben, scheint gar nicht so einfach zu sein! Meist lese ich Worthülsen wie „mehr Geld", „mehr Erfolg", „mehr Zeit", „glücklich sein" und so weiter. Ich frage dann immer: „Wo ist da jetzt das Ziel?" Was darf ich unter „mehr Geld" verstehen? Zehn Euro mehr im Monat? Tausend Euro mehr im Monat? Um tausend Euro mehr im Monat zu erreichen, sind ganz andere Schritte nötig, als um zehn Euro mehr im Monat zu erreichen! Mit schwammigen Pseudo-Zielen ist also niemandem geholfen. Ziele müssen klar sein.

Die meisten Ziele, die wir bisher erreicht haben, hatten wir vorher definiert. Unser Ziel, mit einem bestimmten Menschen zusammenzuleben, in einer bestimmten Umgebung zu wohnen, unseren Lebensunterhalt auf eine bestimmte Weise zu verdienen – alles sind Ergebnisse unserer Entscheidungen, ob bewusst oder unbewusst.

Dass sich konkrete Ziele bewusst definieren lassen, sehen wir an vielen Beispielen im Alltag. Haben wir zum Beispiel den Wunsch, mit Freunden zu verreisen, so einigen wir uns früher oder später auf das konkrete Ziel. Wir sagen nicht schwammig: „Wir wollen mal auf eine spanische Insel." Denn sonst wird es nichts, und das wissen wir genau. Darum sagen wir konkret: Wir wollen im kommenden Juli zu viert für zwei Wochen nach Ibiza fliegen. Wir sparen das dafür notwendige

Geld und lassen uns – wenn wir abhängig beschäftigt sind – den nötigen Urlaub vom Chef genehmigen, um dann nach dem besten Reiseangebot zu suchen. Kurz gesagt: Wir definieren ein klares Ziel und erstellen anschließend einen Plan, den wir dann konsequent umsetzen, um das Ziel zu erreichen. Das Ergebnis sind wie gewünscht zwei Wochen Strand und spanische Sonne. Anhand dieses Ergebnisses können wir prüfen, ob wir Erfolg hatten oder nicht. Die Prüfung ergibt: Wir waren erfolgreich.

Schwer fällt es uns übrigens nicht, unser Ziel zu definieren und zu verfolgen. In dem Moment, in dem wir es wollen, fassen wir den Entschluss und tun es. Wir sind bereit, den Preis dafür zu bezahlen. Das heißt: Grundsätzlich können wir Ziele definieren und uns dafür entscheiden, sie zu erreichen. Wenn das bei einem Ibiza-Urlaub geht, geht es bei allem anderen im Leben auch. Wenn wir es bei allen anderen Dingen auch so machen, haben wir auch damit auch Erfolg: Wir tun alle nötigen Schritte, um unser Ziel zu erreichen. Unser Handeln führt zwangsläufig zum erwünschten Ergebnis, weil wir genau das dafür Nötige tun.

Also ist es nötig, statt schwammiger Wünsche handfeste, konkrete und messbare Ziele zu benennen. Was bedeutet „abnehmen"? Stellen Sie sich einen Mann vor, der bei einer Körpergröße von 1,80 Meter einhundertfünfzig Kilogramm wiegt und innerhalb eines Jahres fünfhundert Gramm abnimmt. Wird er sich denken: „Ziel erreicht!"? Abgenommen hat er ohne Zweifel, nämlich genau fünfhundert Gramm. Aber war das sein Wunsch? Nein! Er hätte sich sagen müssen: „Mein Wunsch ist Normalgewicht. Mein Ziel ist es deshalb, gemessen an heute in einem Jahr dreißig Kilogramm und in einem weiteren Jahr noch einmal dreißig Kilogramm abzunehmen." Das ist ein echtes Ziel, das einen Wunsch Wirklichkeit werden lassen kann.

Auch das Konkrete fällt uns nicht schwer. Wer ein Navigationssystem im Auto hat, weiß das: Niemand definiert als Ziel „nach Süden" oder „weg von hier". Eine konkrete Adresse muss her. Also muss es auch heißen: fünf Kilogramm Gewichtsreduktion innerhalb von acht Wochen, gemessen am Zustand heute.

Das Navigationssystem ist übrigens auch deshalb ein so geniales Modell für Zieldefinitionen, weil es nicht wertet. Wenn man in Hamburg ins Auto steigt und als Zielort eine Adresse in Nizza in Südfrankreich als Zielort eingibt, so wird es schlicht und einfach den Weg dorthin anzeigen. Das Navigationssystem wird nicht sagen: „Moment mal, sind Sie verrückt? Wissen Sie, wie weit das ist? Sprechen Sie überhaupt französisch? Und die Côte d'Azur ist doch nur was für Reiche! Da kann man doch nicht einfach so hinfahren!" Das Navigationssystem belästigt und belastet Sie nicht mit derlei Wertungen. Sondern es zeigt Ihnen einfach nur einen Weg zu Ihrem Ziel. Das Navigationsgerät stellt weder Ihre Absicht noch Ihr Ziel infrage. Es hilft Ihnen wertfrei, Ihren Willen in die Tat umzusetzen.

Wenn Sie das Prinzip des Navigationssystems bei Ihren Entscheidungen anwenden, wird es Sie ebenfalls nicht mit Wertungen beirren: „Eine Band gründen? Weißt du, wie viele andere Bands es schon gibt und wie gut die sind? Kannst du vergessen! Lass es am besten gleich bleiben!" – „Im Achthundert-Meter-Lauf an den deutschen Meisterschaften teilnehmen? Träum weiter!" – „Ein Buch schreiben? Das will doch keiner lesen!" Durch Wertungen würden wir gar nicht erst losfahren. Wertungen werden auch schnell zu sich selbst erfüllenden Prophezeiungen: Wenn Träume doch Schäume sind, bleibt unser Traum eben auch ein Schaum.

Darum ist es klug, sich keinen Wertungen mehr zu beugen. Am besten stellen wir gar keine Wertungen mehr an! Forsch formuliert: Vom wertungsfreien Navigationssystem zu lernen, heißt Erfolg zu lernen, weil einzelne Schritte hinführen: Geld für ein Instrument sparen, Gitarren-, Bass- oder Schlagzeugunterricht nehmen, Tag für Tag auf dem Instrument üben, andere Musiker über Facebook und andere Kanäle kontaktieren, eine Band gründen, einen Proberaum organisieren, sich einen griffigen Namen geben, Titel einstudieren und alle weiteren Schritte zum Erfolg tun. Irgendwann stehen Sie auf einer Bühne und haben Publikum.

DIE BILDUNGSL"CKE 113

Umsetzung in acht Schritten

Das grob skizzierte theoretische Rüstzeug haben Sie nun. Sie wissen jetzt, dass moralische Wertungen Ausreden dafür sind, dass jemand nicht bereit ist, den Preis zu bezahlen. Doch über Wissen zu verfügen, ist die eine Sache. Nun geht es darum, es auch umzusetzen.

Zwar erreichen wir viele unserer Ziele intuitiv, weil wir unbewusst alle nötigen Maßnahmen umsetzen – so zum Beispiel beim Ibiza-Urlaub. Doch meist regiert das Prinzip Zufall. Viele Menschen setzen eben nicht in die Tat um, was sie gerne tun würden. Sondern sie finden sich mit den Ergebnissen ab, zu denen ihr Leben eben führt. Und darum schlage ich Ihnen eine Gebrauchsanweisung vor, damit Sie die Theorie in die Praxis umsetzen: das „Ziel-Navigationssystem". Das Ziel-Navigationssystem ist ein Verfahren, das Sie in die Lage versetzt, jedes Ziel mit den dafür nötigen Schritten zu erreichen. Acht Schritte sind nötig.

Schritt 1: Ist-Situation ermitteln

Tun Sie, was Sie gerne tun würden? Leben Sie beruflich und privat so, wie Sie es sich wünschen? Ist Ihr bisheriger Weg der, den Sie gehen möchten? Haben Sie studiert, was Sie studieren wollten, arbeiten Sie, was Sie arbeiten wollen? Es gibt zahlreiche Fragen, die Sie sich stellen können, um die Ist-Situation zu prüfen. Weil nur Sie selbst wissen, was Sie glücklich macht, ist das Wichtigste Ehrlichkeit zu sich selbst. Stellen Sie also fest: Sie verdienen 1.200 Euro im Monat. Bewerten Sie nicht, nur Tatsachen sind gefragt.

Schritt 2: Soll die Situation so bleiben?

Dann heißt es: Entscheiden! Soll das so bleiben? Ganz gleich, in welchem Zusammenhang Sie sich diese Frage stellen: Gefragt ist ein klares Ja oder Nein. Sie wiegen einhundertzwanzig Kilogramm. Wenn Sie sich erst einmal entschieden haben, gibt es keine Zwischentöne, kein „Vielleicht", kein „Mal sehen", kein „unter Umständen" und keine sonstigen Blockierer. Seien Sie ehrlich zu sich selbst und entscheiden Sie für sich, ob die Situation so bleiben soll. Ja oder Nein.

Schritt 3: Definition des Soll-Zustandes

Falls Sie entschieden haben, dass Ihre Situation nicht so bleiben soll wie bisher, dann kommt jetzt das Blatt Papier zum Zug. Wie lautet Ihr konkretes, klar definiertes Ziel? Wie viele Kilogramm sollen bis wann runter sein? Schreiben Sie Ihr Ziel auf! Das klingt unwichtig – ist aber ein ganz wichtiger Baustein zur Zielerreichung, weil Sie sich dadurch nicht mehr so leicht selbst betrügen.

Schritt 4: Wege zum Ziel finden

Ist das Ziel klar, stellt sich die Frage nach den Wegen dorthin. Die Mehrzahl ist wichtig: Viele Wege führen nach Rom. Welche Wege gibt es überhaupt? Am besten schauen Sie sich alle Marschrouten an, die Ihnen einfallen. Und zwar wieder ohne Wertung, damit sich nicht wieder Ausreden einschleichen. Um perfekt Englisch zu lernen, können Sie für ein paar Jahre in die USA ziehen, das ist einer der möglichen Wege. Noch treffen Sie keine Wahl, sondern sammeln nur Optionen.

Schritt 5: Definition der Vor- und Nachteile

Sobald alle Optionen vorliegen, betrachten Sie die einzelnen Wege. Welche Vorteile und Nachteile hat welcher Weg? Am besten machen Sie dafür eine Liste – schriftlich, damit sich keine Ausreden einschleichen. Am effektivsten fit werden können Sie beispielsweise im Fitnessstudio, weil Sie dort einem Programm unter Profi-Anleitung folgen – das ist der Vorteil. Der Nachteil: Es ist teuer. Regelmäßig joggen und Kraftsport zu Hause machen ist preiswerter. Nachteil: Sie haben nicht die Experten zur Hand, wenn es um die Feinheiten Ihrer Rückenmuskulatur geht.

Schritt 6: Treffen Sie eine Entscheidung

Welcher Weg ist Ihr Weg, nach welchem Kriterium wollen Sie entscheiden. Wollen Sie möglichst preiswert Englisch lernen oder möglichst schnell, möglichst perfekt oder möglichst sicher? Dies kann sein: Günstig, schnell, bequem, bekannt, innovativ, effektiv, sicher und so weiter. Das entscheiden Sie jetzt, und davon hängt es ab, welchen Weg

Sie wählen. Indem Sie festlegen, welches Kriterium für Sie zählt, finden Sie den für Sie passenden Weg.

Schritt 7: Umsetzung

Sie haben sich für einen Weg entschieden. Nach dieser freien Entscheidung gilt es nun, die richtigen Schritte auf diesem Weg zu tun. Sie haben entschieden – jetzt geht's los. Wenn Sie das konkrete Ziel gefasst haben, in vier Wochen fünf Kilogramm abzunehmen, werden Sie abends kein Bier mehr trinken, denn das hält Sie von Ihrem Ziel ab. Sobald Sie hier straucheln, gehen Sie zurück zu Schritt 2: Offenbar haben Sie unbewusst entschieden, dass die Situation so bleiben soll, wie sie ist. Beginnen Sie hier Ihre Entscheidung erneut.

Schritt 8: Kontrolle

Wenn Ihr Ziel „Nizza" lautet, aber alle um Sie herum dänisch sprechen, sind Sie offenbar dem falschen Weg gefolgt. Deshalb sollten Sie hin und wieder kontrollieren, ob Sie noch auf dem richtigen Weg sind. Sie haben sich fürs erste Kapitel Ihres Romans einen Monat Zeit gegeben? Wie ist einen Monat später der Stand der Dinge? Selbst wenn Sie mal eine Zwischenetappe verfehlen, geben Sie deshalb nicht das Ziel auf. Korrigieren Sie den Weg und machen Sie weiter bis zum Ziel!

Das Ziel-Navigationssystem ist ein einfaches Prinzip, das Sie ganz logisch zu Ihren Zielen führt. Probieren Sie es aus! Ich verspreche Ihnen: Sie werden damit sinnvollere Entscheidungen treffen und Ihre Ziele besser erreichen als durch Zufall.

Jörg Laubrinus, Jahrgang 1961, ist Trainer und Coach. In Seminaren und Vorträgen zeigt er Menschen, wie sie ihre Ziele definieren und Entscheidungen treffen. Seine Themen erstrecken sich bis zum Verkauf: Wie finden Unternehmen Ziele und werden erfolgreich? Jörg Laubrinus lebt in Berlin.

www.laubrinus.de

Gesund in jedem Alter

Wie Sie zu körperlicher Fitness gelangen

VON INGO BUCKERT

Fit und gesund zu sein, gehört zu den wichtigsten Kriterien für beruflichen Erfolg. Wer fit ist, hat mehr Energie und Vitalität, sieht meist besser aus und ist leistungsstärker. Schade, dass die Grundsätze für körperliche Fitness in der Schule fast nur im Sport-Leistungskurs eine Rolle spielen - mit der Folge, dass Kinder immer fettleibiger sind, was sie oft bis ins Berufsleben hinein bleiben. Dabei sind die Fitness-Regeln für alle wichtig, die in jedem Alter gut dastehen und aussehen wollen. Neben Prinzipien zu Bewegung und Ernährung gehören auch einige Kenntnisse über Drogen, die uns kaputt machen - an allererster Stelle Nikotin und Alkohol.

Ziehen Sie sich einmal bitte ganz nackig aus. Und jetzt stellen Sie sich vor einen großen Spiegel. Nein, nein, lassen Sie das Licht ruhig an. Was sehen Sie? Ich kann es Ihnen sagen: Sie glauben, Sie sehen sich, wie Sie vermeintlich Gott schuf? Nein, sie sehen das Ergebnis dessen, was Sie in der Vergangenheit getan haben, um genau so auszusehen, wie Sie jetzt aussehen. Bis auf wenige Ausnahmen ist niemand fremdbestimmt dick und schlapp, sondern es sind die Folgen des eigenen Handelns und Unterlassens. Dass viele von uns die Zusammenhänge nicht kennen um Ernährung, Bewegung und dauerhafte Gesundheit und Fitness, dürfte eines der wichtigsten Versäumnisse der Schule sein.

Was Sie vor sich sehen im Spiegel, ist nicht weniger als Ihr wichtigstes Kapital. Ihr Körper, denn ohne Gesundheit ist alles andere nichts oder viel weniger wert. Schule erzieht uns vorwiegend zu Denkern und bringt uns bei, das Leben finde vorrangig gedanklich statt. Das ist auch klar, weil das herkömmliche Ideal des Bildungssystems nicht der gesunde, produktive Mensch ist, sondern der Geistesarbeiter an der Universität. Viele Akademiker betrachten den Körper nur als notwendiges Übel, damit das Gehirn von A nach B kommt. Schreiben solche Akademiker Lehrpläne, ist der Körper unterrepräsentiert. Sie erlauben mir, dass ich das so sage – ich bin Diplom-Sportlehrer und kenne die Szene.

So weit verbreitet die Ablehnung des Körperlichen auch ist – sie ist ein sehr gefährlicher Irrtum. Der Körper sollte nicht nur fit sein, um den Kopf transportieren zu können. Sondern auch um geistig arbeiten zu können, müssen Sie körperlich fit sein. Auch Ihre Gehirnzellen brauchen Sauerstoff, wie alle Organe, und darum sollte das Blut dünnflüssig und leichtfüßig durch Ihre Adern fließen. Bestimmte Fette und Drogen stören dabei. Drogen wie Nikotin machen Sie sogar unkonzentriert – auch wenn Raucher felsenfest das Gegenteil behaupten. Warten Sie's ab, die Erklärung folgt! Generell gilt: Das Gehirn und unser Körper arbeiten nach wie vor ohne Drogen am besten.

Warum viele von uns fett sind und andere schlank, hängt zunächst von Ernährung und Bewegung ab. Doch auch die anderen Faktoren kommen hinzu, zumal es auch um langfristige Gesundheit geht. „Sie rauchen zu viel, sind zu dick und unsportlich", beginnt im Jahr 2008 eine „Spiegel"-Geschichte über die Fitness der Soldaten bei der Bundeswehr.[1] Mehr als vierzig Prozent hätten Übergewicht.

Sicher kennen Sie die Kollegen, die zum Mittagessen ein Schnitzel mit Pommes essen und ein kleines Bier dazu trinken. Am Nachmittag sind sie fürchterlich schlapp. Und natürlich kennen Sie auch die Kollegen, die sich bei Helligkeit mit Kaffee vollpumpen und bei Dunkelheit mit Alkohol. Das sind die mit den Augenringen und der schlechten Haut. Außerdem kennen wir alle die Naschkatzen, die sich alle halbe Stunde ein Leckerli gönnen aus einer fürchterlich süßen Mischung aus Zucker und Fett. Und ach ja – Sport? Nein, danke. Sport ist viel zu anstrengend. Sind Sportler nicht die, die ständig in Gips herumlaufen? Außerdem ist dazu ja gar keine Zeit in der Hektik des Berufslebens.

Irgendwie wissen wir ja, dass wir etwas falsch machen. Aber warum genau ist was falsch? Und was genau ist richtig? Ist noch aktuell, was uns die „Deutsche Gesellschaft für Ernährung" (DGE) lehrt, nämlich dass wir Kartoffeln essen sollten? Oder gibt es inzwischen Best-Practice-Erfahrungen, die uns eines Besseren belehren? Um es gleich vorwegzunehmen: Nein, was die DGE lehrt, ist großteils nicht mehr aktuell, auch wenn die DGE dazu Studien heranzieht und wenn sich vor allem Schulkantinen daran halten. Und ja, es gibt inzwischen eine Menge Erfahrungen, die in eine völlig andere Richtung gehen und die Sie in Ihrem konkreten Alltag nutzen können. Es geht hier vor allem um das Wissen und die Bereitschaft zu langfristiger Veränderungsfähigkeit.

Vierzehn Jahre früher tot sein?

In einer groß angelegten Studie namens „EPIC-Norfolk Prospective Population Study"[2] beobachteten Forscher der Universität Cambridge

---

1) http://www.spiegel.de/politik/deutschland/0,1518,539260,00.html.

2) http://www.plosmedicine.org/article/info:doi/10.1371/journal.pmed.0050012.

seit 1993 etwa 20.000 Menschen ab fünfundvierzig und machten Gesundheit letztlich an vier Kriterien fest: Wer nicht raucht, ein wenig Sport treibt, nur wenig Alkohol trinkt und täglich Obst und Gemüse isst, lebt im Durchschnitt vierzehn Jahre länger als jemand, der das genaue Gegenteil tut – und das unabhängig vom sozialen Status. Ein zu viel Alkohol trinkender Raucher, der sich ungesund ernährt und nicht ausreichend bewegt, hat im Schnitt die gleiche Sterbewahrscheinlichkeit wie ein gesund lebender erst vierzehn Jahre später.

Also. Nicht rauchen, nicht saufen, gesund essen und Sport machen. Alles altbekannte Weisheiten, die schon die Oma wusste. Aber wir brauchen in unserer übertheoretisierten Gesellschaft eben Studien, um auch das Selbstverständliche anzuerkennen. Fragen Sie sich: Wie habe ich mich bei den vier Gesundheitsfaktoren aufgestellt? Bin ich ganz gut im Rennen, oder sollte ich etwas verändern? Veränderung beginnt mit der richtigen Motivation, dann folgt das Handeln. Das Handeln wird einfacher, wenn der Sinn in der Handlung für einen selbst klar wird. Lassen Sie uns darum hier über die vier wichtigsten Einflüsse auf Ihren Körper sprechen und uns die Details ansehen: Ernährung, Bewegung, Alkohol und Rauchen. Wenn Sie dann etwas in einem oder mehreren dieser Bereiche verändern möchten, gibt es viele gute Bücher oder andere Möglichkeiten, um sich mit der Materie explizit auseinanderzusetzen, um eine sichere Entscheidung zu treffen: In welche Richtung soll es für mich persönlich gehen? Los geht's!

1. Ernährung

Können Sie sich einen fetten Steinzeitmenschen vorstellen? Irgendwie fällt uns das schwer. Aus einem einfachen Grund: In der Steinzeit waren die Menschen ständig in Bewegung und hatten nur wenig zu essen. Wir waren Jäger und Sammler. Sowohl Jagen als auch Sammeln waren Arbeit. Arbeit im physikalischen Sinne. Physikalisch gesehen setzt Arbeit Energie um. Das Zeichen für Arbeit ist „W" wie das englische

„Work". Die Einheit für die umgesetzte Energie ist das Joule. Das kennen Sie als Kilojoule und als andere Recheneinheit für die berühmten Kalorien. Ein Joule ist die Energie, die Sie brauchen, um eine Sekunde lang ein Watt Leistung zu erbringen. Und wenn Sie ein Mammut jagen und zugleich vor einem Säbelzahntiger fliehen, verbrauchen Sie da eine ganze Menge.

Heute heißen unsere Säbelzahntiger Rechtsanwälte, Gerichtsvollzieher und Personalchefs. Die Flucht vor diesen Gegnern geht ans Geld und an die Nerven, verbraucht aber viel weniger physikalische Energie als die Flucht vor dem Säbelzahntiger. Unser heutiger Alltag ist, was die dabei verbrauchten Kalorien betrifft, streng genommen gar keine Arbeit. Auch jede Menge Jobs („Arbeit") finden am Schreibtisch statt und verbrauchen kaum physikalische Energie.

Und wenn wir genau nachdenken, dann fällt uns auf, dass Steinzeitmenschen weder alkoholische Getränke hatten noch Tabak, und auch kein industriell gefertigtes Convenience-Futter. Getreide gab es bis vor zehntausend Jahren gar nicht. Also gab es kein Brot und auch keine Sahnecremetorte. Wovon haben sich die Steinzeitmenschen also ernährt? Von Fleisch, Fisch, Obst, Gemüse und Wasser. Fleisch und Fisch bestehen im Wesentlichen aus Eiweiß und Fett, Obst aus Zucker und Ballaststoffen, Gemüse oft nur aus Ballaststoffen. Wir sehen: Auf dem Speiseplan von Familie Geröllheimer standen Fett, Eiweiß und jede Menge Ballaststoffe. Die einzigen Quellen für Kohlenhydrate (Zucker) waren Früchte. Es ging also nicht um Saccharose (Industriezucker), sondern um Fructose (Fruchtzucker).

Nicht dass Steinzeitmenschen besonders alt geworden wären. Mangels medizinischen Fortschritts rafften ständig Seuchen die Sippen dahin, und ohne Heizung in der Höhle konnte ein Schnupfen tödlich sein. Aber in Sachen Ernährung und Fitness dürften sie uns heutigen Zivilisationsmenschen um Welten voraus gewesen sein.

Im Zweiten Weltkrieg und in den Jahren danach herrschte ebenfalls Mangel an Nahrung, und wer als Trümmerfrau beim Wiederaufbau beteiligt war, verrichtete jede Menge physikalische Arbeit. Und darum entstand damals das Ideal der Kartoffel, die heute noch die Basis der Ernährungspyramide der DGE bildet. Kartoffeln sind mittelfristige Kohlenhydratlieferanten: Der Verdauungstrakt zerlegt die in der Kartoffel enthaltene Stärke sehr schnell in Zucker, und der geht sofort in die Körperzellen zur Verbrennung. Diese Verbrennung erzeugt Wärme – wir haben ein paar Kalorien Energie verheizt. In Zeiten des Mangels sicher kein schlechter Tipp. Aber heute? Auch wichtig ist, in welchem Zustand die Kartoffel verspeist wird: ob gekocht oder frittiert oder gar als Chips. Im industriellen Fertigungsprozess wird die Kartoffel nach hinten raus immer schlechter. Schauen wir uns die Nährstoffgruppen an:

- **Eiweiße** brauchen wir für unsere Muskeln. Die Muskeln brauchen wir für unsere Bewegung. Die Bewegung brauchen wir unter anderem, um Nährstoffe zu verbrennen. Und nun denken Sie logisch: Nicht der Knochen hebt das Bein, und auch nicht das Fett. Sondern der Muskel hebt das Bein. Darum können wir nur dann abnehmen, wenn wir Muskeln haben. Ihr Unterhautfettgewebe ist umso geringer, je größer der Muskel darunter ist. Und umgekehrt haben Sie umso weniger Muckis, je mehr der Bauchspeck wackelt. Das bedeutet: Mit intensivem Muskeltraining könnte sich jeder aus seinem Fassbierbehälter unter dem Pulli ein Sixpack modellieren! Und der relevante Nährstoff dazu ist nicht der Zucker in der Apfelschorle, sondern das Eiweiß, eventuell in einem Eiweiß-Drink. Falls Sie Eiweiß-Drinks nehmen, denken Sie bitte unbedingt daran, enorm viel Wasser zu trinken – das ist bei vermehrter Eiweißzufuhr wichtig für die Nieren.
- **Kohlenhydrate** verbrennt der Körper viel lieber als Fett. Denn der Körper ist, wie manche seiner Besitzer, sehr faul. Versetzen Sie sich in seine Lage: Würden Sie lieber große, dicke Holzscheite zum Ofen schleppen oder kleinere Äste? Dicke Holzscheite sind das Fett – große, oft komplexe Moleküle. Kleinere Äste sind Zucker – je kleiner das Molekül, desto schneller wird es verbrannt. Der kleinste Zucker ist übrigens der Traubenzucker, die Glucose, und dient

genau deshalb im Sport zur kurzfristigen Energiezufuhr. Grundsätzlich kann unser Körper eine gewisse Menge von Kohlenhydraten, also Zuckern, in Leber und Muskulatur speichern und punktgenau mobilisieren, sobald sie gebraucht werden, insofern sind Kohlenhydrate also wichtig. Doch wenn Sie zu viel Zucker zu sich nehmen – und das ist bei Übergewichtigen der Fall –, dann wandelt der Körper den Zucker in Erinnerung an alte Säbelzahntiger-Zeiten in Fett um und speichert ihn an Ihrer Hüfte. Sie nehmen zu!

- **Fette** hätte sich so mancher Steinzeitmensch für den Winter gewünscht, und darum sind dicke Menschen in armen Ländern oft so etwas wie ein Schönheitsideal. Wir in Mitteleuropa wollen weg vom Fett, weil es uns lähmt und schlappmacht. Fett ist wie überflüssiges Gepäck. Tragen Sie mal einen Tag lang einen Zehn-Kilo-Sack Streusalz mit sich herum, dann wissen Sie, wie sich jemand mit zehn Kilogramm Übergewicht fühlt. Grundsätzlich aber sind nicht alle Fette schlecht – manche brauchen wir sogar, vor allem pflanzliche. Aber wenn Sie künftig für Salate und zum Braten Rapsöl verwenden und Fisch essen, dürfte nicht viel schiefgehen. Und was das lästige Fett betrifft, das Hüftgold: Das kann, wie Sie jetzt aus dem Kapitel „Eiweiße" wissen, nicht nur durch eine Ernährungsumstellung verbrennen. Denn nur die Muskeln können Fett verbrennen, und solange Sie auf dem Sofa sitzen bleiben, ist Ihr hübscher Salat nur ein nettes Alibi. Das heißt: Schlank werden geht nur, wenn Sie beides tun – gesünder essen und sich mehr bewegen, vor allem am Anfang in Form von Kraftsport, am besten kombiniert mit zwei Mal Ausdauersport. Denn Kraftsport trainiert die Muskeln, und durch Ausdauersport kommen Sie in die Fettverbrennung. Das macht dann Abnehmen richtig effektiv. Wenn Sie genügend Muskeln haben, verbrauchen Sie vierundzwanzig Stunden lang Energie – sogar ganz ohne Anstrengung!

Und was Kohlenhydrate und Fette betrifft, denken Sie jetzt einfach noch einmal logisch: Angenommen, Sie essen ein fettes Schnitzel mit

Pommes. Was geschieht? Das fette Schnitzel besteht aus Eiweiß und Fett, die Pommes aus Kohlenhydraten und Fett. Der Körper wird nun einen Teil der Kohlenhydrate verbrennen und den Rest gemeinsam mit dem Fett auf der Hüfte für schwere Zeiten speichern. Oder Sie trinken abends Bier. Bier ist wie Cola, es sind pure Kohlenhydrate. Also verbrennen Sie über Nacht kein bisschen von Ihrem Fett, weil der Körper das bisschen Brennstoff, das er in seiner Ruhephase braucht, aus dem Bier bezieht. Daraus folgt: Wir müssen auf vieles, was wir essen, gar nicht verzichten, sondern wir müssen es nur zu anderen Zeiten und anders kombiniert essen. Ich empfehle Ihnen in Sachen Ernährung für eine möglichst langfristige und dauerhafte Gewichtsabnahme:

- **Morgens**, wenn ein Tag beginnt, an dem Sie sich viel bewegen, essen Sie, was Sie wollen. Auch Kohlenhydrate, am besten in Vollkornform und Obst.
- **Mittags** essen Sie Eiweiß, Fett und Ballaststoffe, beispielsweise Fisch oder Fleisch mit Gemüse und Salat.
- **Abends** essen Sie nur Ballaststoffe und lassen Fette und vor allem die Kohlenhydrate weg, also beispielsweise eine Gemüsesuppe (ohne Karotten, Kartoffeln, Kürbisse oder andere Wurzelgemüse, weil die Kohlenhydrate enthalten) oder einen Salat (ohne Brot, Croutons und Mais, weil all das Kohlenhydrate enthält).

Vielleicht könnte ja die eine oder andere Schulbehörde überlegen, ob sich nicht auch Kantinenspeisepläne nach diesem Prinzip aufstellen lassen.

2. Bewegung

„Gut! Dann nehme ich also ab ohne Sport!" Denken Sie das jetzt? Vorsicht, Falle. Denken Sie noch mal an die Muskeln – nur die können Fett verbrennen. Und das tun sie nur durch Bewegung.

Viele Menschen denken nun: „Je anstrengender die Bewegung, desto mehr Fett nehme ich ab." Dieser Irrglaube ist weit verbreitet, er stammt aus dem gesellschaftlichen Denkmuster, Erfolg müsse in jedem Falle mühsam sein. Doch auch das stimmt nicht ganz. Um nämlich den Fettstoffwechsel zu aktivieren, sollten Sie vor allem aerob trainieren. Und das bedeutet: eben ohne Überanstrengung.

„Hä? Was soll denn nun aerob heißen?", fragen Sie sich jetzt vielleicht. Ganz einfach: „Aerob" kommt aus dem Griechischen und heißt, dass Sie bei etwas Sauerstoff verbrauchen. „Aerob" sind die meisten Tiere, da sie Sauerstoff einatmen, den für die Nährstoffverbrennung verbrauchen und als Ergebnis der chemischen Reaktion Kohlendioxid ausatmen. Pflanzen brauchen dagegen beispielsweise keinen Sauerstoff, sie brauchen Kohlendioxid und stellen daraus Sauerstoff her. Das ist, wenn Sie so wollen, einer der Gründe, warum Ihre Topfpflanzen zu Hause nicht fett werden, obwohl sie sich nicht bewegen. Sie müssen auch keinen Sport machen.

Wenn Sie nun Fett verbrennen wollen, brauchen Sie dazu Sauerstoff. Denn nur bei der aeroben Belastung, also mithilfe von Sauerstoff, verbrennt der Körper Fett. Wenn Sie sich nun kurzfristig überanstrengen, geschieht das Gegenteil dessen, was Sie wollen: Der Körper schaltet durch einen komplexen Mechanismus auf das Gegenstück, auf die „anaerobe" Energiegewinnung. Dabei zerlegt er Glucose-Moleküle, ohne dabei Sauerstoff zu brauchen, und das heißt, er verbrennt dabei kein Gramm Fett. Stehen die Kohlenhydrate nicht zur Verfügung, machen Sie schlapp. Sind zu viele davon da, strengen Sie sich an und nehmen nicht ab – und so macht Ihr Sprint vielleicht Spaß, bringt aber nichts. Und das ist die gute Nachricht: Guter Sport strengt nicht allzu sehr an.

Aerobe Belastungen dauern längere Zeit an und sind weniger intensiv, sondern eher gleichmäßig, wie etwa beim Fahrradfahren, Schwimmen oder Laufen. Wenn Ihnen alle drei Sportarten nicht gefallen, gilt auch hier der Grundsatz: Auf jeden Topf passt ein Deckel! Auch für Sie gibt es den geeigneten Sport, der auf Ihre individuellen Bedürfnisse zugeschnitten ist. Suchen und finden Sie ihn!

DIE BILDUNGSL"CKE **127**

Der Fettstoffwechsel beginnt erst nach einer ganzen Weile. Genauer gesagt, erst nach zwanzig bis dreißig Minuten. Wenn Sie nun denken, das Ganze lohne sich nicht, dann biete ich Ihnen den nächsten Gedanken an: Erstens verbrennen Sie ein bisschen Fett auch schon vorher, und zweitens können Sie die Fettverbrennung gezielt trainieren, indem Sie die richtige Belastung wählen. Im Idealfall in Form von Kraftsport, damit Sie Ihre Muskeln aufbauen.

Natürlich ist der Energieverbrauch von Bewegung zu Bewegung unterschiedlich. Was den Energieverbrauch dabei beeinflusst, sind Ihr Gewicht, die Bewegungsintensität und Ihr Fitnesszustand. Zum Beispiel braucht ein 100-Kilo-Mann, wenn er die Treppe hinaufgeht, mehr Energie als ein 70-Kilo-Mann. Schließlich müssen ganze 30 Kilo mehr in Bewegung gesetzt werden – „Arbeit" im physikalischen Sinne. Und wer eine halbe Stunde joggt, verbraucht logischerweise mehr Energie als jemand, der eine halbe Stunde nur spazieren geht.

3. Alkohol

Halten Sie mal einer Katze oder einem Hund ein Glas Wein unter die Nase. Das Tier wird zurückschrecken und durch diese Geste dankend ablehnen. Das ist die normale Reaktion eines Säugetiers auf Alkohol. Alkohol ist ein organisches Lösungsmittel und ein Nervengift. Würden Sie Aceton trinken, also Nagellackentferner?

Dennoch ist natürlich – sofern Sie kein Alkoholproblem haben – gegen ein gelegentliches Bier oder ein Glas Wein nichts zu sagen. Aber wenn Sie beispielsweise jeden Abend Alkohol trinken, können Sie es knicken mit dem Abnehmen. Bier ist wie Cola: Solange der Körper nachts Kohlenhydrate verbrennen kann, rührt er die Fette nicht an. Aber auch der trockenste Wein zählt wie Cola. Alkohol ist ein Brennstoff, der noch viel besser brennt als dürres Holz. Und darum gilt die Faustregel: keinen Alkohol am Abend. Und wenn doch, dann nur in Maßen, und Sie bewegen sich hinterher noch einmal körperlich.

Sie sehen schon: Theoretisch könnten Sie Ihr Bier zum Frühstück trinken. Vom Alkoholmissbrauch abgesehen und nur mit Blick auf den Energieverbrauch verbrennen jede Menge Handwerker und Bauarbeiter in Deutschland diverse Liter Bier über den Tag verteilt durch ihre körperliche, also physikalische Arbeit. Aber ehrlich gesagt: Tun Sie's nicht. Reduzieren Sie das Trinken, schon um bei der Cambridge-Studie auf Seiten der Gewinner zu sein.

Das beste Getränk übrigens ist nach wie vor Wasser. Je mehr Sie davon trinken, desto besser geht es Ihrem Körper. Ideal ist stilles Wasser. Hervorragend sind ungesüßte Tees, grüner Tee, Kräutertee. Als kalorienfreies Süßungsmittel setzt sich derzeit Stevia durch, nachdem die Zuckerindustrie es in der EU lange blockiert hat. Probieren Sie Stevia aus, das bekommen Sie im Reformhaus.

4. Rauchen

Ebenso wie auf Alkohol reagieren gesunde Organismen mit Abwehr auch auf Rauch. Pusten Sie einem Säugling Rauch ins Gesicht. Tut ihm das gut oder nicht? Vermutlich brauchen Sie, genauso wie ich, keine einzige Studie, die belegt, dass Passivrauchen nicht gut ist. Gratulation – Ihr gesunder Menschenverstand funktioniert! Dem akademischen Betrieb ist es nicht gelungen, ihn auszuschalten.

Falls Sie zu der Minderheit der verbliebenen Raucher gehören – etwa 27 Prozent der Menschen in Deutschland rauchen –, dann denken Sie vielleicht, Rauchen mache schlank. Seien Sie versichert: Rauchen füllt Ihre Lungen mit Kohlenmonoxid, das drängt sich anstelle von Sauerstoff ins Blut und stört die Nährstoffverbrennung. Rauchen und abnehmen gehören nicht zusammen. Dass manche Menschen nach dem Rauchstopp zunehmen, hängt eher damit zusammen, dass sie glauben, sie müssten auf etwas verzichten – obwohl es für mich einer der wichtigsten Zugewinne an Lebensqualität war, als ich im Jahr 2003 mit dem Rauchen aufgehört habe. Obwohl ich das als Raucher nie gedacht hätte –

aber nachdem ich wieder Nichtraucher war, musste ich feststellen, dass mir das Rauchen überhaupt nicht fehlte. Den meisten Ex-Rauchern fehlt es nicht, fragen Sie mal rum. Die meisten fühlen sich wesentlich besser und fitter als vorher. Glauben Sie mir: Lassen Sie die Qualmerei. Nicht weil es Sie krankmacht. Sondern weil Aufhören gesund macht und mehr Lebensqualität bedeutet. Schauen Sie sich gerne unsere zu diesem Thema veröffentlichten Bücher an oder kommen Sie zu unserem Seminar „Nichtraucher in 5 Stunden"!

Was Sie jetzt tun

Und wissen Sie was, was Sie jetzt tun? Sie befolgen ab sofort genau die Dinge, die ich Ihnen hier dargelegt habe. Wenn Sie jetzt die Kippen weglassen, werden Sie in spätestens einer Woche durch mehr Sauerstoff im Körper die Treppe raufspringen. Den Alkohol wegzulassen, macht Sie fitter und schneller im Kopf – alleine das Gefühl, morgens frisch aufzuwachen, ist grandios. Schweres Essen aus Fetten und Kohlenhydraten hat Sie nur fertiggemacht, wenn Sie ehrlich sind, es lag im Magen. Von nun an trennen Sie die Nährstoffe nach Tageszeiten wie beschrieben. Dann leben Sie nicht nur vierzehn Jahre länger, sondern werden noch etwas Tolles erleben. Denn ab sofort ziehen Sie sich alle zwei Wochen nackt aus und stellen sich vor den Spiegel. Und was Sie da sehen, wird Ihnen von Mal zu Mal besser gefallen. Los geht's!

Ingo Buckert, Jahrgang 1969, ist Diplom-Sportlehrer und Koautor der Bücher „Rauchfrei glücklich" (Compact Verlag 2007), „Einfach Nichtraucher" (Compact Verlag 2010) und „Günter, der innere Schweinehund, wird fit" (GABAL 2008). Von 1986 bis 1997 spielte er in der Volleyball-Bundesliga und war in den Neunziger Jahren in den Top Ten im Beachvolleyball. Für Unternehmen bietet er im Rahmen des betrieblichen Gesundheitsmanagements u.a. die Seminare „Fit in 5 Stunden" und „Nichtraucher in 5 Stunden" an. Ingo Buckert ist Gesellschafter u.a. des Kölner Instituts für Gesundheitscoaching. Er ist verheiratet, hat zwei Kinder und lebt in Köln. Seine Lieblingssportarten sind Beachvolleyball und Fußball, sein Lieblingsessen ist Rindersteak (medium) mit Kräuterbutter und Salat.

www.ingo-buckert.de

Kein Streit!

Wie Sie Konflikte verstehen, vermeiden und lösen

VON STEFANIE BETZ

Akzeptieren Sie den anderen! Das ist die Grundlage für ein friedliches Miteinander. Die Schule bringt uns leider kaum bei, wie wir Konflikte austragen und schließlich lösen - solche „weichen" Themen finden allenfalls jenseits des Lehrplans statt. Doch der Umgang mit Konflikten ist wichtig - und er lässt sich erlernen. Wer ein Musikinstrument erlernen möchte, übt Tonleitern, Sportler trainieren täglich. Auch die Grundlagen für sinnvolle Konfliktlösungen lassen sich trainieren. Aktives Zuhören, kluges Fragen und beharrliche Übung: Je besser die Grundlagen sitzen, desto flexibler und virtuoser können Sie sich in schwierigen Situationen auch im Berufsleben behaupten.

Auch wenn es Ihnen vielleicht nicht passt: Konflikte gehören zu unserem Leben. Akzeptieren Sie es einfach. Es ist so. Das ist die Realität. Anzuerkennen, dass wir nie ein konfliktfreies Miteinander haben werden, ist der erste und wichtigste Schritt, um mit Konflikten sinnvoll umgehen zu können. Es ist schön, für Frieden zu sein, aber es ist aussichtslos, fanatisch für eine harmonische Welt zu kämpfen.

Insbesondere wer mit Menschen arbeitet, findet sich immer wieder in einem Spannungsfeld von widerstreitenden Interessen, Meinungen, Haltungen wieder. Und das ist auch ganz normal: Wo Menschen aufeinandertreffen, gibt es Reibungen, und es kracht eben auch ab und zu. Sobald wir das akzeptiert haben, können wir uns fragen: Wie gehen wir damit am besten um?

Problem Schule

Die Anforderungen an Pädagogen steigen stetig. Sie müssen den Schülern neben dem zu vermittelnden Stoff auch konstruktives Sozialverhalten beibringen. Viele Lehrer haben mit verhaltensauffälligen Kindern zu tun, mit übermäßigem Alkohol- bzw. Drogenkonsum steigender Gewaltbereitschaft in Familien und auch auf dem Schulhof. Da Jugendliche nun ohnehin permanent auf der Suche nach Grenzerfahrungen sind, findet diese Form von Lernen eben nicht in einem friedlichen Umfeld statt. Jugendliche brauchen Bestätigung und Anerkennung, um sich ihrer Stärken und Fähigkeiten bewusst zu werden, um so einen gesunden Selbstwert zu entwickeln.

So entsteht ein Teufelskreis: Die Jugendlichen werden auffällig, um gesehen zu werden, sie provozieren so lange, bis sie Aufmerksamkeit bekommen, leider negative – aber besser als gar keine. Viele Eltern haben selbst nicht gelernt, was positive Aufmerksamkeit bedeutet, besonders, wenn die familiären Umstände geprägt sind von existenziellen Problemen wie Scheidung, Arbeitslosigkeit, Alkoholismus oder auch Gewalt. Vielen Jugendlichen fehlen Bezugspersonen, die sie ernst nehmen können, und auch der regelmäßige Lehrerwechsel verstärkt das Problem.

Auf der anderen Seite scheint es immer mehr Kinder zu geben, die mit sehr viel Selbstbewusstsein ausgestattet sind. Ihr Umfeld schenkt ihnen ein solches Übermaß an Aufmerksamkeit, dass sie fast zu selbstbezogenen Persönlichkeiten werden.

Pädagogen sind oft machtlos

In diesem Spannungsfeld ist es Pädagogen kaum möglich, sinnvoll Konflikte zu lösen, geschweige denn, den Schülern zu vermitteln, wie das geht. Lehrer brauchen zunehmend eine gesunde Autorität, um eine Position zu vertreten und so Akzeptanz zu erreichen. Autorität wiederum widerspricht dem Weltbild der meisten, die auf Lehramt studieren. Pädagogen sind damit meist auf sich allein gestellt und machtlos. Denn bislang fehlt an vielen Schulen das Eingestehen dieser Umstände und das Know-how, das hilft, mit Konflikten klug umzugehen. In der Folge brennen viele Lehrer aus. Und eine Masse von weitgehend konfliktunfähigen Berufsanfängern flutet den Arbeitsmarkt.

Dabei ist die Fähigkeit zum Umgang mit Konflikten eine Eigenschaft, die sich vermitteln lässt. Letztlich sind es zwei Stellschrauben, die zu einem besseren Umgang unter Kindern und Jugendlichen und letztlich auch unter Kollegen führen können: die Stärkung der persönlichen Kompetenz im Umgang mit schwierigen Situationen und Konflikten einerseits sowie die Sensibilisierung für Regeln im sozialen Umgang andererseits. Genau diese beiden Dinge gehören auch zu den wesentlichen Soft Skills im Beruf.

Äußere Konflikte sind innere

Der jüdische Religionsphilosoph Martin Buber sagt: „Der Mensch soll zuerst erkennen, dass die Konfliktsituation zwischen ihm und den andern nur Auswirkungen der Konfliktsituationen in seiner eigenen Seele sind."[1]

1) Buber, Martin: „Einsichten". Insel-Verlag, Wiesbaden 1953, Seite 55.

Die meisten Menschen denken bei einem Konflikt, der andere sei schuld. Wir reagieren häufig ganz selbstverständlich auf einen Angriff mit einem Gegenangriff. Jedoch haben wir die Wahl, wie wir mit Herausforderungen umgehen. Ob wir einen Konflikt beginnen, ihn verschärfen oder ihm aus dem Weg gehen, ist eine Folge unserer inneren Einstellung dazu.

Jeder Mensch sammelt in seinem Leben Erfahrungen. Daraus bilden sich Glaubenssätze, Werte, Ängste, Wissen über das, was gut ist und was nicht. Wenn sich nun zwei Menschen begegnen, misst jeweils der eine den anderen unbewusst an dem Maßstab seiner gesammelten Erfahrungen. Vorurteile bilden sich meist unbewusst. Kleidung, Hautfarbe, Nationalität, Stimme, Dialekt, das Auto, die Ausbildung oder Qualifikation – all das bietet Anlass für Fehleinschätzungen. Es herrscht ein vorurteilsgesteuertes Schubladendenken, das zwar scheinbar für Ordnung sorgt, jedoch dem Individuum nicht gerecht wird. Ein Beispiel dafür ist die Studie der Lehramtsstudentin Julia Kube über Assoziationen mit Vornamen. Eine befragte Grundschullehrerin bringt die Sache auf den Punkt: „Kevin ist kein Name, sondern eine Diagnose." Allein der Name „Kevin" löst in dieser Pädagogin Bilder dazu aus, wie Kevin lebt und sich verhält. Und nun beginnt der Teufelskreis im Sinne einer sich selbst erfüllenden Prophezeiung: Die Lehrerin betrachtet Kevin durch die Brille ihres Vorurteils, also ihrer inneren Haltung. Verhält er sich anders als erwartet, glaubt sie ihm nicht oder ordnet es als Ausnahme ein. Verhält er sich ihrem Vorurteil gemäß, betrachtet sie es als Bestätigung.

Widersprüche akzeptieren

Im Grunde ist ein Konflikt zunächst das kämpferische Aufeinandertreffen von widersprüchlichen Positionen. Dass wir einen Konflikt austragen, liegt zunächst daran, dass wir ein Bedürfnis nach Ausgleich haben. Wir wollen, dass die Welt gemäß unseren Vorstellungen in Ordnung ist. Wir wollen Harmonie, sind aber paradoxerweise zugleich bereit, dafür den Preis der Disharmonie zu bezahlen, den Streit.

Wenn wir eine Lösung für ein Problem gefunden haben, geht es uns gut, die Wirklichkeit stimmt wieder mit unserem Weltbild überein. Wenn wir unterliegen, können wir unsere Niederlage als Erfahrung verbuchen und daraus in vielerlei Hinsicht lernen. Hierzu gehört die Fähigkeit, sich selbst zu reflektieren.

Für die Entwicklung von Jugendlichen sind Konflikte genau deswegen untereinander sehr wichtig. Früher galt eine Balgerei auf dem Schulhof als zur gesunden Entwicklung eines durchsetzungsfähigen Jungen dazugehörend. Heute heißt es sofort: „Es gibt Gewalt an unserer Schule." Wir haben den Konflikt als solchen gesellschaftlich geächtet. Viele Pädagogen beenden das Streiten und auch kleine Schlägereien mit einem Machtwort. So nehmen sie jungen Menschen die Chance, mit Konflikten sinnvoll umzugehen und daraus zu lernen. Mit der Folge, dass die bisherigen Schüler auch im Erwachsenenleben kaum klug mit Konflikten umgehen können. Das Phänomen „Mobbing" beispielsweise, dem wir an Arbeitsplätzen und auch im Internet oft begegnen, ist im Grunde ein unerwachsener Umgang mit Widersprüchen und Disharmonie. „Ich werde gemobbt", hören wir auch von Erwachsenen, wenn sie von Schwierigkeiten am Arbeitsplatz berichten.

Mobbing schnell erkennen

Der Begriff „Mobbing" beschreibt ein systematisches Verhaltensmuster. Konkret bedeutet Mobbing, dass einer oder mehrere einen anderen nachhaltig über einen längeren Zeitraum hinweg quälen, schikanieren sowie seelisch und manchmal auch körperlich verletzen. Meist geschieht dies in dunklen Ecken, im Verborgenen – hinter der Sporthalle, anonym in Internet-Foren, durch Gerüchte und Intrigen im Unternehmen.

Mobbing und generell Konflikte lassen sich nur effektiv bewältigen und klären, wenn dafür ein transparentes Verfahren definiert ist. Mobbing ist ein klares Opfer-Täter-Spiel. Signale sind: Mögliche Opfer ziehen sich immer mehr zurück, sie stehen in Pausen allein, die Leistung fällt ab. Um die Täter bilden sich häufig Cliquen. Gemeinsam tuscheln sie, stöhnen genervt, wenden sich ab, wenn ihr Opfer in der Nähe ist – sei es auf dem Pausenhof, in der Umkleidekabine, beim Sport oder später im Berufsleben in der Kantine.

Vor allem Jugendliche, die Opfer werden, suchen nach konkreten Konsequenzen – und auch die Täter brauchen sie. Bleiben Folgen aus, kann dies der Nährboden für weitere Eskalationen sein. Das heißt: Auf Mobbing ist immer schnell zu reagieren, damit alle Beteiligten, Täter und Opfer, die Folgen spüren und lernen, Widersprüchen und Konflikten künftig partnerschaftlich zu begegnen.

Montague vs. Capulet

Grundsätzlich gibt es offene und verdeckte Konflikte. Manche sind bekannt, andere schwelen still vor sich hin. Manche Konflikte sind noch so jung und frisch, dass es ein Leichtes ist, sie anzusprechen und aus dem Weg zu räumen. Andere Konflikte haben bereits eine Geschichte. Je länger wir eine Störung nicht ansprechen, desto höher wird die Schwelle, auf den anderen zuzugehen. Häufig eskaliert die Situation für Außenstehende und Unwissende scheinbar aus dem Nichts heraus. Überreaktionen auf Kleinigkeiten in Art eines „emotional ketchup burst" zeigen, dass sich viel angesammelt hat. Der Angriff ist dann so groß, dass der Betroffene sofort in Habachtstellung geht und unbewusst auf Kampf oder Flucht schaltet.

Auf beiden Seiten gibt es meist Verbündete, die die eigene Wahrnehmung verstärken. Die Parteien werden größer, das Gespräch zunehmend unmöglich. Beide Seiten wollen recht haben und haben es aus ihrer jeweiligen Sicht auch. Im schlimmsten Fall ist keine Einigung mehr möglich und die Situation so weit eskaliert, dass ein Moderator oder Mediator nur scheitern kann. Vordergründig gibt es am Ende einen Sieger und einen Verlierer, jedoch erscheinen in letzter Konsequenz beide als Verlierer – wie nach einem Krieg. Die politisch-diplomatischen Gespräche sind gescheitert, der Konflikt wird gewaltsam, es gibt keine Möglichkeit mehr, den anderen zu verstehen. Und letzten Endes stehen beide Seiten wie die verfeindeten Familien Montague und Capulet aus „Romeo und Julia" von William Shakespeare (1564-1616) vor einem Scherbenhaufen. Oft liegt das Einfachste und Beste, um einen Konflikt zu vermeiden, in der Bereitschaft zu akzeptieren, dass manche Menschen schlichtweg nicht miteinander können.

Hinsehen und hinstehen

Gerade bei verdeckten Konflikten ist es elementar, sie zu offenen Konflikten zu machen, um sie zu erkennen und vollständig zu erfassen. Schluss also mit der Tabuisierung! Bevor wir einen Konflikt lösen können, müssen wir hinsehen. Wir sollten genau beschreiben können, was los ist. Dies gehört zur Fürsorgepflicht sowohl der Pädagogen in der Schule als auch der Eltern als auch der Führungskräfte im Berufsleben.

Und zum Hinsehen gehört das „Hinstehen", eine schwäbisch-schweizerische Formulierung dafür, Stellung zu beziehen. Denn nur, wenn ein Opfer weiß, dass es bei seinem Outing nicht alleine dasteht, hat es den Mut, auf den Konflikt hinzuweisen. Sobald ein Lehrer oder eine Führungskraft das Opfer belächelt, ihm erklärt, es sei doch selbst schuld, sind wir wieder mitten im Mobbing und beim unerwachsenen Verhalten sozial verantwortlicher Personen. Grundsätzlich haben Opfer von Mobbing, Stalking und Gewalt Angst davor, die Belästigungen könnten noch schlimmer werden. Genau das macht es ihnen schwer, sich mitzuteilen. Sie brauchen also ein klares Signal von außen, dass der Lehrer, das Rektorat, der Vorgesetzte, das Management bereit ist „hinzustehen" und die Täter zur Verantwortung zu ziehen. Selbstverständlich gelingt auch das nur, wenn zuvor ein sensibler Beziehungsaufbau gelingt. Und wieder landen wir bei den Grundkompetenzen des sozialen Miteinanders.

Individuelle Konsequenzen

Da ein Opfer seine Situation individuell erlebt, gilt es auch, individuelle Lösungen zu finden. Zunächst muss die Situation klar werden, indem wir die Rollen der Einzelnen aufdecken: Täter, Opfer, stille Beobachter. Versucht jemand, die Tat zu relativieren oder zu zerreden, halten wir auch das fest. Wichtig ist, dass der Täter versteht, was er dem Opfer angetan hat, und dass die Mitläufer verstehen, was sie durch ihr scheinbares Unterlassen angerichtet haben. Manchmal sind die Verletzungen so schwerwiegend, dass Täter oder Opfer die Schule oder den Arbeitsplatz verlassen muss. Darüber hinaus sind verbindliche Vereinbarungen über den künftigen Umgang miteinander gefordert.

Es ist wesentlich, dass eine Schule oder Unternehmen klare Regeln über den Umgang mit Konflikten hat und die Lehrer und Mitarbeiter sowohl in Gesprächsführung als auch in Konfliktlösungsstrategien ausgebildet sind.

Fünf Punkte für gutes Konfliktmanagement

Konfliktmanagement ist im Berufsleben die Aufgabe von Führungskräften, und in der Vorbereitung darauf müsste es in der Schulzeit die Aufgabe von speziell dafür ausgebildeten Pädagogen sein. Grundlagen für ein gutes Konfliktmanagement lassen sich gewiss viele beschreiben. Mein Vorschlag sind fünf Punkte:

- **Offenheit.** Das echte Interesse für die Belange des Gegenübers, ohne Grenzen zu überschreiten, hilft, eine klare Meinung zu einem Konflikt zu haben, ohne jemanden persönlich zu verurteilen. Es geht um die Kompetenz, konstruktiv zu kommunizieren und auch das eigene Konfliktverhalten zu reflektieren. Das klingt selbstverständlich, aber selbst manche Pädagogen verschärfen Konflikte nur oder ergreifen unfairerweise Partei für den Täter, wenn sie etwa das Opfer aus persönlicher Antipathie ohnehin auf dem Kieker haben. Der Mut, schwierige

Themen beharrlich anzugehen, Grenzen zu setzen und Konsequenzen durchzuziehen, um so Autorität zu zeigen im Sinne von Glaubwürdigkeit und Überzeugungskraft, bedarf auch seitens des pädagogischen Personals einige Erwachsenheit.

- **Zuhören lernen.** Der Schlüsselsatz beim aktiven Zuhören ist: „Habe ich richtig verstanden, dass …?" Dieses Nachfassen und die Bitte um Bestätigung des Gehörten stellen sicher, dass wir wirklich verstehen, was der andere meint. So geben wir Bestätigung, ohne dass wir dem Gehörten Recht geben müssen. Gleichzeitig nehmen wir die Gefühle unseres Gegenübers wahr. Dieses Werkzeug erfordert eine hohe Konzentration, nimmt das Tempo aus der Kommunikation und wirkt genau dadurch in Konfliktgesprächen deeskalierend. Dabei sind die richtigen Fragetechniken wichtig. Fragen strukturieren das Gespräch: Der Frager entscheidet, welchen Faden wir verfolgen. Durch offene Fragen – oder W-Fragen – bekommen wir Informationen und Hintergründe: „Wann kam denn diese E-Mail genau?". Durch geschlossene Fragen dagegen lassen sich Inhalte zusammenfassen und Annahmen prüfen. Am Anfang der Frage steht ein Verb: „Hast du?", „Willst du?", „Brauchst du?", „Denkst du?".

- **Subjektive Perspektive einnehmen.** „Immer störst du den Unterricht, du kommst zu spät und redest dann auch noch mit der ganzen Reihe vor und hinter dir", brüllt ein Lehrer Tim an. Eine Führungskraft sagt: „Immer müssen Sie erst alles dreimal falsch machen, bevor Sie es einmal richtig machen." Beides ist im Kern dasselbe: Der Angriff ist anmaßend objektiv, obwohl er nur eine Beschreibung der Wirklichkeit ist. Und Wirklichkeiten sind subjektiv. Also ist es deeskalierend, diese Beobachtungen auch subjektiv zu formulieren: „Tim, ich habe beobachtet, dass du diese Woche bereits am Montag und am Mittwoch jeweils zehn Minuten zu spät gekommen bist. Heute ist es eine viertel Stunde. Ich werde in meinen Ausführungen unterbrochen und das ärgert mich." Und: „Herr Meier, ich sehe, dass wir hier zu viel Zeit und Energie verbrauchen. Könnten wir gemeinsam überlegen, wie wir das künftig vermeiden?"

- **Die richtige Umgebung wählen.** Ob ein Gespräch erfolgreich wird, hängt maßgeblich auch von Zeit und Ort ab. Anderthalb Stunden sind Obergrenze – sollte nach dieser Zeit kein Ergebnis erreicht sein, ist es sinnvoll, einen neuen Termin zu vereinbaren. Der Ort sollte den Gesprächspartner vor Zuhörern schützen und ihm die Gelegenheit geben, in vertrauensvoller Atmosphäre sachlich zu sprechen. Konfliktgespräche zwischen Tür und Angel führen selten zu einem sinnvollen Ergebnis, sondern verführen zu unüberlegten Äußerungen, zu Zeitdruck und dazu, dass sich der Gesprächspartner gedrängt fühlt.

- **Gemeinsam Lösungen suchen.** Die oben beschriebene Offenheit führt auch zur Bereitschaft, mit dem Gesprächspartner selbst Lösungen zu erarbeiten. In einem gemeinsamen Brainstorming lassen sich möglichst viele Ideen sammeln. In eine tragfähige Lösung sollten natürlich die Interessen aller Beteiligten einfließen. Die abschließende Vereinbarung sollte schriftlich sein. Etwa zwei Wochen später lässt sich in einem Folgetermin reflektieren, inwieweit sich die Situation verbessert hat oder ob neue Fragen aufgetaucht sind. Sollte es keine Verbesserung geben, besteht zeitnah die Möglichkeit der Korrektur. Sollte alles in bester Ordnung sein, spricht man sich diese Bestätigung gegenseitig aus und würdigt den erfolgreich verlaufenen Prozess.

- **Streitschlichter etablieren.** Auf lange Sicht ist es klug, zum Zwecke einer partnerschaftlichen Kommunikationskultur Streitschlichter oder sogenannte Mediatoren zu etablieren. Mediatoren verfügen über genau die Fähigkeiten zur Konfliktlösung, die an Schulen und in Unternehmen nötig sind. Ob sich das Ganze „Vertrauenskreis" oder „Mediatorenpool" nennt, ist dabei nicht so wichtig – in jedem Fall sind die Mitglieder mit den Methoden der Konfliktlösung und Mediation vertraut. Wichtig ist, dass sie auf kurzem Dienstwege vertraulich ansprechbar sind, ohne Bericht an die Organisation selbst. Die Gruppe der Mediatoren sollte heterogen sein, also einen möglichst breiten Querschnitt der Schulgemeinschaft oder der Belegschaft abbilden.

Kommunikationskultur - ein Konzept für die Zukunft

Ziel von kontinuierlicher Fortbildung im Bereich Kommunikation und Konflikt ist ein souveräner, energiesparender Umgang mit schwierigen Situationen. Je früher wir uns in schwierigen Situationen die Zeit zur Klärung nehmen, desto einfacher ist es, den Konflikt zu entwirren, und desto weniger Ressourcen kostet er letztlich das Unternehmen. Die besten Kommunikationsprofis sind immer bereit, sich zu hinterfragen, um noch besser zu werden.

Ich bin davon überzeugt, dass jede Organisation, in der viele Menschen zusammenkommen und somit Konflikte entstehen können, eine kluge zukunftsweisende Entscheidung trifft, wenn sie ein umfassendes Kommunikationskonzept für sich entwickelt und einen Mediatorenstab aufbaut. Eine gut entwickelte Kommunikationskompetenz ist der Boden für persönliche Autorität, Teamfähigkeit und Führungsqualität.

Stefanie Betz, Jahrgang 1965, ist Master of Arts, Coaching und Beratung. Nach einer Ausbildung zur Handelsassistentin und Erfahrungen als Führungskraft im Einzelhandel unterstützt sie seit 1998 Organisationen bei der Entwicklung einer konstruktiven sowie wertschätzenden Unternehmens- und Kommunikationskultur. Darüber hinaus begleitet sie Schulen in der Ausbildung von Streitschlichtern. Stefanie Betz ist Dozentin an der European Graduate School in der Schweiz. Sie lebt mit ihrer Familie in Stuttgart.

www.stefaniebetz.de

Mach das Beste daraus!

Wie Sie mit Rückschlägen umgehen, ohne den Mut zu verlieren

VON PETRA PINKER

Dran bleiben! Wer sich benachteiligt fühlt, ist nicht automatisch ein Verlierer - auch wenn das Bildungssystem sich vorwiegend auf Fehler statt auf Erfolge konzentriert. Obwohl es immer wieder heißt, Menschen aus schwierigen Verhältnissen, mit ausländischem Pass oder mit Behinderungen hätten im Leben die schlechteren Karten, lassen sich angebliche Nachteile zu handfesten Vorteilen machen. Selbst von Rückschlägen kann man profitieren! Wie gelingt es uns, auch unter scheinbar schlechten Voraussetzungen das Bestmögliche zu machen? Indem wir dem Fehlerdenken der Schule eine lange Nase zeigen und das Positive im Negativen entdecken.

Als Schülerin dachte ich mir oft: „Mein Gott, haben es die anderen gut! Sie haben die netteren Eltern, die schönere Kleidung, sie wohnen in einem größeren Haus, sehen besser aus, sie sind sportlicher, sie sind, sie sind, sie sind … alle besser, schöner, toller als ich." Ich verglich mich damals mit allen, die es meiner Meinung nach besser hatten. Und vergaß die, die es schlechter hatten.

Nur was die Noten betraf, war es umgekehrt: Hier orientierte ich mich nach unten. Meine sechs Jahre ältere Schwester Klaudia, mein großes Vorbild, schmiss mit sechzehn die Ausbildung an der Handelsakademie und begann eine Lehre. Dieses Schicksal sollte mich erst gar nicht ereilen. Also war auch für mich klar, mich nicht der Herausforderung der Reifeprüfung zu stellen, sondern ich begab mich ebenfalls bald auf die Suche nach einer Ausbildungsstelle. Und wurde auch bald fündig: Ein renommiertes Forschungszentrum erklärte sich bereit, mich zur Bürokauffrau auszubilden, und setzte mich in einer Abteilung namens „Technologieforschung" ein. Ein Begriff, der mir überhaupt nichts sagte.

Was mir allerdings schnell klar wurde: Man legte in der Technologieforschung größten Wert auf schnelles Tippen, entstanden doch jede Woche Berichte und Gutachten. Nun ja, was soll ich sagen? Ich hatte keine Ahnung, wie weit das „A" vom „M" auf der Tastatur entfernt lag, weil es mich nie interessiert hatte und ich es auch nie hatte lernen müssen. Wozu auch?

Und dennoch: Der Abteilungschef traute mir anfangs sehr viel zu. Viel zu viel, wie sich bald herausstellte, denn ich lieferte eine äußerst miserable Arbeit ab, die in der Schule die schlechteste Note verdient hätte. Mein Chef war fassungslos. Ich schämte mich in Grund und Boden. Woher hätte ich wissen sollen, dass ich mich jemals dieser Herausforderung stellen würde müssen? Dass jemand in der Praxis überprüfen würde, ob ich nun das Wort „während" mit oder ohne „h" schrieb? Das Leben hatte mich voll erwischt.

Und was tat mein Chef? Er überreichte mir eine Zitrone.

Die Zitrone hieß: „Mach was draus!"

Die Zitrone bedeutete, ich konnte mich entscheiden. Entweder warf ich das Handtuch und hoffte auf einen baldigen Abteilungswechsel, oder aber ich nahm die Zitrone an und holte schnell nach, was ich bisher nicht gelernt hatte. Ich entschied mich damals für die zweite Variante, und das war auch gut so. Ich glaubte an mich, kaufte mir meinen ersten Computer, paukte mit meiner geduldigen Ausbilderin die schwierigsten Wörter mit Karteikärtchen und übte mich im Schreiben, so gut es ging. Es gab ja zu dieser Zeit leider noch keine automatische Rechtschreibprüfung. Darüber hinaus schrieb ich abends für einen Chemieprofessor Berichte, wodurch ich mich unglaublich trainierte.

Was ich damals nicht wusste: Ich sammelte mit dieser Arbeit einigen Proviant für meine spätere Position als Vorstandsassistentin. Ich machte aus der sauren Zitrone etwas Gutes. Ich presste sie zu Limonade. Aus einer sauren Zitrone Limonade zu machen, heißt, einer misslichen Lage etwas Gutes abzugewinnen und das Allerbeste daraus zu machen. Das tat ich damals, und das war genau das Richtige.

Was wäre geschehen, wenn ich in der damaligen Situation die Flucht ergriffen oder der Abteilungschef mich entlassen hätte? Mein Leben wäre gewiss ganz anders verlaufen.

Suchen wir die Zitrone!

Wer sich noch an die Geschichte von Pippi Langstrumpf erinnern kann, weiß, sie hatte einen Limonadenbaum im Garten stehen, der eigenständig Limonade produzierte. Wenn das kein Symbol für die Freiheit und die Süße des Lebens ist, obwohl die Halbwaise Pippi allein in ihrer Villa Kunterbunt wohnte und ganz auf sich gestellt war. Wie sang Pippi so schön: „Ich mach' mir die Welt, widde widde wie sie mir gefällt!"

DIE BILDUNGSLÜCKE **147**

Übrigens: Pippi Langstrumpf hat „ihr Leben" ebenfalls einer Zitrone zu verdanken. Sie kam zur Welt, weil Astrid Lindgrens damals siebenjährige Tochter Karin an einer Lungenentzündung erkrankt war und sich eine Geschichte wünschte. Drei Jahre später wurde Astrid Lindgren vom Leben nochmals eine Zitrone geschenkt, damit sie auf ihre Berufung aufmerksam wurde. Sie musste einige Zeit mit einem verstauchten Fuß im Bett bleiben und schrieb daraufhin die Geschichte von Pippi Langstrumpf nieder. Das Buch hat Generationen von Mädchen ermuntert, Spaß zu haben und an ihre eigenen Fähigkeiten zu glauben, und hat somit einen wesentlichen Beitrag zu einer ganzen Frauenbewegung geleistet.

Von Zeit zu Zeit ist es gut, sowohl auf die Licht- als auch auf die Schattenseiten im Leben zu blicken. Meist zwingen uns verschiedene Umstände ohnehin dazu, genau hinzuschauen, wo etwas nicht reibungslos funktioniert oder woran wir innerlich wachsen könnten, sofern wir uns der Herausforderung stellen wollen. Was uns dabei begegnet, nenne ich liebevoll „Zitronen", denn die können einen manchmal ganz schön sauer machen. Limonadenmacher respektieren und akzeptieren sie und machen zuversichtlich etwas Neues aus ihnen, nämlich Zitronenlimonade. Das ist unsere Metapher dafür, einem widrigen Umstand etwas Gutes abzugewinnen.

Doch lassen sich diese Zitronen immer und sofort auf den ersten Blick erkennen? Und wo trifft man auf sie? Die Zitrone, von der ich spreche, wächst nicht nur auf Bäumen in südlichen Ländern. Sie kommt praktisch überall vor. In Klassenzimmern, Büros, Besprechungszimmern, Autos, Chefetagen, Krankenzimmern, Restaurants, Seminarräumen, Verkaufslokalen, Kinosälen, Schlafzimmern. So kann uns ein Mensch etwa eine Zitrone unter die Nase halten, indem er „Nein" sagt und damit unseren Plan zerstört. Manche Professoren stellen zur falschen Zeit die falsche Frage, und wir wissen leider keine Antwort. Oder ein Management setzt den Rotstift an und streicht unsere Stelle. Alles Zitronen. Herkömmlich gedacht haben wir dann ein Problem.

Alles schlimm, oder?

Stellen Sie sich das mal vor: Ein Nein des Partners, Kollegen, Kunden, Chefs; eine Einladung zu einer Veranstaltung, die man nicht besuchen will; ein unerwarteter Wetterumschwung; eine negative Beurteilung; Krankheiten, die einen ans Bett fesseln oder umdenken lassen; Allergien, die plötzlich auftreten; ein Unfall, der zu neuen Handlungsweisen zwingt; Nachbarn, die einen terrorisieren, ein Termin platzt; eine Kündigung; ein großer Auftrag geht einem durch die Lappen; der Geschäftspartner entpuppt sich als Lügenbaron; Menschen sagen einem unverblümt die Wahrheit ins Gesicht; die Traumimmobilie bekommt ein anderer; es hagelt Kritik; Freunde wenden sich scheinbar ohne Grund ab. Alles schlimm, oder? Die Folgen sind Angst, Zweifel, Unsicherheit, Hilflosigkeit, Ratlosigkeit, Unterlegenheit, Missgunst, Selbstmitleid und das Denken: „Ich bin ein Opfer." Wenn man sich diese Liste ansieht, so sind das Gefühle, die uns blockieren und lähmen. Sie hindern uns oftmals daran, die wichtigen und richtigen Dinge im Leben zu tun, und halten uns davon ab, mit Leichtigkeit auf dem Erfolgsweg zu spazieren.

Aber es gibt ja noch den Weg zur Limonade. Alle diese Gefühle können Zeichen dafür sein, dass man gerade eine Zitrone in der Hand hält, die nur darauf wartet, dass sie ausgepresst und köstliche Limonade aus ihr gemacht wird, um dem Leben mehr Süße zu verleihen.

Auf meiner damaligen Suche nach einem Ausbildungsplatz stand an erster Stelle meiner Wunschliste der Beruf Friseurin. Doch sämtliche Salons, in denen ich mich vorstellte, lehnten mich ab. Eine Zitrone allererster Güte! Warum nur wollte mich niemand? Damals war das schlimm für mich, aber heute denke ich anders darüber. Wahrscheinlich hatte ich unbewusst ausgestrahlt, dass ich für den Beruf nicht geeignet war oder ein anderer Weg für mich der bessere wäre. So genau werde ich das wohl nicht mehr erfahren und es spielt auch keine Rolle mehr. Wenn ich heute in einem Friseursalon sitze, bin ich den Menschen, die mir damals eine Zitrone reichten, sehr dankbar dafür – und mir selbst auch. Ich bewundere die flinken Damen und Herren, die diesen Beruf ausüben, für ihre

Kondition, Geduld, Einfühlsamkeit und die Risikobereitschaft, die sie jedes Mal zeigen. Denn eine Frisur kann auch einmal völlig danebengehen und eine Kundin könnte durchdrehen.

Eine Zitrone kann aber ebenso gut eine Schwäche sein, mit der man auf die Welt kommt. Meine Stimme war immer etwas zu hoch. Ich konnte mich daher oft nicht durchsetzen, und manche Mitschüler äfften mich nach. Das tat weh, aber ich stand es durch. Als ich eines Tages mit knapp fünfundzwanzig Jahren bei einem Drive-in-Besuch in einem Fast-Food-Restaurant meine Bestellung durchpiepste und das Kichern der Mitarbeiter hörte, wurde ich ziemlich sauer. Sie hatten mir eine Zitrone durch den Lautsprecher gereicht. Meine hohe, kindliche Stimme, die ich fast schon vergessen hatte, war mir wieder bewusst geworden.

Das Limonadenrezept

Manche Menschen haben von Anfang an einen schwereren Start als andere oder bekommen in der Mitte ihres Lebens ganz unerwartet eine riesige Zitrone überreicht. Wie langweilig wäre ein Leben ohne Zitronen? Und wie sinnlos wäre es, diese nicht in die Hand zu nehmen und Limonade daraus zu machen? Zumal wir ohnehin keine andere Wahl haben: Die Zitrone ist schließlich da. Auch eine Zitrone, die man nicht beachtet oder vergisst, taucht irgendwann wieder auf. Manche machen etwas daraus, andere nicht. Ich bin der felsenfesten Überzeugung, dass jeder selbst entscheidet, ob sein Leben ein Lebenstraum oder ein Lebenskampf wird.

Beim Limonademachen sind drei wesentliche Schritte zu beachten:

1. **Eine Zitrone erkennen und annehmen.** Eine Zitrone kann praktisch immer und überall auftauchen. Als erster Schritt ist es entscheidend, das Problem als Zitrone anzuerkennen. Am Drive-in-Schalter bekam ich eine Zitrone in Form eines Feedbacks zu meiner Stimme, und der Appetit war mir vergangen. Ich fuhr mit einem Mix aus Wut, Trauer und Rachegelüsten nach Haus. Und

dann nahm ich die Zitrone an und dachte zum ersten Mal darüber nach, was ich tun könnte.

2. **Entscheiden und zur Tat schreiten.** Ist das Problem identifiziert, muss man sich entscheiden. Wie das Wort schon ausdrückt, muss man sich von etwas „scheiden", also trennen, um etwas Neues zu bekommen. Das kann ein Verhalten, eine Person, ein Job oder ein Lebensumstand sein. Die drei Möglichkeiten hießen: „Love it" – akzeptier deine Stimme, wie sie ist. „Change it" – ändere deine Stimme. Und schließlich „Leave it" – sprich nicht mehr. Ich entschied mich für „Change it". Meine Freundin Doris meinte, Gesangstraining könnte helfen. Viele Stunden Atemtraining folgten, dann kamen Gesangs- und Sprechübungen.

3. **Einfach genießen und/oder verfeinern.** Ist die Zitrone erst einmal ausgepresst, geht es ans Genießen oder Verfeinern. Plötzlich hat man die Idee, noch ein wenig Honig beizumengen oder einfach ein Blatt Minze und Ingwerwasser. So ist es im Leben auch. Man sammelt verschiedene Puzzleteile, und am Ende fügen sie sich wider Erwarten zu einem wunderschönen, aussagekräftigen Bild zusammen. Heute lacht niemand mehr beim Drive-in.

Der Tod als Zitrone

Hätte ich diese Zitrone nicht angenommen, wäre ich sicher niemals Vortragende und Trainerin geworden, wobei meine Stimme mein Handwerkszeug ist. Noch während des Stimmtrainings dachte ich nicht im Traum daran, jemals vor Publikum aufzutreten. Das hätte mir den Angstschweiß aus allen Poren getrieben. Doch das Leben reichte mir abermals eine Zitrone. Meine beste Freundin verstarb ganz plötzlich. Ich trauerte und dachte über den Sinn des Lebens nach und darüber, ob der Job als Vorstandsassistentin wirklich meine Erfüllung war. Wieder nahm ich die Zitrone in die Hand und machte Limonade daraus: Ich meldete mich zu einem persönlichkeitsbildenden Camp im Sommer in Griechenland an.

Zum ersten Mal in meinem Leben fuhr ich drei Wochen in Urlaub und kannte dort keinen Menschen. Es war aufregend und heilsam zugleich, denn ich entdeckte dort meine neue Berufung als Trainerin.

Seit mir mein damaliger Chef aus dem Forschungszentrum die Zitrone unter die Nase gehalten hatte, sind mehr als zwanzig Jahre vergangen. Als damaliger Lehrling hätte ich mir in meinen kühnsten Träumen nicht ausgemalt, dass ich als Lehrlingsexpertin junge Menschen für die Arbeitswelt begeistern und Ausbildern Tipps für die optimale Förderung ihrer Schützlinge geben würde. Im Nachhinein betrachtet war für mich immer nur eines wichtig: an mich zu glauben, zuversichtlich zu bleiben und aus jeder Zitrone, war sie auch noch so sauer, Limonade zu machen. Und dabei habe ich immer eines beachtet: das Fünfmaleins für Limonadenmacher.

Das Fünfmaleins für Limonadenmacher

1. **Am besten sind Zitronen mit Saftpresse.** Stellen Sie sich vor, Sie können Ihre Zitrone in einer Saftpresse auswringen. Egal, ob Sie eine der altbekannten Pressen nehmen, in der Sie die Zitrone mit der Hand drehen, oder ob Sie einen vollautomatischen Entsafter wählen: Der Weg zur Limonade wird so leichter! Die Saftpresse ist unsere Metapher dafür, dass wir nicht nur kritisieren sollten, sondern möglichst auch eine Lösung aufzeigen.

2. **Saftpressen sind oft Menschen.** Natürlich können wir Probleme alleine angehen und unsere Zitrone alleine veredeln. Oder eben mithilfe eines Coachs. Dieser führt durch gezielte Fragen und mit einer neutralen Haltung zu Lösungen, an die man vielleicht gar nicht gedacht hat. Er hilft uns, die Zitrone zur richtigen Limonade zu machen. Paulo Coelho schreibt sehr treffend: „Wenn wir vor etwas wirklich Bedrohlichem stehen, können wir nicht um uns blicken, obwohl es richtiger und sicherer wäre."[1] Manchmal

---

1) Coelho, Paul: „Leben. Gedanken aus seinen Büchern", Diogenes Verlag 2007, Seite 37.

muss uns jemand an der Hand nehmen und durch die dunklen Gänge wieder ins Licht führen.

3. **Freunden soll man Zitronen schenken.** Wenn man Menschen schätzt und mag, empfinde ich es als eine Art Pflicht, ihnen Zitronen zu schenken und nicht einfach über ihre Mankos hinwegzusehen, über die sich hinterrücks die ganze Clique oder der gesamte Bekanntenkreis schon lange Zeit amüsiert. Eines sollte dabei natürlich beachtet werden: die Saftpresse! Wenn also jemand Mundgeruch hat (Zitrone), wäre eine denkbare Empfehlung ein Besuch beim Zahnarzt (Saftpresse).

4. **Kollegen soll man Zitronen schenken.** In einem Unternehmen hatten wir einmal einen Mitarbeiter, den man auch noch zehn Minuten später roch, nachdem er auf dem Flur unterwegs gewesen war (zum Glück nicht wegen des Mundgeruchs – nur wegen seines Schweißes). Doch niemand brachte es zustande oder übers Herz, ihm die Zitrone zu reichen und ihm den Tipp zu geben, ein Deodorant zu verwenden. Nach einigen Jahren traf er seine Herzensdame und heiratete sie. Sie hatte wohl den Mut, ihm die Zitrone zu überreichen, und er hatte sie dankend angenommen. Wir alle konnten wieder durchatmen.

5. **Der Zitrone „Danke!" sagen.** „Danke, liebe Zitrone, dass es dich gibt!" Wer von seinem Gegenüber eine Zitrone in Form von Kritik erhält, sollte sich bedanken, denn es handelt sich bei jeder Zitrone um ein Geschenk. Alles Negative hat das Potenzial, etwas Gutes zu werden.

Achtung, es gibt auch falsche Zitronen!

Wie fast überall in der Welt gibt es auch in Zitronenkreisen Blender. Manche Zitronen sind gar keine. Manchmal glauben wir, von jemandem eine Zitrone bekommen zu haben, zum Beispiel ein Feedback. Doch manches Feedback erweist sich bei näherem Hinsehen als unrichtig.

Missgünstige Menschen kritisieren uns, obwohl unsere Arbeit gut ist. Intriganten schmähen uns, damit wir ihnen das Feld überlassen. Andere projizieren ihre eigenen Schwächen auf uns, obwohl sie in Wirklichkeit sich selbst kritisieren. Vorsicht vor solchen Fallen! Bei Zweifeln sollten wir bei mehreren neutralen Personen nachfragen, ob an der Kritik etwas dran ist.

Oft sind Zitronen auch einfach veraltet. Meine Mutter beispielsweise hatte lange Zeit die Angewohnheit, mich an einen ganz bestimmten Fehler, der mir einmal passiert war, zu erinnern. Eines Tages fragte ich sie genervt, warum sie mich denn jedes Mal daran erinnerte und mir quasi die gleiche Zitrone wiederholt unter die Nase hielt. Faktum war doch, dass die Situation längst Vergangenheit war und auch nicht mehr zu ändern. Sie erwiderte: „Damit du darüber nachdenkst und denselben Fehler nicht nochmals machst!" Das ist ein alter Hut. „Aus Fehlern lernt man." Dieses Sprichwort kennt doch jeder und es ist schnell dahingesagt, dachte ich. Doch bei näherer Betrachtung machte es klick: Es war gar nicht mehr mein Problem, es war das meiner Mutter.

Und auch als ich im Restaurant einen anderen Tisch wollte, weil es an meinem Platz zog wie in einem Vogelhaus, war die Situation ganz offenbar nicht meine Zitrone, sondern die des Kellners. Der antwortete nämlich: „Es ist kein Problem für mich, wenn Sie den Tisch wechseln wollen." Warum sagte er nicht einfach „Sehr gerne!"? Da hatte er wohl doch ein Problem im Hinterkopf.

Gute Limonadenmacher zeichnet übrigens auch das Reflektieren aus: Sie erkennen Fehler, bearbeiten sie und fertig. Auch im Rückblick erinnern sich gute Limonadenmacher zwar auch einmal an einen Fehler, aber dann haken sie ihn ab. Sicher lohnt es sich, zu reflektieren, wie die Zitrone gewachsen ist, also wie das Problem entstehen konnte. Aber gute Limonadenmacher verfallen nicht in stundenlange depressionsartige Grübeleien. Gute Limonadenmacher sind zukunftsorientiert und denken in Lösungen.

Limonadenmacher wissen, dass sie im Jetzt die Früchte ihrer Zukunft säen. Sie werden sich daher davor hüten, lange zurückzuschauen oder in

Selbstmitleid zu schwelgen, sondern kehren das Ruder mit genau der Energie um, die ihnen zum Verzweifeln, Klagen und Bedauern zur Verfügung stünde. Sie bäumen sich auf und suchen nach den Zutaten, die das Leben noch lebenswerter machen. Limonadenmacher sind mutig, denn sie schneiden die Zitrone in zwei Teile, schauen, was sich darin verbirgt, und machen etwas völlig anderes und Neues daraus: Limonade!

Petra Pinker, Jahrgang 1974, ist Lehrlingsexpertin und arbeitet als Vortragende, Trainerin und Dipl.-Mentalcoach vorwiegend in Österreich. Ins Berufsleben startete sie mit einer Lehre als Bürokauffrau. Berufsbegleitend absolvierte sie die Handelsakademie sowie ihr Fachhochschulstudium der Wirtschaftsberatung mit Schwerpunkt Marketing & Personal. Dabei war sie bis 2001 in einem internationalen Konzern als Assistentin des Vorstands tätig. Danach gründete sie ihr eigenes Unternehmen: pinker Training & Coaching. Für ihre innovativen Ideen wie die Checkerkarten für Auszubildende und ihr pfiffiges Seminarprogramm hat die Wirtschaftskammer Niederösterreich Petra Pinker im Jahr 2009 mit dem EPU Sales Star ausgezeichnet. Mit ihren PINKIS Turbotipps-Büchern, Kartensets und Trainings gibt sie jungen Menschen Hilfestellungen für den erfolgreichen Einstieg ins Berufsleben.

www.dielehrlingsexpertin.com

Entwickeln Sie Menschen!

Warum Lehrer Führungskräfte sind, die Führung vermitteln

VON BORIS GRUNDL

In der Schule lernen Kinder und Jugendliche die Ideale der Demokratie: Freiheit, Mitbestimmung, Gerechtigkeit. Doch im Beruf spielt Basisdemokratie kaum eine Rolle. Im Unterschied zur Mitbestimmungswelt der Schulen sind Unternehmen hierarchisch und nach Leistung orientiert geführt. Daher sollten junge Menschen bereits in der Schule erfahren, wie Führung funktioniert. Dazu gehört es, sich selbst und andere Menschen führen zu können. Wie es um die Führung in der Schule steht, zeigt jede Umfrage unter Bekannten: Die Weicheier und Berufsjugendlichen unter den Lehrern haben ein Autoritätsproblem - gerne aber erinnern wir uns an Lehrer mit klarem Profil. Dasselbe gilt im späteren Berufsleben in Bezug auf Führungskräfte.

Die Schule in ihrer derzeitigen Form bereitet gewiss auf Vieles vor – auf ein Leben in einem leistungshierarchisch geführten Unternehmen aber nicht. Die Ursache ist schnell ausgemacht: Lehrer und Lehrplanmacher haben meist keine Erfahrungen als Mitarbeiter in Unternehmen – ihr Zuhause ist der öffentliche Dienst.

Ein wesentliches Element des versäumten Wissens ist fehlendes Bewusstsein für Führung – obwohl diese im Berufsleben eine zentrale Rolle spielt. Bisher kultivieren viele Schulen eine erstaunliche Ignoranz gegenüber ökonomischen Zusammenhängen und wirtschaftlichen Erfolgen. Lehrer, die die ergebnisorientierten Prozesse von Anstrengung, Wachstum, Risiko, Niederlage, neuer Anstrengung und Beharrlichkeit nie so durchlebt haben, wie es für Spitzenleistungen in der Wirtschaft nötig ist, blicken oft auf die Marktwirtschaft wie auf eine Krankheit. Dass sie genau diesem Wirtschaftssystem ihre Bezüge verdanken und die teilweise hervorragende Ausstattung ihrer Schule, scheinen sie auszublenden.

Vom Schulversager zum Multimillionär - ein Beispiel aus dem Leben

„Aus dem Jungen wird nie was …" heißt die Autobiografie des Unternehmers Hans Wall.[1] Und genauso lautete auch die Botschaft, die Eltern und Lehrer dem jugendlichen Hans stets vermittelt hatten. Nach einem mit Ach und Krach bestandenen Hauptschulabschluss und miserablen Noten landete Wall erst mal im Jugendarrest. Hans Wall war ein Schulversager. Heute ist er Träger des Bundesverdienstkreuzes, Selfmade-Multimillionär und ein erfolgreicher, verantwortungsvoller Unternehmer der Wall AG. Ende der Siebziger Jahre, als Städte und Kommunen erstmals über klamme Kassen klagten und die Innenstädte ein trostloses Bild abgaben, überließ Wall den Städten sogenannte „Stadtmöbel"

---

1) Wall, Hans: „„Aus dem Jungen wird nie was …': Vom Mechaniker zum Millionär: Warum in Deutschland jeder eine Chance braucht", Heyne, 2009.

158 Entwickeln Sie Menschen!

wie Parkbänke, WCs, Beleuchtung und Infosäulen kostenlos oder zu einem symbolischen Preis. Im Gegenzug bekam er Werbefläche, die er vermarktete.

Das Rüstzeug für seinen Erfolg bekam der Berliner nicht in der Schule vermittelt – er eignete es sich selbst an. Er verstand vor allem eines: Eine gute Idee kann mehr wert sein als die ordentliche Eigenart, brav seine Aufgaben richtig zu lösen. Welche Schule würdigt so eine Biografie? Die Regel ist Geläster über den bösen Unternehmer. Dabei liegt Hans Wall das Gemeinwohl sehr am Herzen: Allein für die Sanierung der Kaiser-Wilhelm-Gedächtniskirche in Berlin hat er 750.000 Euro gespendet.

Lehrer sind Führungskräfte

Auch das Führen hat Hans Wall nicht in der Schule gelernt. Dieser Unternehmer ist einer von vielen, die beweisen, dass die Schule uns das Wissen zur Führung unterschlägt. Dabei sind Lehrer und Professoren im Grunde Führungskräfte. Sie müssten zu den wichtigsten Führungskräften unserer Gesellschaft überhaupt gehören, denn sie beeinflussen maßgeblich die Führungskräfte und Entscheidungsträger von morgen. Auch lesen und hören wir viel über die Vorbildfunktion von Lehrern. Und dennoch findet Führung an der Schule nicht statt, weder im Bewusstsein des Personals noch in den Lehrplänen. Es scheint wichtiger zu sein, gemäß einem Plan einen Kanon an Fakten zu lehren – und dabei gerät das Wichtige unter die Räder. Später ist das an zahlreichen unfähigen Führungskräften im Berufsalltag zu spüren.

Wer als Vorbild will, dass junge Menschen beruflich erfolgreich sind, sollte selbst mit seiner Biografie glaubwürdig für den Erfolg stehen. Beamte auf Lebenszeit, die nichts anderes erlebt haben als Schule und Hochschule, tun sich mit diesem Anspruch natürlich oft schwer. Auch wenn viele Lehrer bereit wären, Erfahrungen in der Wirtschaft zu sammeln – das System verweigert ihnen diese Chance fast durchgängig.

DIE BILDUNGSLÜCKE **159**

Dringend nötig ist, dass Lehrplanmacher erkennen, wie wichtig dieser für sie fremde Teil der Realität für die Zukunft junger Menschen ist – eine überfällige politische Aufgabe.

Was Führungskräfte in Unternehmen betrifft: Ihre Aufgabe ist es nicht, möglichst beliebt zu sein. Ihre Aufgabe ist, Mitarbeiter zur Verantwortung zu führen. Somit ist es auch die Aufgabe von Lehrern, jungen Menschen Verantwortungsbewusstsein und Mut zum eigenen Lebensweg nahezubringen. Menschenführung und Charakterformung, die Vorbereitung aufs Leben, braucht sowohl Nähe als auch Distanz. Mode ist zurzeit die Nähe. Doch vor lauter Nähe, Gleichheit und Harmonie erleben junge Menschen immer weniger starke Persönlichkeiten, denen sie mit Respekt begegnen und die sie als Vorbild akzeptieren können, weil sie ihnen Orientierung geben. So wie wir einen zu privat gekleideten Filialleiter einer Bank nicht ernst nehmen, sind auch sich anbiedernde Lehrer keine Vorbilder. Es ist kein Wunder, dass die Berufsjugendlichen unter den Lehrern ein Autoritätsproblem haben, wenn sie vor der Klasse stehen. Es ist ganz klar, dass solche Lehrer das Thema Führung nicht verstehen. Denn in der Führung geht es konkret um vier Dinge.

Inhalte von Führung: Wissen, Erfahrung, Ziele, Selbstvertrauen

Viele Schulabgänger wären kompetenter, würde das Bildungssystem eine einfache Wahrheit akzeptieren: Das reine *Wissen* ist nur eine von vier Größen, um die es im Leben geht. Die weiteren Größen sind *Erfahrung*, *Ziele* und *Selbstvertrauen*. Wissen und Erfahrung führen zu Kompetenz; Ziele und Selbstvertrauen ergeben Motivation. Leider sind unsere Lehrer und Professoren bislang nicht dafür ausgebildet, den Zusammenhang zwischen Zielen und Selbstvertrauen genauso zu vermitteln wie theoretisches Wissen. Bezeichnend dafür ist die Anekdote über den Professor, der alles über Humor weiß, aber niemanden zum Lachen bringen kann. Wie soll sich solches Wissen nachhaltig verankern? Wie soll dieser Professor glaubwürdig sein?

Erfahrungen, die sich im Leben bewährt haben, bekommen wir vielleicht noch von unserer Großmutter mit. Unsere Lehrer dagegen sind darauf geeicht, vor allem akademisches Wissen weiterzugeben. Und so liegt es an uns selbst, uns nach der Schulzeit die nötigen Erfahrungen anzueignen. Immerhin bekommt die Praxisorientierung in der Berufsausbildung einen immer höheren Stellenwert – aber überwiegend schätzt unsere akademisch geprägte Gesellschaft den Erfahrenen leider noch geringer als den Gebildeten, Hans Wall hin oder her. Wir spüren die jahrzehntelange Geringschätzung der vier Elemente der Führung seitens der Schule.

Was junge Menschen benötigen, die die Umsetzungsenergie an den Tag zu legen, mit der sie Widerstände überwinden, ist Motivation. Echte, klare, starke Motivation, die von innen heraus entsteht. Diese Motivation erzielen sie, wenn sie sich Ziele setzen, diese verfolgen, und Selbstvertrauen aufbauen. Zu oft wird Motivation als reines „Gutfühlen" verstanden. Eine fatale Fehlentwicklung, denn Motivation ist der Antrieb, etwas zu erschaffen und zu gestalten, und Motivation zu vermitteln, ist elementar. Das gute Gefühl kommt mit dem Ergebnis, nicht mit der reinen Absicht. Auch das ist ein Grund, warum viele Schulabgänger an ihrem ersten Arbeitsplatz erst einmal versagen. Ihnen fehlt jegliche Motivation.

Führung hilft Menschen, sich zu entwickeln. Insofern sind gute Führungskräfte Menschenentwickler. Auch Lehrer sollten Menschenentwickler sein. Ebenso wie Schülerinnen und Schüler später Mitarbeitern im Betrieb bei deren Entwicklung helfen, ist es die Aufgabe von Lehrern, dies bei ihren Schülern zu tun.

Motivation =
Ziele x Selbstvertrauen

_____

Kompetenz =
Wissen x Erfahrung

Wenn Sie sich gute Führungskräfte anschauen, werden Sie feststellen: Diese Leute machen sehr viele Dinge ganz anders, als die Schule sie lehrt. Beispielsweise im Umgang mit Niederlagen. „Aus Erfahrung wird man klug" oder „Die Erfahrung muss das Kind selber machen" sagt der Volksmund und meint: Niederlagen sind dafür da, dass wir daran wachsen. Diesen positiven Ansatz sollten wir so vermitteln, dass unsere Mitarbeiter – und darum schon in der Schule unsere Schüler – die Angst vor Niederlagen ablegen.

Gute Führungskräfte wissen: Selbstvertrauen gewinnen Menschen nicht, wenn wir an ihren Schwächen herumdoktern. Das für die Schule typische Herumreiten auf Schwächen produziert bestenfalls Mittelmaß. Nein, Selbstbewusstsein entsteht, wenn wir jungen Menschen helfen, sich ihrer Stärken bewusst zu werden, und schauen, wie sie damit erfolgreich werden können.

Durch Ziele wiederum wissen wir, was wir mit dem, was wir können, überhaupt erreichen wollen. Ist das Ziel klar und die Motivation hoch, stellt sich der Erfolg nahezu automatisch und mühelos ein. Wie anders wäre unsere Arbeitswelt, wie weniger frustriert die Menschen, wenn die Schule diese einfachen und wichtigen Dinge zum Thema Führung vermitteln würde!

Kompetenz und Motivation zu bündeln, das ist die Aufgabe einer jeden Führungskraft, ob in der Schule oder in einem Unternehmen. Solange die Schule das nicht tut, und solange sie es jungen Menschen nicht beibringt, tragen die Folgen wir alle: Unsere gesamte Gesellschaft ist stark im Wissenssektor, aber unterentwickelt in den Bereichen Erfahrung, Ziele und Selbstvertrauen. Weil diese vier Faktoren einander aber bedingen, entgeht uns durch das gegenwärtige Bildungssystem mit seinem einseitigen Fokus auf das Wissen die Entfaltung enormer Potenziale. Unser gesamtes Bildungssystem leidet unter einer eklatanten Führungsschwäche, und weil wir es alle durchlaufen haben, leidet auch so manches Unternehmen. Jede Menge Berufstätige sind unglücklich, unzufrieden, unter- oder überfordert – weil Führung ein Handwerk ist, das nur ganz wenige wirklich gut beherrschen.

Theoretiker an die Front: Werden Sie zum Menschenentwickler!

Die Forderung daraus kann nur eine sein: Wenn wir reife Menschen produzieren wollen, die in der Lage sind, sich Ziele zu setzen und diese beharrlich zu verfolgen, dann müssen die Theoretiker aus ihren Elfenbeintürmen herauskommen und sich als Menschenentwickler begreifen. Wir müssen dazu übergehen zu verstehen, dass wir die jungen Menschen, die man uns anvertraut, in ihrem besten Sinne entwickeln und sie die ersten Schritte durch ihr Leben leiten, also führen.

Beim Begriff „Führung" geht es nicht um Dressur. Es geht nicht darum, dass Menschen fraglos spuren. Es geht auch nicht um einen Gehorsam wie in einer Diktatur. Es ist vielmehr sehr bedauerlich, dass die deutsche Geschichte das Wort „Führung" negativ gefärbt hat, das Unternehmen weltweit im Englischen als „leadership" selbstverständlich verwenden.

Fragt man erwachsene Bekannte, an welche Lehrer sie sich noch gerne erinnern, sind es selten die lieben und netten Schülerversteher, die Weicheier in Jeans und Parka, die sich einfach um den Finger wickeln ließen und stets lieb Kind waren. Meist sind es Lehrerpersönlichkeiten mit Ecken und Kanten, die für Schüler oft unbequem waren. Sie haben deren Entwicklung eingefordert und sich dabei durch Gerechtigkeit und Fairness ausgezeichnet. Das sind die Lehrer, die uns wirklich etwas gebracht haben und die uns mit ihrem Charakter in Erinnerung geblieben sind.

Gute Lehrer beeinflussen junge Menschen auf der Basis von Ehrlichkeit. Mit ihr will ein Menschenentwickler seine Schüler zu Stärke und Unabhängigkeit führen. Wenn sich bei einem stark profilierten Lehrer mit einem beeindruckenden Charakter theoretisches Wissen zu echter Lebenserfahrung gesellt, vertraue ich ihm meine Kinder gerne an. Doch weshalb gibt es unter Lehrern so viele Gleichmacher, die mit allen gut Freund sein wollen? Meine Antwort: Das sind Gutmenschen. Sie haben vor allem sich selbst und ihre Beliebtheit im Auge.

Das Gegenteil von gut ist gut gemeint - Vorsicht vor Gutmenschen!

Wenn es um das Thema „Menschen entwickeln" geht, gibt es zwei große Unterschiede in den persönlichen Motiven: Es gibt den „Menschenentwickler" und den „Gutmenschen". Beide Typen unterscheide ich in meinem Buch „Diktatur der Gutmenschen".[2] Ich skizziere darin, wie wir zu einer Kuschel-Gesellschaft geworden sind, die so gut wie alles ablehnt, was mit Leistung zu tun hat – obwohl es in unserer Gegenwart um Leistung geht.

Gutmenschen sind Menschen, die um ihrer eigenen Eitelkeit willen nur scheinbar Gutes tun und damit oft großen Schaden anrichten. Gutmenschen wollen den Status quo wahren, in dem sie es sich bequem gemacht haben, und liefern als Ausrede dubiose gute Zwecke. Im Management blockieren sie wichtige Entscheidungen, riskieren damit Pleiten und gefährden dadurch Arbeitsplätze. In der Politik wollen sie es allen recht machen und verschlafen die Entwicklung – und in der Erziehung wollen sie Kindern nicht wehtun und versagen ihnen damit wichtige Erfahrungen und Erkenntnisse. Solange Gutmenschen das Sagen haben, kommen wir gesellschaftlich nicht vom Fleck.

„Das Gegenteil von gut ist gut gemeint" – dieses Kurt-Tucholsky-Zitat zieht sich wie ein roter Faden durch das Leben der Gutmenschen. Besonders verbreitet ist das Gutmenschentum im Bildungs- und Erziehungsbereich. Dort, wo junge Menschen heranwachsen, dort, wo sie auf das reale Leben vorbereitet werden, dort sitzen jede Menge Gutmenschen, die mit ihrer Weichheit Stillstand bewirken, obwohl wir Bewegung brauchen. Es sind Eltern, Erzieher, Lehrer und Professoren, die ihre Kinder, Schüler und Studenten zu schwachen Geschöpfen erziehen, obwohl sie im Leben nur als starke Individuen erfolgreich sein können. Was heute nottut, ist kein „Wir meinen es doch nur gut mit dir und wollen nur dein Bestes". Sondern wir brauchen vermehrt ein „Ich lasse dich erfahren, was im Leben auf dich zukommen kann. Verantwortung tragen musst du selbst".

---

2) Grundl, Boris: „Diktatur der Gutmenschen", Econ, 2010.

Übrigens kann andere nur entwickeln, wer sich selbst ständig weiter entwickelt. Für die Schule bedeutet das: Der wahre Meister erkennt es an, dass der Schüler ihn irgendwann überholen kann. Es muss stets das Ziel von Lehrern sein, dass Schüler auch besser werden können als sie selbst. „Werde der Beste, der du sein kannst" lautet die Orientierungshilfe, nicht: „Werde besser als andere". Gut zu führen, bedeutet an dieser Stelle: Lehrer müssen ihre Schüler zu der Befähigung anleiten, aus sich heraus die Potenziale zu entwickeln, die sie mitbringen, aus denen sie etwas ganz Besonderes machen können. Eine gute Führungskraft missgönnt einem guten Untergebenen seine Fähigkeiten niemals, sondern wird ihn nach besten Kräften fördern. Für das Personal an Schulen bedeutet das eine ganz besondere Einsicht: Lehrer sollten bereit zu ihrer eigenen Persönlichkeitsentwicklung sein und sich vom Gutmenschen zum Menschenentwickler mausern. Die Erkenntnis, dass wir lebenslang lernen und niemals in selbstgefälliger Attitüde „fertig" sind, geht damit einher.

Was die Schulen brauchen, damit Berufsanfänger das Phänomen Führung verstehen, ist Menschenentwicklungshilfe. Denn die Gesellschaft der Gutmenschen krankt daran, dass sie Anpassung und Beliebtheit lehrt statt Initiative und Verantwortung. Das produziert Mittelmaß und Durchschnitt. Jegliches Elitäre ist verpönt. Angst, Anpassung und Abhängigkeit junger Menschen bekämpft die Schule nicht, sondern sie belohnt sie. Die Frage ist, ob diese Gesellschaft starke oder schwache Schüler und damit starke oder schwache Erwachsene will. Solange die Gutmenschen am Ruder sind, will sie schwache – das ist das Ergebnis des bisherigen Bildungssystems. Den Gutmenschen ist das recht, denn die Starken sind fordernd und unbequem. Doch nur sie werden auf Dauer die Welt zu einem besseren Platz machen.

Vorbildwirkung statt Manipulation - so schaffen Sie Wirkung

Einer der typischen Pawlowschen Abwehrreflexe gegen den Gedanken der Führung ist der Vorwurf der Manipulation. Der Denkfehler ist einfach entlarvt: Manipulation heißt, jemanden dazu zu bringen, etwas Bestimmtes zu tun oder zu akzeptieren, ohne dass er es selbst bewusst nachvollzieht. Beeinflussung im Sinne der Menschenentwicklung hingegen beruht auf Überzeugung. Eine Erziehung zu selbstbewusster Selbstdisziplin ist nicht manipulativ. Im Gegenteil: Sie befreit von Manipulation und sensibilisiert für Manipulationsversuche.

Eine überzeugende Erziehung bewirken Lehrer letztlich mit ihrer Persönlichkeit als Vorbild. Und darum muss sich jeder, der Menschen entwickeln will, bewusst dafür entscheiden, Vorbild zu sein. Das ist eine große Herausforderung, da es hier um Fragen der Persönlichkeit und des Charakters geht. Was dabei am wenigsten hilfreich ist, ist Perfektionismus. Wer jetzt versucht, perfekt zu sein, der wird zwei negative Dinge bewirken:

- Erstens wird die Kluft zwischen Realität und Wunschbild wachsen. Das kostet enorm viel Kraft und führt zu emotionalem Ausbrennen. Menschen, die sich an einem fiktiven Ideal orientieren, verlieren oft den Realitätssinn. Da sie selbst ihrem Ideal nicht gerecht werden, werfen sie anderen gerne vor, nicht hinzubekommen, woran sie selbst gescheitert sind.
- Zweitens wird der Perfektionist die Ablehnung der zu führenden Personen bewirken, weil diese merken, dass etwas nicht stimmt. Menschen respektieren Vorbilder für ihre authentischen Stärken und lieben sie für ihre authentischen Schwächen. Perfektionismus dagegen weckt Aggression, keine Anziehungskraft.

Ein Vorbild muss vier Stufen erklimmen, um Wirkung zu entfalten. Die ersten beiden sind eine Wissenschaft, die letzten beiden eine Kunst. Lassen Sie es mich an einem schulischen Beispiel zeigen:

- Im ersten Schritt muss Klarheit herrschen, worum es geht. Was sind die Inhalte? Ein Beispiel: Im Fach Geschichte werden die großen historischen Schlachten besprochen. Dabei auch die Schlacht bei Issos: drei – drei – drei, bei Issos Keilerei.

- Im zweiten Schritt geht es darum, zu wissen, wie die beste Methodik aussieht. Wie werden die Inhalte am effektivsten vermittelt? In Form einer Geschichte? Vielleicht, wie ein Jugendlicher in Issos die Schlacht erlebt hat? Mit Bildern oder Videoclips? Wie war der Ablauf der Schlacht? Wie waren die einzelnen Schritte?
- Jetzt kommt es zur Kunst. Im dritten Schritt geht es um den passenden Zeitpunkt. Wann ist das Zeitfenster für das Vermitteln einer bestimmten Erkenntnis offen? Jetzt ist die emotionale Lernbereitschaft gefragt. Das Interesse an einer Schlacht vor über zweitausend Jahren ist sicher begrenzt. Was ist aber mit einem Bezug zum heutigen Leben? Hätte Alexander diese Schlacht verloren, wären wir heute vielleicht Muslime – etwas lange Vergangenes wirkt nach. Emotionale Lernbereitschaft funktioniert immer in Zusammenhang mit einem persönlichen Bezug.
- Im vierten Schritt geht es um die Legitimation. Geben die Schüler dem Lehrer die Berechtigung, sie zu entwickeln? Diese Akzeptanz des Lehrers als Autorität ist der entscheidende Schlüssel zu einer Vorbildfunktion. Hat der Lehrer sich so weit selbst entwickelt, dass ihn seine Schüler als Charakter wahrnehmen? Ist er glaubwürdig? Nehmen ihm die Schüler seine Lebenserfahrung ab? Spüren die Schüler das herzliche Interesse an ihrer Entwicklung?

Die gleichen vier Schritte können Sie ins Arbeitsleben übertragen: Ein Chef will, dass die Mitarbeiterinnen und Mitarbeiter etwas Bestimmtes tun. Er will sie nicht mit Gewalt zwingen, sondern sie dazu leiten, führen. Auch hier muss zunächst Klarheit herrschen, worum es geht. Dann stellt sich die Frage nach dem Weg. Drittens ist die Frage, wann und wie der Chef sein Ansinnen am besten präsentiert. Und schließlich wird kein Mitarbeiter gerne tun, was der Chef von ihm verlangt, wenn der Chef nicht glaubwürdig und kein Vorbild ist.

Es ist nichts wert, wenn ein Lehrer oder eine andere Führungskraft die ersten drei Schritte optimal erfüllt, die Schüler ihm aber die Gefolgschaft verweigern: Hier bietet jemand etwas möglicherweise Sinnvolles an, was aber niemand will. Vergebliche Liebesmüh! Umgekehrt ist es nicht viel besser: wenn der Pädagoge oder der Chef die Legitimation emotional bekommt, aber zuvor nichts von Substanz anbietet. Solche Menschen sind zwar kurzfristig sehr beliebt, bewirken aber nichts, weil sie nichts Wesentliches zu sagen haben.

Ein ganz hervorragender Ansatz, um Menschen bei ihrer Entwicklung zu helfen und sie dabei sinnvoll zu führen, ist es, entwickelnde Fragen zu stellen. Denn Fragen werfen in den meisten Menschen Vorstellungen auf – und durch entwickelnde Fragen führen wir andere zur Erkenntnis. Wenn beispielsweise der Chef im Mitarbeitergespräch vom Mitarbeiter wissen will: „Was haben Sie denn überhaupt davon, wenn ich Sie befördere? Was bringt es Ihnen persönlich, abgesehen von höherem Gehalt?". So trägt er maßgeblich zur Entwicklung des Mitarbeiters bei.

Die Frage wirkt zwar zunächst unangenehm und ist daher nichts für die Gutmenschen im Management. Aber jemand, dem an der Persönlichkeitsentwicklung dieses Mitarbeiters gelegen ist, stellt diese Frage. Warum also will der Mitarbeiter wirklich aufsteigen? Jetzt muss er Farbe bekennen. Im Idealfall kommt jetzt etwas heraus, was für ihn selbst überraschend ist und zur Selbsterkenntnis führt. Zum Beispiel, dass es ihm vor allem darum geht, mehr Respekt von seinen Kollegen zu erhalten oder mehr Anerkennung in der Familie seiner Frau, da deren Vater Unternehmer ist.

Diese Form der Führung funktioniert auch im Privaten. In „Diktatur der Gutmenschen" beschreibe ich eine Situation mit meinem Sohn:

Einmal kam mein Sohn nach Hause und regte sich furchtbar über einen Vorfall in der Schule auf. Es hatte einen Streit zwischen ihm und einem seiner Mitschüler gegeben, der in einer kleinen Prügelei endete. Obwohl der andere angefangen hatte, so jedenfalls mein Sohn, brummte der Lehrer nur ihm eine Strafarbeit auf. Er fühlte sich ungerecht behandelt. Da ihn die Situation stark belastete, ließ ich ihn zunächst in Ruhe und suchte nach einiger Zeit das Gespräch mit ihm – allerdings ohne Vorwürfe oder moralisch erhobenem Zeigefinger.

Ich gab ihm zunächst zu verstehen, dass ich seine Gefühle nachvollziehen konnte, und das beruhigte ihn. Aber danach stellte ich ihm genaue Fragen: Wie kam es dazu, dass der andere den Streit angefangen hatte? Wie hat sich eure Beziehung in der letzten Zeit entwickelt? Ist es schon mal passiert, dass ein anderer der Buhmann wurde, obwohl du angefangen hattest? Durch diese Fragen brachte ich ihn dazu, zu erkennen, wie er selbst zu der Situation beigetragen hatte und welche Motive wirklich für sein Verhalten verantwortlich waren. Das waren Motive, die er nicht gern gesehen hat. Sich selbst zu hinterfragen, ist zwar unangenehm, aber auch sehr hilfreich. Als kürzlich mal wieder der Zeitpunkt für ein solches Gespräch gekommen war, schaute er mich traurig an und bat: „Kannst du mir nicht bitte einfach eine Strafe geben?"[3]

Ist eine solche Selbstkonfrontation jungen Menschen zuzumuten? Ja, es ist enorm wichtig. Menschen benötigen nicht nur Anerkennung, sondern auch Hilfe bei der Selbstreflexion. Siege bringen zwar Anerkennung, aber wenig Entwicklung. Zur Entwicklung braucht man Hilfe zur Selbsterkenntnis. Und die kann nur ein Menschenentwickler leisten – vor seinen Mitarbeitern genauso wie vor seinen Schülern.

---

3) „Diktatur der Gutmenschen", S. 235 f.

Boris Grundl gehört als Führungsexperte und charismatischer Kongress-Redner zu Europas Trainerelite. Er ist Management-Trainer, Unternehmer, Autor sowie Inhaber der Grundl Leadership Akademie. Nach seinem Führungsklassiker „Leading Simple" (GABAL Verlag, 2008) veröffentlichte Boris Grundl „Steh auf!" (2009) und „Diktatur der Gutmenschen" (2010) im Econ-Verlag. Boris Grundl redet Klartext, bleibt dabei stets humorvoll und bringt die Dinge präzise auf den Punkt. Er ist ein gefragter Referent und Gastdozent an mehreren Universitäten und als prominenter Experte gern gesehen in Fernsehen und Radio. Laut „Süddeutscher Zeitung" gibt „der Menschenentwickler (...) Schülern in Großvorträgen wegweisende Impulse für ein eigenverantwortliches Leben." Privat liebt Boris Grundl es, sich auf dem Handbike fit zu halten.

www.borisgrundl.de

Bitte mehr Charisma!

Wie Sie Ausstrahlung und Präsenz gewinnen

VON STÉPHANE ETRILLARD

Schon ein Blick in die Stellenanzeigen zeigt: Persönlichkeit und soziale Kompetenzen sind für die Karriere von allergrößter Bedeutung. Ein wesentliches Element ist Charisma – diese wundersame Mischung aus Authentizität, Verbindlichkeit und Glaubwürdigkeit, die tiefen Eindruck bei unseren Mitmenschen hinterlässt und uns zu leichteren Erfolgen verhilft. Leider zeigt die Schule jungen Menschen kaum, wie sich diese entscheidenden Dinge entwickeln und stärken lassen. Charisma lässt sich kaum pauken wie die binomischen Formeln, sondern vertieft sich durch ständiges Reflektieren der individuellen Wirkung in Form von Mimik, Gestik und Sprache. Die Grundlage ist eine stabile Persönlichkeit, die zu sich selbst steht.

In den vergangenen fünfzehn Jahren, die ich nun als Trainer und Coach arbeite, haben mehr als fünfzehntausend Menschen meine Seminare besucht oder sich coachen lassen. Selbstverständlich können nahezu alle diese Menschen auf eine solide Schulbildung verweisen. Viele haben einen höheren Schulabschluss, Hochschulabschluss, sind promoviert oder habilitiert und gehören zur sogenannten Bildungselite. Doch was bedeutet das schon? Eine interessante Erfahrung durfte ich machen: Ein fundiertes Schulwissen gibt zwar einen gewissen Rückhalt und stärkt auch das Selbstvertrauen. Allerdings tut sie das nur bis zu einem gewissen Grad. Am Ende sind es oft gerade diejenigen mit einer besonders hohen Schulbildung, die sich im Beruf ihrer Grenzen bewusst werden.

Fachlich brillant, menschlich eine Katastrophe?

Im weiteren Verlauf des Berufslebens, wenn die Schulzeit bereits Jahre zurückliegt, zeigen sich Probleme ganz anderer Art. Spätestens dann, wenn die ehemaligen Berufseinsteiger Positionen mit Führungsverantwortung bekleiden wollen, werden fehlende soziale Kompetenzen und Mankos bei der Persönlichkeit zu einem echten Handicap. Plötzlich geht es um ganz andere Kenntnisse und Kompetenzen, als die Schule vermittelt. Daher stoßen sich dann oft auch die ehemals fleißigsten Schüler mit den besten Noten an den Niederungen der Realität im Berufsleben. Das führt dann als Folge zu einer Diagnose, wie sie Führungskräfte in letzter Zeit häufiger zu hören bekommen: fachlich brillant, menschlich eine Katastrophe.

Ein guter Schulabschluss auch einer höheren Schule ist längst kein Garant mehr für den persönlichen Erfolg – vermutlich war er das noch nie. Dabei ist längst klar, dass der berufliche und somit auch der wirtschaftliche Erfolg in engem Zusammenhang mit der Persönlichkeit stehen. Und das gilt längst nicht nur für Führungskräfte. Viele Unternehmen wollen und können es sich schlichtweg nicht mehr leisten, dass Mitarbeiter durch persönliche Defizite zur Belastung werden. Die Ansprüche an die Persönlichkeit der Mitarbeiter und insbesondere von Führungskräften steigen zusehends, und über das berufliche Vorwärtskommen entscheiden schon lange nicht mehr nur die fachlichen Fähigkeiten und Qualifikationen. So manche Karriereplanung gerät durch fehlende persönliche Kompetenz ins Stocken – beispielsweise weil der- oder diejenige keine positive Ausstrahlung hat.

Die persönliche Ausstrahlung – ein Motor für die Karriere

Eine der wesentlichen Fähigkeiten, die die Schule versäumt hat zu lehren, ist die Fähigkeit der Präsenz. In der Welt außerhalb des Bildungssystems ist Mut gefragt. Mut, sich vor Menschen aufzubauen und zu sprechen. Ideen zu präsentieren und durch Charisma andere für Ideen zu gewinnen. Und gerade weil starke Persönlichkeiten so selten zu finden sind, stehen sie bei Arbeitgebern hoch im Kurs.

Doch wie lässt sich das Wissen über eine eigene starke Persönlichkeit nachholen, das wir in der Schule nicht erhalten haben? Die Antwort gibt der berühmte Orakelspruch: „Erkenne dich selbst." Dieser letztlich gar nicht rätselhafte Imperativ besagt, dass der Mensch nur durch die Auseinandersetzung mit seiner Persönlichkeit seine geistigen Kräfte voll entfalten kann. Das Erkennen der eigenen Innenwelt ist somit der Schlüssel für die Problemlösung in der Außenwelt.

Das Wissen um die Wirkung und der intelligente Einsatz der eigenen Persönlichkeit ist also nicht erst heute eine Schlüsselkompetenz. Doch ist diese Kompetenz nicht einfach da, sie muss erst entwickelt werden. Dabei brauchen wir kompetente Unterstützung. Das ist auch der Grund, warum der Weiterbildungsbedarf nahezu kontinuierlich wächst. In Seminaren, Trainings und Coachings lernen die Teilnehmer, die eigene Persönlichkeit zutreffend einzuschätzen und ganz gezielt zu stärken. Eine ganz wesentliche Rolle spielt hierbei das persönliche Auftreten. Die Strahlkraft der eigenen Persönlichkeit ist entscheidend sowohl für den beruflichen als auch für den persönlichen Erfolg. Wer im Berufsleben keine fachliche Substanz zu bieten hat, wird selbstverständlich früher oder später – meist früher – an seine Grenzen stoßen. Doch auch wer umfangreiches Fachwissen aufweist, wird auf der Karriereleiter stehen bleiben, wenn er menschlich nicht überzeugen kann. Das gilt für alle Branchen. Wer sich in einem Unternehmen umsieht, wird feststellen: Nicht nur das Ansehen, das ein Kollege in der Firma genießt, sondern eben auch die Aufstiegschancen und selbst die Gehälter hängen entscheidend von der persönlichen Ausstrahlung ab. Eine souveräne oder gar charismatische Ausstrahlung zahlt sich aus. Schon deshalb lohnt es sich, die persönlichen Kompetenzen auszubauen und zu stärken.

Und genau dieser Aspekt kommt oft etwas kurz: Zwar macht jeder schon früh die Erfahrung, dass manche Menschen einfach besser ankommen als andere, doch fragen nur wenige nach dem Warum. Manche Menschen wirken selbstbewusst und souverän, sie treten zielstrebig auf, strahlen Sicherheit und Zuverlässigkeit aus, agieren authentisch und folgen ihren Überzeugungen. Sie überzeugen und inspirieren andere, erscheinen zuversichtlich und erweisen sich als glaubwürdig. Sie wecken Begeisterung, Interesse und Sympathie, weil sie selbst Interesse an anderen Menschen zeigen und mitreißende Begeisterung entwickeln können. Damit heben sie sich deutlich von der Masse ab. Ihre kommunikativen und rhetorischen Fähigkeiten zeugen ebenso wie ihr sicheres Auftreten von einer starken Persönlichkeit, ohne dass sie dabei arrogant oder selbstgefällig wirken. Man nimmt ihnen ab, dass sie mit Leidenschaft für ihre Ideen und Überzeugungen einstehen und auch Verantwortung für ihre Entscheidungen und Handlungen übernehmen. Derartige Persönlichkeiten haben ganz einfach die besseren Karten, denn sie wirken auf andere charismatisch.

Wir können nur ausstrahlen, was wir auch in uns haben

Das griechische Wort Charisma wurde ursprünglich vor allem im theologischen Kontext gebraucht. Bezeichnet wurde damit eine „Gnadengabe", gemeint waren die durch den Geist Gottes bewirkten Fähigkeiten, insbesondere andere Menschen inspirieren, überzeugen und führen zu können. Vor allem Propheten, Heilige und Helden waren mit dieser besonderen Gabe gesegnet, die heute etwas nüchterner als besondere Ausstrahlungskraft beschrieben wird. Begibt man sich auf Spurensuche, scheint es, als sei Charisma tatsächlich vor allem eine mystische Gabe des Himmels, die einigen Glücklichen in die Wiege gelegt wird. Und trifft man nun auf einen Menschen, der über das gewisse Etwas verfügt, ist diese These damit keineswegs widerlegt. Im Gegenteil, wir schauen verzaubert zu Charismatikern auf und sind vielleicht sogar ein wenig neidisch, weil diese etwas für sich gepachtet zu haben scheinen, wovon andere nur träumen können.

Leider bezweifeln eine Menge Menschen, dass Charisma erlernbar ist – sie halten Charisma für ein großes Geheimnis. Bei näherer Betrachtung lüftet sich das Geheimnis allerdings ein wenig. Denn allen charismatischen Menschen ist eines gemeinsam: Ihre besondere Ausstrahlung folgt aus einem harmonischen Zusammenspiel mehrerer Elemente, die sich gegenseitig ergänzen und verstärken – und von denen jedes für sich trainierbar ist. Ganz eindeutig kann ein an den richtigen Stellen ansetzendes Training dabei helfen, das jedem Menschen innewohnende Potenzial freizusetzen. Dabei kann jeder Mensch natürlich nur das ausstrahlen, was er auch in sich hat – etwas anderes zu trainieren, wäre Theater und damit eben unauthentisch.

Zehn Punkte für Ihr Charisma-Potenzial

Glücklicherweise haben die meisten Menschen weit mehr charismatisches Potenzial in sich, als sie vermuten. Deshalb ist es nahezu in allen Fällen mehr als lohnenswert ist, hier gezielt anzusetzen, um ganz persönlich – beruflich wie privat – hinzuzugewinnen. Das persönliche Charisma-Potenzial lässt sich testen:

1. **Haben Sie klare Ziele?** Charismatiker wissen, was sie wollen, sind zugleich ambitioniert und realistisch bei ihren Zielsetzungen und

lassen sich auch von Rückschlägen nicht beirren. Diese Sicherheit strahlt aus.

2. **Sind Sie verbindlich in Ihrem Auftreten?** Eine wohltuende Gradlinigkeit gehört dazu.

3. **Sind Sie locker?** Verbissenheit trägt sicher nicht zur Optimierung der eigenen Ausstrahlung bei.

4. **Können Sie sich und andere begeistern?** Eine besonders charismatische Wirkung haben wahre Leidenschaft und ehrlicher Enthusiasmus, die auch andere mitreißen, anspornen und zu Leistungen motivieren.

5. **Ergreifen Sie die Initiative?** Charismatische Menschen sind entschlussfreudig und aktiv, sie sehen nicht untätig zu, sondern nehmen die Sache selbst in die Hand und suchen eine Lösung. Statt um den heißen Brei herumzulavieren, gehen sie ehrlich und direkt auf das Ziel zu.

6. **Berücksichtigen Sie die Perspektiven anderer?** Die Bereitschaft, sich in andere Menschen hineinzuversetzen und deren Perspektive zu verstehen, stärkt die Präsenz, während ein Mangel an Einfühlungsvermögen die Ausstrahlung schmälert.

7. **Haben Sie Ihren individuellen Stil?** Charismatische Menschen sind nicht opportun und passen sich nicht um jeden Preis an. Sie wissen um ihre Stärken und Schwächen, bekennen sich zu ihren Ecken und Kanten und setzen ihre Stärken ohne falsche Bescheidenheit ein.

8. **Finden Sie auch in heiklen Situationen die richtigen Worte?** Wer nicht an anderen vorbeiredet, sondern verständlich, überzeugend und der Situation angemessen spricht, erreicht damit nicht nur die eigenen Ziele, sondern auch die Herzen seiner Zuhörer.

9. **Beherrschen Sie Ihre nonverbale Kommunikation?** Souveränes Verhalten ist maßgeblich für eine starke Ausstrahlung.

10. **Sind Sie authentisch?** Sind Sie Sie selbst? Wer eine Rolle spielt, die von der individuellen Persönlichkeit abweicht, verspielt Vertrauen und Glaubwürdigkeit.

Drei der genannten Punkte sind geradezu essenziell: die Frage nach den rhetorischen Fähigkeiten, der nonverbalen Kommunikation sowie die Frage nach der Authentizität. Gerade zum Thema Authentizität werden sich die wenigsten Menschen jemals Gedanken gemacht, geschweige denn explizit etwas gelernt haben. Dabei entscheidet gerade die Authentizität darüber, wie uns die Menschen wahrnehmen.

Charisma ist eine Frage der Einstellung zu uns selbst

Wer sich bloß das Äußere von charismatischen Menschen zum Vorbild nimmt und versucht, ihr Auftreten, ihre Gesten, Worte, ihre Wirkung zu kopieren, wirkt zwangsläufig gekünstelt, aufgesetzt und nicht selten arrogant und eitel. Die Kluft zwischen Schein und Sein driftet dann immer weiter auseinander, und echtes Charisma wird unerreichbar. Denn Charisma entsteht nicht aufgrund äußerlicher Merkmale, es ist vielmehr eine Frage der inneren Einstellung zu sich selbst, zu anderen Menschen und zu den alltäglichen und besonderen Dingen des Lebens. Die Wirkung nach außen kommt von allein. Man kann sie zwar unterstreichen, doch niemals aus dem Nichts „hervorzaubern".

Persönliche Authentizität ist der erste von zwei wesentlichen Punkten im Zusammenhang mit Charisma, sie steht jedoch in direktem Zusammenhang mit dem zweiten: der eigenen Kommunikation. Das sogenannte metakommunikative Axiom des Philosophen Paul Watzlawick besagt, dass wir unaufhörlich kommunizieren – und zwar längst nicht nur mit Worten. Neben den Worten sind Tonfall, Sprechtempo, auch Schweigen, Lachen und Seufzen wesentliche Teile der Kommunikation. Und auch mit Körperhaltung, Bewegungen, Gestik und Mimik, mit Blicken und selbst mit unserer Kleidung senden wir Signale an unser Gegenüber, die dieses dann interpretiert. Unser gesamtes Verhalten ist also Kommunikation. Und so wenig es möglich ist, sich nicht zu verhalten, so wenig ist es möglich, das Verhalten eines anderen nicht wahrzunehmen und nicht zu interpretieren.

DIE BILDUNGSLÜCKE 177

Auf einer Wellenlänge

Das Problem ist: Wenn auf so vielfältige Weise unaufhörlich Signale gesendet und empfangen werden, kann es bei der Übertragung der Signale leicht zu Störungen kommen. Solche Störungen können sehr banal sein, wie beispielsweise ein genuscheltes Wort, das vom anderen nicht verstanden wird. Sie sind meist jedoch weitaus komplexer: Mein Gesprächspartner kann mich beispielsweise verbal sehr gut verstehen, bekommt dennoch alles in den falschen Hals, weil er meinen Blick als feindselig interpretiert – oder er glaubt, dass ich nicht bei der Sache bin, weil ich gelangweilt an meiner Krawatte herum zupfe und immer wieder zum Fenster hinausschaue.

Entsteht dann eine insgesamt gereizte Stimmung, ist es manchmal, als sprächen die Gesprächspartner zwei unterschiedliche Sprachen. Die Folge sind dann oft Fehlinterpretationen auf einer oder beiden Seiten. Schließlich geht die gemeinsame Wellenlänge verloren, und selbst gut gemeinte Signale kommen nicht mehr wie gewünscht beim Empfänger an. Die Folge sind Kommunikationsstörungen, die sich leicht zu ernsthaften Konflikten ausweiten können. Eine gute Kommunikation erfordert daher stets viel Aufmerksamkeit – sowohl was das Senden als auch das Empfangen von Signalen angeht.

Wer nun Wert auf eine gute Ausstrahlung legt und mehr Charisma entwickeln will, bringt diese Aufmerksamkeit mit. Er oder sie wird sein Verhalten gezielt einsetzen und versuchen, die Signale der Gesprächspartner möglichst zutreffend zu entschlüsseln. Unsere gesamte Umwelt wird sich allein aufgrund unseres Verhaltens ein Bild von uns machen. Damit entscheidet – wie die Authentizität – auch das persönliche Kommunikationsverhalten darüber, wie wir bei anderen ankommen.

Überzeugen statt überreden

Wer sich auch nur eine halbwegs positive Ausstrahlung erhalten will, wird seine Gesprächspartner nicht überreden, sondern überzeugen. Wem es gelingt, einen Gesprächspartner durch und durch zu überzeugen, verbucht nachhaltige Erfolge. Hat man im Gespräch den Eindruck: „Der spricht mir aus der Seele und berücksichtigt auch meine persönlichen Interessen" und ist obendrein von der Argumentation überzeugt, wird man erst gar nicht den Konfrontationskurs wählen. Wer sich von einer Sache hat überzeugen lassen, wird sich mit weitaus stärkerer Motivation daran machen, das Besprochene in die Tat umzusetzen, als ein anderer, der Opfer einer Manipulation wurde. Wen Druck, Angst oder ganz einfach Unwahrheiten zu einer bestimmten Handlung veranlasst haben, hat hingegen nur eine sehr begrenzte Motivation und wird auch dieses bisschen Motivation im Laufe der Zeit verlieren. Ist ein Mensch jedoch überzeugt, wird er seinem Gesprächspartner Respekt entgegenbringen, ihn für seine Weitsicht achten und für das aufschlussreiche Gespräch danken. Das bringt nicht nur Sympathiepunkte, sondern ist ein großer Schritt in Richtung Charisma – und ein wesentlicher Erfolgsfaktor im Beruf.

Gerade in Diskussionen und Kontroversen offenbart sich der persönliche Kommunikationsstil. Ein hohes Niveau in der Kommunikation bedeutet nämlich, nicht nur an die eigene Perspektive zu denken, sondern die Welt auch mit den Augen des Gesprächspartners zu betrachten. Gerade deshalb unterhält man sich so gern mit charismatischen Menschen: Sie sind in der Lage, sich in die Situation ihrer Gesprächspartner hineinzufühlen – sie verstehen, wo die Interessen, Probleme, Wünsche und Erwartungen des anderen liegen, und können auch aktuelle Stimmungen interpretieren. Diese Fähigkeit ist auch die Grundlage für eine überzeugende Argumentation. Denn gute Argumente, die einen Gesprächspartner überzeugen, berücksichtigen immer die Lebenswirklichkeit des anderen.

Bei dieser sogenannten partnerorientierten Argumentation kommt es darauf an, dem Gegenüber dessen Vorteile und dessen Nutzen im Sinne seiner Interessen zu verdeutlichen. Es ist also durchaus möglich, dass man selbst ein Argument für großartig hält, während es dem Gesprächspartner nur ein müdes Schulterzucken entlockt – dann wird von diesem Argument auch keine Überzeugungskraft ausgehen. Ganz anders ein

DIE BILDUNGSL¨CKE **179**

Argument, das auch aus der Sicht des Gegenübers plausibel ist. Berücksichtigt eine Argumentation vor allem die Interessen des anderen, lässt sich der Gesprächspartner auch gern überzeugen. Die eigene Glaubwürdigkeit spielt hierbei natürlich eine entscheidende Rolle – und die wiederum ist eine Folge von Authentizität und Verbindlichkeit. Wer andere manipulieren will, Sachverhalte beschönigt oder falsch darstellt, setzt damit immer auch seine Glaubwürdigkeit aufs Spiel.

Persönlichkeitsentwicklung hat Konjunktur

Die meisten Menschen haben ein gutes Gespür, das sie sehr gut zwischen richtig und falsch unterscheiden lässt. Bewusst und unbewusst suchen wir nach Signalen und Hinweisen, die uns Aufschluss über die Glaubwürdigkeit unseres Gegenübers geben. Wenn uns nun jemand Märchen erzählt, erkennen die meisten Menschen das intuitiv vor allem auch an den nonverbalen Signalen. Ohne dass es uns bewusst wäre, unterziehen wir jeden Menschen einer Glaubwürdigkeitsprüfung, wobei wir auch auf kleinste Indizien achten: von der Häufigkeit des Lidschlags, der Intensität des Blickkontakts bis hin zu Mimik, Gestik und allen Körperbewegungen. Auch Aspekte wie Antwortlänge, Sprechgeschwindigkeit, Verzögerungen, Sprechstörungen und Stimmlage spielen dabei eine Rolle. Kurz: Die gesamte Person und auch ihr Verhalten in der Vergangenheit entscheiden über ihre Glaubwürdigkeit.

In Unternehmen herrscht Einigkeit darüber, dass Persönlichkeits- und Sozialkompetenzen von allergrößter Bedeutung sind. Wer heute Stellenanzeigen aufmerksam liest, wird insbesondere dann, wenn es um verantwortungsvolle Positionen geht, auf Anforderungen stoßen, die wir allgemein unter sozialer Kompetenz einordnen. Gefragt sind souveräne und charismatische Menschen – und das sind oft die, die sich auf lebenslanges Lernen eingestellt haben und dabei immer wieder bei sich selbst anfangen, die das eigene Verhalten und die eigene Persönlichkeit kritisch überprüfen und gezielt optimieren.

Die Personalchefs vieler Unternehmen sprechen hier eine Sprache. Die Wirkung der individuellen Persönlichkeit, Ausstrahlungskraft oder gar Charisma lässt sich allerdings nicht lernen wie eine mathematische Formel. Der Weg zu mehr Charisma ist vor allem eine Frage der Persönlichkeitsentwicklung: Die individuelle Persönlichkeit bildet die Basis für den Erfolg im Beruf und ebenso für ein erfülltes Leben. Hier lohnt es ganz gewiss, sich neues Wissen anzueignen. Denn immer öfter heißt es: Bitte mehr Charisma!

Stéphane Etrillard, Jahrgang 1966, ist gefragter Rhetorik- und Kommunikationstrainer sowie Autor zahlreicher Bücher und Audio-Coaching-Programme. Er zählt zu den Besten seines Fachs und gilt als führender europäischer Experte zum Thema „persönliche Souveränität". Im Mittelpunkt seiner Arbeit steht stets die authentische Persönlichkeit des Klienten. 2010 erschien bei Junfermann sein Buch „Charisma – Einfach besser ankommen"; darin lüftet er in 55 Fragen und Antworten das Geheimnis um den Mythos Charisma. In seinem Buch „Gesprächsrhetorik: Souverän agieren – überzeugend argumentieren" (Businessvillage, 2009) geht es um den wirkungsvollen Einsatz einer partnerorientierten Gesprächsrhetorik und um den Zusammenhang zwischen rhetorischen Fähigkeiten und persönlicher Ausstrahlung.
Vor einigen Jahren zog Stéphane Etrillard von Düsseldorf nach Berlin. Er möchte das Hauptstadtleben nicht mehr missen.

www.etrillard.de

Komm zum Punkt!

Wie Sie pragmatisch kommunizieren

VON THILO BAUM

Eine der wichtigsten Schlüsselqualifikationen im Berufsleben ist der versierte Umgang mit Sprache. Neben Kenntnissen von Rechtschreibung und Grammatik vermittelt die Schule im Zusammenhang mit Sprache bislang vor allem Literatur. Doch helfen „Wallenstein" und eine perfekte Orthografie jungen Menschen, sich klar auszudrücken und im Berufsleben zielgerichtet und kooperativ zu kommunizieren? Was das Bildungssystem übersieht: Nur weil ein Text fehlerlos und intellektuell ist, ist er noch lange nicht gut. Gut sind Texte, die das Wichtigste eindeutig beim Namen nennen, sofort zum Punkt kommen und unmittelbar verständlich sind - schriftlich ebenso wie mündlich.

Eines schönen Sommers hielt ich einen Vortrag für die Landesschülervertretung Hessen. Nach meinem Vortrag kam eine Schülerin auf mich zu, Papier in der Hand, und fragte mich, wie ich ihren Text fände. Ich schaute drauf und las die Überschrift: „Textgebundene Erörterung". Wäre ich Deutschlehrer, fände ich diese Überschrift vermutlich normal. Aber ich bin kein Deutschlehrer, ich bin Journalist. Als ich diese Überschrift las, begriff ich: In der Schule lernen wir nicht einmal, inhaltliche Überschriften zu formulieren. Und vor diesem Hintergrund wurde mir die Flut an nichtssagenden Überschriften über Pressemitteilungen und an nichtssagenden Betreffzeilen von Newslettern mit einem Mal verständlich. Viele Unternehmen schreiben in Newsletter-Betreffzeilen nichts Inhaltliches, sondern nur eine laufende Nummer.

Egozentrischer Fachleute-Autismus

Aber welche Überschrift hat Rainer Maria Rilke über seinen „Herbsttag" geschrieben: Schrieb er etwa „Gedicht"? Oder formulierte Thomas Mann über seinen „Buddenbrooks" die Überschrift „Roman"? Nein! Gute Schreiber formulieren inhaltliche Überschriften. Den Ausdruck „Textgebundene Erörterung" dagegen brauchen Schülerinnen und Schüler nur für den seltenen Fall, dass sie selbst Deutschlehrer oder Germanistik-Professoren werden, um damit wieder Schüler und Studenten zu belästigen für den Fall, dass diese ebenfalls Deutschlehrer oder Germanistik-Professoren werden. Es ist gedanklicher Inzest, egozentrischer Fachleute-Autismus. Wir recyceln ein für die Realität irrelevantes Wissen aus selbstgefälligen, akademischen Gründen: Ein philologischer Fachbegriff, den kaum jemand außerhalb der germanistischen Institute kennt, soll Bildung demonstrieren. Ich habe den Ausdruck „textgebundene Erörterung" nie gebraucht, obwohl ich mich beruflich andauernd mit Sprache beschäftige, praktisch, anwendbar, konkret. Ich helfe Unternehmen, sich klar auszudrücken. Ich unterrichte Journalisten und PR-Leute, helfe Fachfremden bei Pressemitteilungen. Auch meine Kunden legen keinen Wert auf die linguistische Definition dessen, was ich mache. Sie brauchen den Nutzen, den ihnen eine klare Sprache bringt.

Es ist ja in Ordnung, dass sich Linguistik-Studenten mit Fachbegriffen herumschlagen, wenn sie sich entschieden haben, sich mit so etwas Schönem wie der Sprache nur theoretisch und abstrakt zu befassen. Aber die meisten Schulabgänger landen nun einmal an Konzern-Arbeitsplätzen, an denen es nicht um die akademische Debatte geht, sondern um Praxis.

„Aber Sprache hat doch einen literarischen Wert!" Sicher – das sehe ich auch so. Dann lassen Sie mich einfach Goethe zitieren: „Über sämtlichen Bergspitzen herrscht einvernehmliches Stillschweigen, über den forstwirtschaftlichen Nutzflächen ist keinerlei Windbewegung zu verzeichnen", schrieb er in „Ein Gleiches". Sie wissen, dass das Unfug ist, denn Goethe schrieb in Wahrheit: „Über allen Gipfeln ist Ruh, über allen Wipfeln spürest du kaum einen Hauch." Kein Wort hat mehr als zwei Silben. Meine Variante mit den „forstwirtschaftlichen Nutzflächen" ist nur die Übersetzung ins Technokratische.

Ist Goethe beschränkt?

Ist Goethes Sprachstil also „restringiert", wie Germanisten den einfältigen, beschränkten Sprachcode im Unterschied zum „elaborierten Sprachcode" nennen, der „ausgearbeitet" ist? Denn „einvernehmliches Stillschweigen" klingt doch wesentlich beeindruckender als „Ruh", denken viele, weil es doch so „elaboriert" ist. Aber Goethe ist keineswegs beschränkt. Goethe macht eines richtig und unterscheidet sich darin von weiten Teilen des Bildungsbürgertums: Er sagt nur, was er meint – nicht mehr und nicht weniger. Goethe schrieb Klartext. Das bedeutet, dass er prägnant sagt, was zu sagen ist. Und das zu können, ist das Gegenteil von beschränkt. „Dichten" bedeutet ja eben, die Luft rauszulassen und einen Text „dicht" zu machen. Und genau das ist die Kunst, die im Prinzip selbstverständlich sein sollte: Warum sollten wir mehr sagen als das, was wir meinen? Mir fällt kein sachlicher Grund dafür ein, statt der Formulierung „Zuschuss beantragen" zu sagen: „Beantragung der Bezuschussung durchführen" – außer einer gewissen zynischen Zielgruppenorientierung, wenn der Empfänger ein Bürokrat ist.

Die Sprache mit akademischen Phrasen aufzuplustern, ist einfach – wir müssen nur nachplappern, was uns ein Großteil der Akademiker, Journalisten und Politiker vorplappert. Aber was bedeutet „Der Iran nimmt wieder Urananreicherung vor" eigentlich? Nicht mehr als „Der Iran reichert wieder Uran an". Diesen Kern zu finden, darin liegt die Aufgabe. Und Sprache aufs Wesentliche zu reduzieren und zum Punkt zu kommen, ist mitunter schwer für Menschen, die den Schwulst gewohnt sind.

„x=2" ist nicht nur präzise, sondern auch prägnant

Lassen Sie uns mathematisch denken: Welchen Grund sollten Sie haben, statt der Aussage „$x = 2$" die Aussage „$3x = 6$" zu formulieren? Beides sagt das Gleiche, beides ist präzise – so weit ist alles klar. Beide Aussagen sind richtig – wie auch beide Sätze zum Iran. Aber nur die Aussage „$x = 2$" ist prägnant – sie lässt sich nicht weiter kürzen. Der Unterschied zwischen Präzision und Prägnanz ist simpel: Präzise ist die erschöpfende Genauigkeit, in jeder Hinsicht korrekt formuliert, daher oft ausufernd und kaum noch unmittelbar erfassbar. Prägnant dagegen ist die reduzierte Zuspitzung, die griffige Formulierung.

Ein deutscher Mediziner spricht von „bereits diagnostizierten Krebserkrankungen" und demonstriert damit seine Präzision. Sein US-Kollege sagt einfach „cancer" und ist damit ebenso präzise, aber zugleich so prägnant wie Goethe. Das ist in meinen Augen das wichtigste Argument gegen den Vorwurf der Vereinfachung: Wenn wir eine Aussage kürzen, wird sie nicht ungenau oder falsch. Sofern wir beim Kürzen keine Fehler einbauen, bleibt sie präzise. Sobald Sie das berücksichtigen, werden Sie nicht mehr „Nehmen Sie die Beantwortung der vorliegenden Fragestellungen vor" sagen, sondern „Beantworten Sie diese Fragen". Sie werden insgesamt weniger heiße Luft produzieren.

Wenn wir Menschen mit unserer Botschaft erreichen wollen, und das ist im Berufsleben oft der Fall, kommt es daher zunächst auf die Prägnanz an und erst im nächsten Schritt auf die Präzision. Wir schaffen Aufmerksamkeit in der Infoflut nicht durch Präzision, wir schaffen sie durch Prägnanz.

Boulevard ist anspruchsvoll

Werden aus Schulabgängern Berufseinsteiger, kollidieren daher zwei Sprachsysteme, die gegensätzlicher kaum sein könnten: Im akademischen Betrieb zählen fast nur Fehlerfreiheit und das Literarische, und oft genug auch ein befremdendes chronologisches Denken. Um festzustellen, dass der frühere Verteidigungsminister Karl-Theodor zu Guttenberg in seiner Doktorarbeit getäuscht hat, brauchte die Uni Bayreuth fast zwei Monate. Der Kern der Nachricht findet sich im entsprechenden Gutachten nicht etwa vorne, sondern die Journalisten mussten alles durchwühlen, um das Wichtige auf Seite dreizehn zu finden.[1] Dass Inhalte unmittelbar erfassbar sein müssen, um zu funktionieren, und dass Texte Werkzeuge dafür sind, ignoriert das akademische System, obwohl in der beruflichen Wirklichkeit gerade das Einfache und Klare zählt. Die Intelligenz kritisiert lieber die „Bild"-Zeitung, gerade weil sie so einfach ist, sie verachtet das Einfache geradezu und rümpft daher gegenüber dem Populären prinzipiell die Nase, obwohl genau populäre Texte in ihrer Wirkung am besten funktionieren. Fragen Sie mal einen Deutschlehrer, ob er einen Banküberfall mit Geiselnahme auf zwanzig Zeitungszeilen hinbekommt, ohne dass wesentliche Aspekte fehlen. Fragen Sie einen Philologen, ob ihm Schlagzeilen im Stil der „Bild"-Zeitung gelingen.

1) http://www.uni-bayreuth.de/presse/info/2011/Bericht_der_Kommission_ m__Anlagen_10_5_2011_.pdf.

Das scheinbar „Einfache" ist eben nicht simpel oder primitiv, der Weg zum Einfachen ist oft anspruchsvoller als der Weg zur Opulenz. Opulenz, also dick auftragen, kann jeder. Im Berufsleben aber geht es darum, dem Chef auf einer DIN-A-4-Seite fünf schlanke Punkte mit Kriterien zur Entscheidung vorzulegen und eben nicht eine achtzigseitige Studie.

Gefragt ist heute also Sprachkompetenz nicht im Sinne von literarischem Wissen, sondern im Sinne von Wirkung. Es ist ja nun keineswegs so, dass Arbeitgeber bei Berufseinsteigern mangelndes Wissen über den „Wallenstein" beklagen. Sie bemängeln vielmehr, dass diese jungen Leute zu theoretisch sind, zu komplex denken, irrelevante Fragen stellen, müßige akademische Debatten über Definitionen anstrengen, sich nicht einfach ausdrücken können und nicht in der Lage sind, einen Zusammenhang für einen Außenstehenden in aller Kürze verständlich zu formulieren.

Schlagzeilen machen Appetit auf mehr

Der Anlass dafür, dass Menschen sich auf Gedanken einlassen, sind meist kurze Anreißer. Wir wollen in aller Kürze wissen, *worum es geht*. Diese Formulierung ist wichtig: Wir wollen nicht wissen, *was* alles im Text steht, sondern erst einmal, wovon er handelt. Wir wollen einen Überblick aus der Distanz. Darum sind gute Schlagzeilen Appetizer: Sie machen Lust auf mehr.

Einen Gedanken kurz auf knappe Worte zu reduzieren, ist deshalb nicht nur für Journalisten wichtig, sondern für alle, die kommunizieren: Worin besteht der Nutzen eines Produktes? Das will ich in aller Kürze auf der Startseite eines Internet-Auftritts lesen – ein Appetizer. Worum geht es in einer E-Mail oder in einem Newsletter? Das will ich auf einen Blick aus der Betreffzeile erfahren – ein Appetizer. Gefragt ist bei diesen kurzen Formen nicht ausufernde Präzision voller Details, dafür wäre ohnehin kein Platz. Sondern gefragt ist Prägnanz in kürzester Form, damit der Leser erfährt, *worum es geht*.

Durch den distanzierten Blick auf das Thema fasst eine gute Schlagzeile *die Bedeutung* einer Sache aus Sicht der Leser zusammen, nicht die Sache selbst: Wenn Angestellte per E-Mail eine Besprechung ankündigen, schreiben erschreckend viele etwas wie: „Einladung Meeting 24. April 2012, 11 Uhr, Raum 3.11", statt zu verraten, worum es geht. Geht es im Meeting um den Haselnuss-Export, können wir das erwähnen und schon einmal ein Schlaglicht geben: „Haselnuss-Export: Meeting 24. April 2012" und Uhrzeit und Raumnummer im Fließtext unterbringen. Vermitteln wir jetzt noch die Bedeutung des Meetings, wird den Kollegen auch klar, was das Ziel des Ganzen ist: „Wie steigern wir den Haselnuss-Export? Meeting 24. April 2012".

Und erst wenn wir wissen, *worum es geht,* lassen wir uns auf die *Details und Fakten* ein. Erst wenn der Rahmen klar ist, öffnen wir uns den Gedanken im Fließtext. Der Bildungsbetrieb ist faktenlastig und versäumt es dadurch, uns den *Rahmen* zu geben, in dem sich die Fakten ansiedeln, und lässt uns somit ohne Orientierung und Chance zur Einordnung sitzen. Daher müssen Berufseinsteiger die Kunst der Überschrift nachholen, die sich auf zwei einfache Regeln reduzieren lässt:

- Die Hauptüberschrift oder in einer Betreffzeile der erste Teil transportiert die *Bedeutung* der Nachricht und erzeugt einen emotionalen Appell.
- Die Unterüberschrift oder in einer Betreffzeile der zweite Teil reißt den *Kontext* an und ist sachlich.

Dieses Prinzip ist simpel und funktioniert fast bei allen Textformen. Auch bei Büchern: „Die Bildungslücke" ist der erste und emotionale Teil der Überschrift – huch, wir haben alle eine Lücke! Das fehlende U unter den Ü-Punkten visualisiert diese Lücke, und Sie haben den emotionalen Aspekt der Überraschung und vielleicht des Humors. In der Unterüberschrift steht dann sachlich, was dieses Buch bringt: „Der komprimierte Survival-Guide für Berufseinsteiger" – hier finden Sie das Wissen, das Sie im Beruf brauchen, das die Schule Ihnen aber verschweigt.

Wenn Marx und Engels verrückt werden

Die Frage ist im Grunde nur: Was ist die Bedeutung dessen, was Sie zu sagen haben, aus Sicht Ihrer Mitmenschen? Und damit sind wir bei einem weiteren wichtigen Element: beim Perspektivenwechsel. Es ist ein Riesen-Unterschied, ob wir aus unserer Warte kommunizieren oder aus der Warte unserer Leserinnen und Leser. Eine gute Unternehmensbotschaft lautet niemals: „Wir haben unser Produktportfolio im Bereich der Fahrradreifen erweitert", obwohl das aus Sicht des Unternehmens vielleicht wichtig ist. Aber es ist Egozentrik. Was interessiert die Kunden draußen das „Portfolio"? Die Verbraucher interessieren sich für das Produkt, das sie jeweils brauchen – und ob das Teil eines „Portfolios" ist, ist herzlich irrelevant. Aus Sicht der Menschen lautet die Nachricht in der sachlichen Unterüberschrift also: „Fahrradreifen mit extra dicker Gummisohle", was ohne emotionalen Anreißer nur wenig sexy wäre. Formuliert der Fahrradreifenhersteller Schwalbe dazu noch den emotionalen Anreißer „Unplattbar", haben Sie den gleichen Effekt wie bei unserem Buchtitel.

Eine gute Schlagzeile kommuniziert sofort verständlich die Bedeutung einer Sache aus Sicht der Leser und macht klar, worum es geht. Sie ist der emotionale Anker, der die Leute in den Text zieht. Denn auch wenn es dem um Objektivität bemühten akademischen Betrieb nicht gefällt: Menschen handeln emotional. Eine gute Schlagzeile spricht daher unsere Gefühle an, wobei Gefühle nicht nur Ponyhof und Blumenwiese bedeuten können, sondern auch Provokation, Spannung, Verblüffung und viele andere Gefühle. Die Überschrift „Marx und Engels werden verrückt" aus einer Pressemitteilung der Berliner Verkehrsbetriebe (BVG) ist ein grandioses Beispiel für Verblüffung – letztlich weicht ein Denkmal einer Baustelle.[2] Die BVG hat es verstanden, aus Sicht der Öffentlichkeit zu kommunizieren und Interesse für ihre Baustellen zu wecken, indem sie die reine Faktenebene verlässt und aus der Distanz eine Formulierung schafft, die dem Geschehen einen witzigen Dreh verleiht.

2) http://www.bvg.de/index.php/de/103839/article/791097.html.

Mut zum Falsch

In einem Seminar zum Thema Pressemitteilung ging es einmal um eine neue Legierung aus Stahl und Aluminium. Eine Teilnehmerin, ganz offenkundig mit akademischem Hintergrund, schlug die Überschrift vor: „Neue Legierung aus Stahl und Aluminium trägt maßgeblich zur Senkung des Kraftstoffverbrauchs im Flugzeugverkehr bei". Eine Un-Schlagzeile, viel zu lang, viel zu viel Ballast, viel zu präzise. Ihr Textvorschlag begann in etwa so: „Nach fünf Jahren interdisziplinärer Zusammenarbeit in einem internationalen Team von fünfzehn Wissenschaftlern aus acht Ländern ist es dem Unternehmen Müllermeierschulzeschmidt GmbH gelungen …", und nach dem Komma folgte in einem Nebensatz die Hauptsache. So meint der Wissenschaftsbetrieb, Überschriften zu machen. Im Seminar haben wir die Überschrift natürlich kurzerhand gestrichen und eine neue formuliert: einfach „Stahluminium". Wir haben mit den Metallen lexikalisch gemacht, was dieses Unternehmen vorher physikalisch gemacht hat: Wir haben sie legiert.

Natürlich weiß ich auch, dass das Wort falsch ist, weil es nicht existiert, und die meisten Deutschlehrer dürften es wie „Unplattbar" mit dem Korrekturzeichen für „Stil" tadeln. Aber wie, glauben Sie, kam die neue Überschrift an? Hervorragend. Das Wort schafft Aufmerksamkeit, und gäbe es neben Korrekturzeichen auch Redaktionszeichen, bekäme das Wort ein „sehr gut", weil es den Kern trifft. Das Wort ist falsch, aber eben auch gut, weil es ein Bild erzeugt.

Wenn irrelevant ist, was richtig ist

Dem emotionalen Anker in der Hauptüberschrift „Stahluminium" haben wir die sachliche Unterüberschrift folgen lassen: „Neue Legierung spart Kerosin". Es ist alles drin: Die beiden Metalle stecken in der Überschrift, die Legierung ist dabei, selbst der Flugzeugverkehr ist klar, er steckt im Wort „Kerosin". Hier zeigt sich der Unterschied zwischen akademisch präzisem und redaktionell prägnantem Denken sehr deutlich.

Aus einer völlig überfrachteten Überschrift haben wir etwas Eingängiges gemacht. Die Bedeutung der Sache ist klar. Erst wenn unsere Leser das erfasst haben, widmen sie sich dem Text.

„So etwas geht aber nicht in anspruchsvollem und wissenschaftlichem Umfeld", lautet nun ein beliebter Einwand. Auch dagegen habe ich ein Gegengift: den genialen Slogan „Wir gegen Viren" des Robert-Koch-Instituts und der Bundeszentrale für gesundheitliche Aufklärung. Zwei Einrichtungen voller Akademiker! Und trotzdem haben sie dort den Mut, Krankheitserreger auf diesen falschen Kern zu reduzieren, denn natürlich wenden missgünstige akademische Denker ein, der Spruch unterschlage die Bakterien. Der Einwand ist fachlich richtig, was die Sache betrifft. Aber – und darum geht es in der Kommunikation – er ist irrelevant, was die Bedeutung betrifft. Bei einer guten Schlagzeile geht es eben nicht vorwiegend um Präzision, sondern um Prägnanz. Und kaum entgegnet man solchen Kritikern intellektuell, hier handele es sich eben um ein von vielen Germanisten geliebtes „pars pro toto", also ein einzelnes Element (Virus) stellvertretend fürs Ganze (Krankheitserreger), ist der gebildeten Erhabenheit wieder Genüge getan, und plötzlich ist der falsche Spruch wieder in Ordnung.

Wie Sie einen Text anlegen

Natürlich sage ich nicht, dass Sie Fehler machen sollen. Sondern ich sage, dass ein Text erst gut sein muss, bevor wir ihn korrigieren. Nur weil ein Text intellektuell und fehlerfrei ist, ist er noch lange nicht gut – es gibt jede Menge schlechte fehlerfreie Texte mit hohem Anspruch. Mir geht es darum, die Priorität ein wenig zu verlagern: Anders als im Bildungsbetrieb zählt im Beruf in erster Linie, ob ein Text funktioniert. In manchen Unternehmen sind interne E-Mails oft voller Rechtschreibfehler, aber es stört niemanden, weil die Inhalte klar sind. Wenn Texte nach außen gehen, ist es natürlich wichtig, dass sie korrekt sind – aber auch in diesem Fall hat es keinen Sinn, einen schlechten Text auf Kommafehler zu lesen. Erst sollte er gut sein, und dann kommt die Korrektur. Gut ist ein Text, wenn er …

- aus Sicht der Leser relevant ist,
- für die Leser unmittelbar verständlich ist,
- den Rahmen dessen, worum es geht, ausfüllt und
- nicht mehr sagt als nötig.

Auch bei der Frage, wie wir einen Text anlegen, klaffen Bildungssystem und Arbeitswelt auseinander. Die Schule und oft auch die Uni denken in Kontingenten: Wir sollen fünf Seiten schreiben, neunzig Minuten lang schreiben, statt dass wir vom Inhalt ausgehen und diesen Inhalt aus Lesersicht klar machen und fertig. In der Folge schreiben jede Menge Leute einfach chronologisch drauf los und bringen das Wesentliche wie die Uni Bayreuth viel zu spät. Das Wichtige gehört nach vorne – und zwar nicht das Wichtigste aus Sicht des Schreibers, sondern das Wichtigste aus Sicht der Leser. Und dann gilt das Prinzip: jeder Aspekt ein Absatz. Ist ein Umfang vorgegeben, können wir ganz einfach ausrechnen, wie viele Absätze wir machen. Bei einer A-4-Seite rechnen wir mit einem lockeren Layout, das Platz hat für 2.500 Zeichen. Auf eine A-4-Seite passen etwa fünf bis sechs Absätze, also fünf bis sechs Aspekte. Selbstverständlich können Absätze unterschiedlich lang sein, aber wenn Sie die Zahl Ihrer Aspekte kennen, lässt sich Ihr Text ganz einfach anlegen, ohne dass Sie hinterher kürzen müssen.

Die wichtigsten Tipps für gute Sprache

Um mit Sprache im Beruf erfolgreich zu sein, hier die aus meiner Sicht wichtigsten Tipps:

- Überlegen Sie nicht, was Sie sagen wollen. Sondern überlegen Sie, was bei Ihren Empfängern ankommen soll. Dadurch trainieren Sie Ihre Fähigkeit zum Perspektivenwechsel.

- Gehen Sie nicht davon aus, dass sich jemand für das interessiert, was Sie schreiben. Die Leute ersticken in Informationen. Damit man sich Ihren Gedanken öffnet, muss Ihr Appetizer – die Überschrift – relevant sein. Relevanz schaffen Sie vor allem durch Unterhaltung und durch konkreten Nutzen.
- Widmen Sie Überschriften und Betreffzeilen besonders viel Zeit. Von ihnen hängt es ab, ob sich Menschen auf Ihren Text überhaupt einlassen.
- Überlegen Sie beim Schreiben nicht, welche Gedanken alle hineinmüssen. Sondern überlegen Sie, welche Gedanken Sie weglassen können. Fragen Sie sich bei jedem Aspekt: Wenn ich das streiche, würde es jemand vermissen? Wenn nur Sie den Aspekt vermissen, können Sie ihn vermutlich streichen.
- Berücksichtigen Sie die wichtigsten Prinzipien des journalistischen Schreibens: Formulieren Sie konkret statt abstrakt, denn nur dadurch entstehen Bilder („acht rote Rosen" statt „Blumen"); wandeln Sie Passivsätze in Aktivsätze um, denn das Passiv macht Sprache hölzern („Der Beschluss wurde gefasst" unterschlägt, wer ihn gefasst hat, und „Wir haben den Beschluss gefasst" wirkt plastischer); formulieren Sie Tätigkeiten mit Verben statt mit Substantiven, denn so befreien Sie Ihre Sprache von bürokratischen Wendungen („etwas beantragen" statt „die Beantragung vornehmen"); und prüfen Sie jede Silbe, ob Sie sie wirklich brauchen („mieten" statt „anmieten", „Räume" statt „Räumlichkeiten").
- Verlieben Sie sich niemals in Formulierungen. Oft fällt es niemandem auf, wenn Sie sie streichen. Text ist Material. Schaut jemand kritisch hinein, wird ein Text in aller Regel besser.

Pflatsch, Zack, Plängplängpläng

Übrigens hätte in sprachlicher Hinsicht aus mir gar nichts werden dürfen. Wäre es nach der Analyse einiger meiner Lehrer gegangen, hätte ich es niemals zustande gebracht, Bücher zu schreiben oder bei der Zeitung an einem Abend bis zu zwölf Texte neu zu schreiben und zu redigieren, oft ohne dass noch jemand drübergeschaut hätte. Meine Lehrer hatten meinen Eltern früh erklärt, ich drohte sprachlich zu verkümmern, weil ich zu viele Comics läse. Ich war Fan von „Asterix", „Lucky Luke" sowie „Clever & Smart". Für meine Deutschlehrer bedeutete das ein sprachliches Niveau von „Boing", „Bumm", „Pflatsch", „Krawumm", „Zack" und „Plängplängpläng". Doch selbstverständlich legte ich meine Comics nicht weg, nur weil meine Lehrer diese Erzählform nicht mochten. Comics sind filmisch, im Grunde sind es Storyboards, also die auf ihren Kern reduzierte Form einer Erzählhandlung.

Übrigens: Ich habe überhaupt nichts gegen „Wallenstein". Die Schule soll ihn meinetwegen gerne behandeln. Nur: Er ist ein „Nice-to-have", das die Schule sich erst dann erlauben kann, wenn sie die Grundlagen, die „Must-haves", erledigt hat. Sofern Schüler die Kunst des klaren Ausdrucks beherrschen, können sie sich gerne auch den Inhalten des klassischen Bildungsbürgertums zuwenden.

Thilo Baum, Jahrgang 1970, ist Kommunikationswissenschaftler und Journalist. Nach dem Studium und dem Besuch der Berliner Henri-Nannen-Schule für Journalismus und Öffentlichkeitsarbeit machte Thilo Baum Karriere als Tageszeitungsredakteur und begann selbst, an der Journalistenschule zu unterrichten. Heute zeigt Thilo Baum Menschen und Organisationen, wie sie komplexe Sachverhalte einfach vermitteln. Thilo Baum ist Autor mehrerer Bücher, unter anderem von „Komm zum Punkt! Das Rhetorik-Buch mit der Anti-Laber-Formel" (Eichborn/STARK 2009), von „Mach dein Ding! Der Weg zu Glück und Erfolg im Job" (Eichborn/STARK 2010) und von „Denk mit! Erfolg durch Perspektivenwechsel" (STARK 2012). Für „Mach dein Ding!" erhielt Thilo Baum den Trainerbuchpreis 2010. Thilo Baum ist nach fünfzehn Jahren Berlin begeistertes Landei geworden und spielt Klavier und Schlagzeug.

www.thilo-baum.de

Und Auftritt!

Wie Sie sich und Ihre Ideen vor Publikum präsentieren

VON MICHAEL ROSSIÉ

Einleitung, Hauptteil, Schluss – das lehrt der Deutschunterricht, wenn es ums Reden vor Publikum geht. Und die Rede selbst soll schön sachlich und nüchtern bleiben. Diesem Denkfehler verdanken wir die Unmengen langweiliger Reden von Politikern und Unternehmensführern und eine Flut an überfrachteten Powerpoint-Folien. Der klassische akademische Zugang geht an der Realität weitgehend vorbei: Außerhalb der Hochschulen haben Reden den Sinn, in kurzer Form einige Gedanken in den Köpfen der Zuhörer zu verankern. Jedes Detail merken sie sich sowieso nicht, zudem nervt intellektuelle Selbstbeweihräucherung im Arbeitsleben. Zu einer guten Rede gehören Mut und die Fähigkeit, einem Inhalt einen besonderen Dreh abzugewinnen – und sich als König oder Königin zu präsentieren.

Für Mathematik gibt es Regeln. Wer die Regeln kennt, schreibt gute Noten. Das ist nicht immer angenehm, aber das System ist übersichtlich und klar. Für unsere Wirkung, fürs Präsentieren, für den täglichen Umgang mit anderen Menschen gibt es solche Regeln dagegen kaum. Wir sind einfach alle zu verschieden. Was in der einen Situation wunderbar funktioniert, geht beim zweiten Mal total daneben. Bei einem Vorstellungsgespräch zum Beispiel machen uns Verhaltensregeln oft schwächer: Wenn wir ständig daran denken, was unser Gegenüber jetzt erwartet, wird unsere Aufmerksamkeit für uns selbst unter Umständen so groß, dass wir nicht mehr richtig kommunizieren können und unser Gegenüber ein ganz falsches Bild bekommt.

Das Gleiche gilt für den Vortrag vor der Gruppe. Wenn Sie nur damit beschäftigt sind, nicht mit den Händen zu fuchteln, gleichmäßig auf beiden Füßen zu stehen, alle anzusehen, ganze Sätze zu bilden, nicht mit den Ohren zu wackeln und schön langsam und deutlich zu sprechen, bleibt den meisten Menschen im Publikum ein schlecht schauspielernder Clown in Erinnerung, der versucht, seriös zu wirken.

Der Gedanke der „Rhetorik" als Grundlage für Vorträge und Präsentationen ist eines der großen Missverständnisse, die die Schule uns lehrt. Der Gedanke kommt aus der klassischen Bildung: Rhetorik ist etwas für Schauspieler, wobei es darum geht, sich mit seiner Wirkung Mühe zu geben. Im alten Griechenland oder im alten Rom hat der Rhetor einen Text geschrieben, immer wieder daran gefeilt, ihn auswendig gelernt, ihn mithilfe eines Regisseurs mit Bewegungen und Haltungen garniert, oft geprobt und dann aufgeführt. Das nennt man heute ein Ein-Personen-Theaterstück.

Wenn wir aber vor die Gruppe, vors Gremium, vor den Prüfungsausschuss oder auch vor die Herren und Damen von der Personalabteilung oder mit unserer Präsentation in die Teambesprechung oder zum Kunden müssen, dann nur aus dem Grund, weil das einfacher ist, als mit jedem einzeln ein Gespräch zu führen. Und dafür brauchen wir keine rhetorischen Regeln und keine Schauspielerei. Sondern da sind wir am besten so, wie wir auch privat sind. Denn niemand im Berufsleben will sich angestrengtes Theater anschauen, sondern es geht schlicht um die professionelle Performance in der eigenen Haut.

Mündlich ist nicht schriftlich

Einen Vortrag aufzuschreiben und vorzulesen, ist das Prinzip Schule. Allerdings müssen Sie dazu lesen lernen. Und zwar nicht das Lesen, das Sie in der Schule gelernt haben, bei dem es um Langsamkeit, Deutlichkeit und angemessene Lautstärke ging. Sondern Sie müssten lernen, wie ein Nachrichtensprecher oder Synchronsprecher die Pausen, Betonungen und auch die Untertöne so zu setzen, dass es sich anhört, als sei das, was Sie sagen, frei gesprochen. Und täuschen Sie sich nicht, das ist sehr viel Arbeit.

Eine einfache Frage, die sich aus diesem traditionellen Zugang des Redenhaltens zwangsläufig ergibt: Wenn Sie ohnehin alles aufschreiben, warum kopieren Sie dann nicht gleich die Rede und teilen sie an alle aus? Warum sollten Sie sich die Mühe machen, den Vortrag auch noch wie ein Schauspieler zu üben, wenn ohnehin alles feststeht wie in einem Theaterstück? Diese Frage führt zum Wesentlichen: Wenn Sie alles vorher formulieren, geht Ihr wichtigstes Argument verloren – Ihre Persönlichkeit, die mit Kompetenz Begeisterung für Ihr Thema zeigt. Mündliche und schriftliche Sprache unterscheiden sich in vielen Punkten, und es ist nicht damit getan, dass Sie Ihre schriftlich vorbereitete Rede wie in der Schule vorlesen.

Mündliches kennt keine Einleitung

Für Referate in der Schule hat der Deutschlehrer wie für so vieles eine Formel parat: Es beginnt mit der Einleitung, dann kommt der Hauptteil, dann folgt der Schluss. Der Hauptteil wiederum gliedert sich in drei Teile: Erst geht es darum, was war, dann kommt, was ist, und zum Schluss das, was sein wird, sein könnte oder wünschenswert wäre. Also alles der Reihe nach – klingt ganz einfach.

Entsprechend absurd beginnen Aufsätze und Beiträge in Schülerzeit-
schriften mit irrelevanten Nebenaspekten: „Um acht Uhr stiegen wir in
den Bus!" Aber kommunizieren wir außerhalb des schulischen Denkens
auch so? Nein, da beginnen wir unsere Urlaubserzählung nicht mit dem
Flugzeugtyp oder unseren Einkäufen am Flughafen, sondern wir beginnen mit dem interessantesten, schönsten oder schrecklichsten Erlebnis
der gesamten Reise. An die Stelle des „Eins nach dem anderen" der Schule tritt ein Prinzip aus dem Journalismus: Das Wichtigste gehört nach
vorne! Nur mit dem Wichtigen gleich zu Beginn bekommen wir die ganze Aufmerksamkeit unseres Gegenübers.

Eine chronologische Folge gehört auf kopierte Blätter, beispielsweise bei
Lebensläufen, beim Aufbau chemischer Versuche, bei den Sofortmaßnah-
men am Unfallort. Sachliche Details übermitteln Blätter, Folien, Charts einer Powerpoint-Präsentation auch besser und einfacher. Was aber ein Redner viel besser kann als jede Liste, ist das Begeistern, das Mitreißen, das
Miterlebenlassen. Ansonsten hat die Chronologie im Alltag nichts verloren. Beginnen Sie weder beim Vorstellungsgespräch damit, Ihren Lebenslauf chronologisch herunterzubeten – er liegt dem Personalchef ja ohnehin
schriftlich vor –, noch fangen Sie bei der Rede zum runden Geburtstag mit
dem Kreißsaal an, in dem das Geburtstagskind zur Welt gekommen ist. Beginnen Sie einfach mit etwas Wichtigem und Interessantem. Mögliche-
weise noch vor Ihrer Begrüßung. Auch die in Powerpoint-Präsentationen
üblichen ersten Folien mit Überblick und Agenda dürfen Sie hinterfragen.
Denn im Alltag kommen wir auch ohne Einleitungen aus. Kein Mensch
antwortet auf die Frage, wie der Urlaub war: „Zuerst werde ich übers Hotel
berichten, dann erzähle ich von den Wassersportmöglichkeiten, und zum
Schluss werde ich drei der vier Diskotheken am Ort beschreiben."

Mündliches ist grammatisch nicht korrekt

Schriftsprache besteht im Idealfall aus grammatisch korrekten Sät-
zen. Das Mündliche nicht: „Wir beginnen Sätze, die … Nicht alles, was

wir sagen, führen wir zu Ende. Wie Sätze ohne Verb. Die können vorkommen. Und das häufiger. Was die Konstruktion angeht, wir ändern sie mitten im Satz." Geschrieben erscheint Ihnen das vielleicht eigenartig, aber gesprochen ist es völlig normal. Und das ist nicht etwa schlecht oder verbesserungswürdig, sondern diese „Fehler" beleben unsere Gespräche und Vorträge.

Anders als manche Schulen lehren, sind Satzzeichen nicht zugleich auch Sprechzeichen. Ein Komma bedeutet nicht einmal unbedingt eine Pause. Stellen Sie sich vor, jemand sagt: „Wenn wir das Projekt näher untersuchen – stellen wir fest – dass noch viel zu tun ist." Das sind unsinnige Pausen, die nur entstehen, weil der Sprecher den Gedanken häppchenweise abruft. Dabei ist es ein Gedanke, und der muss durchgesprochen werden. Die Kommas dienen nur der grammatischen Trennung zweier Hauptsätze und eines Nebensatzes im Schriftlichen. Auch wenn das an vielen Schulen anders unterrichtet wird: Wir machen bei den meisten Kommas beim Vorlesen keine Pause. Oder sagen Sie zu Ihrer Freundin: „Ich schlage vor – dass wir ins Kino gehen?"

Halten wir uns an diesen Denkfehler der Schule, wird es geradezu absurd: Wenn jemand „mitten im Gedanken – eine Pause macht", dann hat er den Satz vorher auswendig gelernt und sagt ihn jetzt auf. In der mündlichen Kommunikation machen wir Pausen nur zwischen den Gedanken: „Er sah furchtbar aus. Vor allem morgens. Trotzdem. Ich mochte ihn." Vier Gedanken, drei Pausen, jeweils beim Punkt. Und das, obwohl der Satz grammatikalisch eigentlich so aussieht: „Er sah furchtbar aus, vor allem morgens – und trotzdem mochte ich ihn." Wir können eben Kommas wie Punkte sprechen und auch Punkte wie Kommas.

Mündliches schafft Untertöne und ist redundanter

Jeder Satz, den Sie im Alltag sagen, hat eine bestimmte Melodie. Nicht zu verwechseln mit einer bestimmten Betonung. Die hat er auch, aber die hat mit der Melodie nichts zu tun. Wenn Sie quengelig sagen: „Kannst du heute Abend wieder nicht?", dann ist das keine harmlose Frage, sondern Sie ärgern sich darüber, dass Ihr Gegenüber offenbar nie Zeit hat. Wenn Sie die Frage freudig erregt stellen, dann sind Sie vielleicht begeistert darüber, heute Abend in Ruhe das neue Computerspiel ausprobieren zu können.

Diese Untertöne hat ein aufgeschriebener und dann vorgelesener Satz nicht. Wenn Sie also vorlesen, etwas Geschriebenes auswendig lernen, Ihre Vorträge Wort für Wort vorbereiten, dann müssten Sie Ihre Untertöne wieder drunter packen. Am leichtesten gelingt das, indem Sie einen „Vorsatz" bilden, von dem Sie den Unterton übernehmen. Nun *denken* Sie den Ausdruck in Klammern und *sprechen* in demselben Ton meinen Satz außerhalb der Klammern:

- („Jetzt raten Sie mal!") Mein Referat beschäftigt sich mit dem meistgelesenen kirgisischen Autor.
- („Ich hätte es nicht für möglich gehalten!") Er hat mehr Bücher verkauft als jeder andere.
- („Ehrlich gesagt ...") Dabei klingen die Titel seiner Romane eigentlich langweilig.

Das ist aber viel Arbeit, das so zu machen, denken Sie jetzt. Richtig! Das geht viel einfacher. Sprechen Sie gleich frei. Machen Sie sich einfach nur Stichworte und erzählen Sie, was zu erzählen ist. Wenn Sie frei sprechen, nur das Thema vorbereiten und nicht die Sätze, dann kommen diese Untertöne ganz von allein.

Auch wenn der Deutschlehrer im Aufsatz den „Wechsel des Ausdrucks" empfiehlt, im Mündlichen sollten wir das Gegenteil tun. Berlin ist nicht im ersten Satz die Stadt an der Spree, dann die deutsche Hauptstadt, dann die Metropole mit Herz, sondern Berlin ist Berlin: Berlin, das ist Leben. Berlin ist Kultur. Berlin ist das pure Chaos. In Berlin gilt aber vor allem eines: „Berlin bleibt doch Berlin." Der Songtexter Will Meisel (1897-1967) formulierte 1949 nicht: „Berlin bleibt doch die Spreestadt." Solche Doppelungen sind völlig in Ordnung.

Daten aufs Blatt, Emotionen in die Rede

Wenn Sie beispielsweise ein Referat über den Dichter Heinrich von Kleist halten sollen, dann soll es darin ausschließlich um Kleist gehen. Oder? So haben wir es doch gelernt! In meinen Augen stimmt das nicht, denn dann könnten Sie auch einen Lexikon-Eintrag vorlesen. Wirklich gute Redner und Fernsehmoderatoren bauen immer auch einen persönlichen Bezug zu sich selbst ein. Denn es ist für die Zuhörer sehr interessant, was jemandem aufgefallen, eingefallen und zugefallen ist, während er sich wochenlang mit Kleist beschäftigt hat. Suchen Sie den besonderen Dreh! Den Dreh, der Ihren Vortrag über Kleist von allen anderen Vorträgen über Kleist unterscheidbar macht. Schenken Sie Ihrem Publikum Ihre individuelle Note.

Also haben wir hier wieder die Trennung zwischen Fakten einerseits und der Begeisterung andererseits: Wann Kleist geboren ist, das sagt uns eine Folie oder ein fotokopiertes Blatt. Was aber an diesem Schriftsteller heute noch interessant ist oder völlig überholt, was faszinierend ist oder in höchstem Maße verwunderlich, das erzählen Sie uns. Und dafür müssen Sie eigentlich nur eines tun: Fragen Sie sich, was Sie an Kleist aufregt, freut, wundert, ärgert. Das ist ganz sicher auch für die anderen interessant.

Darum schlage ich folgende klare Trennung vor:

- Folien sollten keinen Text und keine ausgeschriebenen Sätze enthalten – für Text und Sätze ist der Redner zuständig.
- Reden sollten keine detaillierten Zahlen und Daten enthalten – für Zahlen und Daten sind die Folien oder die ausgeteilten Unterlagen zuständig.

Einige Beispiele skizziert die folgende Tabelle:

Powerpoint-Folien oder Fotokopien	Freie Rede oder Präsentation
Jahreszahlen	Emotionen
Chronologische Abläufe	Erlebnisse
Zitate	Persönliche Meinungen
Aufzählungen	Private Ergänzungen
Diagramme	Bewertungen
Bilder	Dialog mit den Zuhörern
Grafiken	Provokationen
Karikaturen	Witze
Fotos	Aufgaben zum Mitraten

Den Inhalt vorbereiten

Was die Vorbereitung des Inhalts angeht, ist es am einfachsten, so vorzugehen, wie Sie beim privaten Erzählen auch vorgehen würden. Sie sammeln erst einmal alles, was Ihnen zum Thema einfällt. Wer sich mit Mind-Mapping auskennt, dem kann das eine große Hilfe sein. Ansonsten hilft einfach ein Blatt Papier, und Sie schreiben einfach alles auf, was Sie dem anderen mitteilen möchten. Möglicherweise nicht untereinander sondern kreuz und quer.

Danach geht es ans Ordnen und Sortieren. Vielleicht brauchen Sie auch ein zweites Blatt. Jetzt geht es noch nicht um die Reihenfolge, sondern darum, welcher Gedanke zu welchem anderen Gedanken oder welcher Geschichte gehört. Was lässt sich nicht trennen, und was ist durchaus sinnvoll zu kombinieren? Und vor allem: Was kann raus? Welchen Gedanken würde niemand vermissen, fiele er aus?

Für einen Vortrag von dreißig Minuten sollten Sie dann zwischen zehn und fünfzehn Schwerpunkte haben, die Ihnen eingefallen sind und die zum Thema gehören. Bei einem Vortrag in Geschichte über eine politische Epoche können das Gedanken aus Wirtschaft und Kultur sein, bekannte Persönlichkeiten, Politik, Naturkatastrophen, Essen und andere Dinge. Diese Schwerpunkte ordnen Sie dann so, dass Sie mit etwas Wichtigem oder Relevantem anfangen, das Ihnen die Aufmerksamkeit Ihrer Zuhörer sichert. Und dann bauen Sie sich eine Reihenfolge. Auch der letzte Punkt sollte noch einmal richtig interessant sein: Sie heben sich sozusagen noch etwas für den Schluss auf.

Jetzt arbeiten Sie die fünfzehn Schwerpunkte aus und sammeln Material. Außerdem überlegen Sie, ob es zu jedem Schwerpunkt noch eine persönliche Geschichte oder ein privates Erlebnis gibt, einen persönlichen Gedanken Ihrerseits oder eine Anekdote – wobei Sie natürlich die Quelle angeben.

Dann geht es ans Üben: Jeden Schwerpunkt gehen Sie drei oder vier Mal durch. Möglicherweise beim Spazierengehen, beim Warten auf den Bus, bei einer Fahrt mit dem Motorroller. Aber fangen Sie jedes Mal anders an. Nach drei, vier Durchgängen sind Sie so sicher, dass Sie loslegen können. Alles, was Sie jetzt bei Ihrem Vortrag brauchen, ist ein Stichwortzettel mit fünfzehn Stichworten.

Dialekt ist nicht per se schlecht

Dialekt zu sprechen, kann in manchen Situationen ganz hilfreich sein. In manchen Gegenden empfiehlt es sich wirklich, so zu reden, wie die Leute dort reden. Man gehört dazu, und die Kommunikation wird einfacher. Das gilt aber nicht, wenn wir versuchen, einen fremden Dialekt zu sprechen. Das fällt meist unangenehm auf.

Wer seinen Dialekt loswerden will: Ohne Lehrer geht es nicht. Einem deutschen Wort kann ich nicht ansehen, wie ich es auszusprechen habe. Da muss mir jemand helfen. Sprecherzieher, die sich mit der deutschen Standardaussprache auskennen, finde ich am besten über die nächste Schauspielschule. Und dann heißt es üben. In der Regel ist das gar nicht schwer. Und am Ende kann ich umschalten zwischen meinem Dialekt und einer Sprechweise, die die Menschen im gesamten deutschsprachigen

Raum verstehen. Hier ist ein kleiner Vorgeschmack, wie schwierig die Aussprache im Deutschen ist:

In dem folgenden Text habe ich sechzehn falsch geschriebene Wörter eingebaut. Welche der Wörter würde man so aussprechen, wie ich sie aufgeschrieben habe? Bei welchen kommt doch eher die Original-schreibweise der Aussprache des Wortes näher? „Das *Könikreich* des dänischen *Könichs* besteht seit einer *Ewichkeit. Herrzöge* und andere *Adelstiehtel* gibt es dagegen noch nicht so lange. Den Dänen ist es eine solche *Ehhre*, dass sie den *Gründungstahk* feiern. In *Tschile* ist das an-ders, *opwohl* das viele für *Unnfuhg* halten *unt* zu dieser Zeit an *Borrrd* eines Schiffes gehen und *weckfahren*. Andere trinken *liehterweise* Alko-hol, *tehlefornieren* viel und bleiben bis *Jannuar.*"

Lösung: Alle Wörter, die anders geschrieben sind, als der „Duden" es vorschreibt, sprechen sich eher so aus, wie ich das aufgeschrieben habe.

Vergessen Sie Ihre Körpersprache!

In einem ruhigen Moment, bei einem Gespräch mit Freunden oder Eltern kann es sehr sinnvoll sein, sich über die eigene Körpersprache Ge-danken zu machen. Stehe ich gerade, fuchtle ich mit den Händen herum oder trage ich so ein Dauergrinsen spazieren, dass es so wirkt, als seien mir alle anderen völlig egal? Ein guter Freund, eine gute Freundin – wenn uns andere auf unsere Marotten und schlechten Angewohnheiten hinweisen, ist das oft eine große Hilfe.

Und sicher: Wenn Menschen lächeln, ist das schön. Wenn es etwas zu lächeln gibt, dann lächeln Sie ruhig – und es ist bei der Rede Ihr Job, dafür zu sorgen, dass es für Ihr Publikum was zu lächeln gibt! Aber bitte verfallen Sie nicht in ein Dauergrinsen. Wenn Sie minutenlang lächeln, dann wirkt das sehr künstlich und Sie erreichen das Gegenteil von dem, was Sie erreichen wollten. Dauergrinsen ist kein Gestaltungsmittel, sondern eine schlechte Angewohnheit. Das Geheimnis ist simpel: Ein wahres Lächeln gehört immer nur zu einem einzelnen Gedanken.

Wenn es auf die Bühne oder vor die Gruppe geht, dann vergessen wir ohnehin oft alles, was wir uns in Sachen Körpersprache vorgenommen haben. Dann bringen all die gut gemeinten Tipps nichts mehr, weil wir einfach nicht gleichzeitig daran denken können zu lächeln, nicht dauernd „äh" und „vielleicht" zu sagen und zugleich noch etwas Sinnvolles zu sagen. Ist es wirklich wichtig, darauf zu achten, dass sich die Hände in Gürtelhöhe befinden? Möglicherweise klappt das ja. Aber dann kann nicht alle Energie in Ihrer Rede liegen, nicht alle Aufmerksamkeit bei Ihrer Botschaft. Die Körpersprache zu kontrollieren ist nämlich für Nicht-Schauspieler schwierig – Schauspieler trainieren so etwas jahrelang. Und nur weil Sie den Tipp bekommen, geradezustehen, stehen Sie noch nicht gerade.

Mein Tipp diesbezüglich wird Sie vielleicht überraschen, weil er zahlreichen Rhetorik-Trainern widerspricht: Am besten ist es, sich für die eigene Körpersprache nichts, aber auch wirklich gar nichts vorzunehmen. Das lenkt nur ab. Wenn es losgeht, dann wird es, wie es wird. Das Üben ist jetzt vorbei. Wenn Sie nach vorne gehen, dann vergessen Sie alle Ihre Fehler, den Fleck auf der Hose (wenn er nicht mehr zu ändern ist) und dass Sie vielleicht rot werden. Jetzt konzentrieren Sie sich auf die interessanten Seiten Ihres Themas, die Begeisterung bei der Vorbereitung und Ihrer Botschaft. Was glauben Sie: Wenn Sie etwas Spannendes zu sagen haben, wie viele Ihrer Zuhörer werden anschließend Ihre Körperhaltung kritisieren?

Keine Angst vor Lampenfieber!

Zum Thema Lampenfieber gleich vorweg: Lampenfieber ist natürlich. Und darum brauchen Sie davor keine Angst zu haben. Wenn jemand während seines Vortrages am ganzen Körper zittert, dann sollte er sich vielleicht professionellen Rat holen. Aber ansonsten ist die ängstliche Aufregung vor dem Auftritt normal.

DIE BILDUNGSL™CKE 207

König oder Königin entschuldigen sich, wenn sie etwas vergessen haben, zu spät dran sind oder was Falsches gesagt haben. Aber für Lampenfieber muss und sollte sich auch niemand entschuldigen. Warum auch? Er oder sie kann doch nichts dafür. Jedem ist klar, dass derjenige viel dafür geben würde, nicht nervös zu sein. Er ist es aber trotzdem. Und gut! Machen Sie das Publikum nicht noch extra darauf aufmerksam. Stecken Sie's weg und legen Sie los mit Ihrem Auftritt! Denn es gibt nur ein einziges Kriterium, wann es mich stört, wenn jemand nervös ist: wenn es ihn selbst stört. Wenn es den König stört, dann stört es auch das Publikum. Wenn sich die Königin über sich selbst ärgert, dann ärgert sich auch das Publikum. Beide dürfen nervös sein oder am Anfang ein wenig zu schnell sprechen. Aber sie dürfen sich nicht leidtun.

Außerdem ist es menschlich. Die meisten Menschen erkennen sich sofort in dieser Situation wieder und verstehen. „Ja, ich wäre auch nervös", denken sie. „Gut, dass ich jetzt nicht da vorne stehe." Und der wichtigste Punkt ist: Nervosität bedeutet Respekt vor dem Publikum. Schließlich sind Sie nur wegen des Publikums so nervös! Und das macht die Zuschauer sehr wichtig. Ich rufe Abiturienten zu: „Seid in der mündlichen Abiturprüfung nervös, sonst verstehen Eure Prüfer die Welt nicht mehr!" Und übrigens interessiert sich das Publikum jetzt vor allem für das, was Sie zu sagen haben. Sagen Sie es ihm also!

Unabhängig davon können Sie Lampenfieber vorbeugen oder es mildern, indem Sie vorher so weit wie möglich entspannen. Versuchen Sie es doch einmal mit folgenden Tipps:

- Treiben Sie vorher Sport, der Sie anstrengt, um die überflüssigen Spannungen abzubauen.
- Stellen Sie sich vor, Sie sind am Meer. Ihr Körper kann Realität und Vorstellung nicht unterscheiden, daher genügt die Vorstellung. Ein imaginäres Sonnenbad in der Karibik reicht aus.
- Autogenes Training und Yoga helfen vielen Menschen.

Echte Gefühle erzeugen Begeisterung und Interesse

Das Wichtigste an Ihrer Rede – ob Vortrag, Präsentation oder Referat: Sie kommen dann gut an, wenn Sie für Ihr Thema brennen. Und nur echte Gefühle sind ansteckend. Einstudiertes Laientheater steckt nicht an. Wenn Sie für das brennen, was Sie tun, was Sie zu sagen haben, dann ist die Wahrscheinlichkeit groß, dass bald auch die anderen brennen. Und da sind die Bewegungen der Hände egal, die rhetorischen Figuren, da kommt es nicht auf den genauen Aufbau der Rede an oder auf die Schönheit der Folien. Wenn ein Mensch für sein Thema brennt, wird für Redner und Zuschauer die Zeit verfliegen.

In meiner Klasse gab es einen sehr stillen Mitschüler, den wir alle nicht richtig ernst genommen haben. Bis er sich für ein Referat über Fotografie gemeldet hat. Und das war so toll, dass ich mich heute noch daran erinnere. Er hat immer noch genuschelt, hatte die scheußlichste Frisur der Welt und war wirklich kein brillanter Redner. Aber er wusste so viele interessante Dinge über Fotografie und hatte so tolle Beispiele und Geschichten parat, dass der Funke übersprang. Nach seinem Referat war seine Stellung in der Klasse eine andere. Er hatte gezeigt, dass er für sein Thema brannte.

Und wenn Sie nicht brennen für das, was Sie vortragen? Dann suchen Sie sich einen Teilaspekt, für den Sie brennen. Suchen Sie etwas, das Sie interessant finden! Oder machen Sie das Dilemma zum Thema: Sprechen Sie darüber, wie Ihnen klar geworden ist, dass das ein langweiliges Thema ist. Schlechte Bedienstete reden ihrem Arbeitgeber nach dem Mund. Könige und Königinnen haben eine eigene Meinung, die sie auch gut belegt vertreten.

Reden vor der Gruppe ist also nicht wirklich schwer. Man muss einfach nur den Mut haben, es zu tun. Dabei ist man am besten ganz so, wie man ist. Das Wichtigste dabei: Sie sollten etwas zu sagen haben!

Michael Rossié arbeitet seit fünfundzwanzig Jahren als Sprechtrainer, Coach und Speaker im Auftrag namhafter Radio- und Fernsehsender sowie in allen Bereichen der Wirtschaft. Insiderwissen aus der Medienbranche sammelte er als freier Schauspieler und Regisseur, sowie als Prominenten-Coach für Comedy-Formate. In mehr als hundert Seminaren jährlich arbeitet Michael Rossié für Filmproduktionen, Wirtschaftsunternehmen, Parteien, Akademien, Schulen und Hochschulen. Er ist Autor von sieben Büchern rund um das Thema Kommunikation und schreibt in seiner Freizeit Kurz- und Kürzestkrimis für Anthologien und Zeitschriften.

www.sprechertraining.de

Sehen Sie gut aus!

Wie Sie stilsicher werden und optisch optimal ankommen

VON ELISABETH MOTSCH

Wie kleidet man sich ordentlich, was ist ein professionelles Outfit? In der Schule spielt das keine Rolle - Jugendliche richten sich nach Szene-Dresscodes, und Lehrer kleiden sich oft privat bis nachlässig. Dabei ist es sehr wichtig, später im Berufsleben auch optisch eine gute Figur zu machen. Und dabei geht es nicht nur um die Frage, ob man eine Krawatte trägt oder nicht. Welche Farben und Stoffe stehen einem Menschen wirklich? Wie entwickelt er ein Gefühl für Angemessenheit? Und schließlich: Welche Aussagen lassen sich durch Kleidung transportieren? Das ist keineswegs Jacke wie Hose: Jedes Kleidungsstück drückt etwas aus. Und wer Stil lernt, nimmt gleich noch einige soziale Codes mit.

Der Bewerber, der das Zimmer der Personalreferentin betrat, war fürchterlich angezogen. Ein junger Mann, an sich sehr gut aussehend, in einem für seinen Typ viel zu glatten Anzug, das Hemd in einer Farbe, die weder zu seinen Augen noch zu seinen Haaren passte, und die Krawatte bunt gesprenkelt.

Der junge Mann – nennen wir ihn Mirko – wusste nicht, warum ihn die Personalreferentin so schief anblickte und weshalb sie so verschmitzt lächelte. Er wusste nur: Sie wirkte auf ihn unfassbar souverän. Sie war zwar kein Model, aber sie gab ein vollkommen stimmiges Bild ab und war auf eine sonderbare Weise schön. Der Kupferton ihrer roten Haare korrespondierte geradezu erotisch mit dem Grün ihrer Augen. Dasselbe Grün fand sich in ihrem Kostüm wieder. Und ihre Wimpern hatten dieselbe Farbe wie der helle Braunton der Sommersprossen auf ihrem Porzellan-Teint. Mirko vollzog das zwar alles nicht nach, es war ihm nicht bewusst. Aber unbewusst wirkte es auf ihn und machte die Frau auf der anderen Seite des Schreibtisches zu einer unglaublich beeindruckenden Erscheinung.

Was Mirko in Sachen Outfit gelernt hatte, war: Wenn du einen wichtigen Termin in der Welt der Erwachsenen hast, dann bind dir einen Schlips um. Mehr wusste er nicht. Dass wir nicht Anzug und Krawatte tragen, um schlecht auszusehen, hatte ihm bis dahin niemand beigebracht. Seine Lehrer trugen meist merkwürdige Kombinationen aus Wollhosen und Sakkos, wenn nicht abgetragene Jeans und Pullover. Mirko unterschied, was die Männermode anging, nur zwischen Schlipsträgern und Nicht-Schlipsträgern.

Die Personalreferentin unterhielt sich eine Weile mit Mirko. Dann komplimentierte sie ihn höflich hinaus. Sie wusste schon, dass sie ihm absagen würde, ganz unabhängig davon, was er fachlich konnte. Denn um seinen Notendurchschnitt oder um Hard Skills wie Mathematik, Office-Programme und Dokumentenablage ging es nur nachrangig. Zuvorderst waren Soft Skills gefragt, denn irgendwann würde der Azubi auch einmal im Frontoffice-Bereich des Versicherungskonzerns tätig werden. Da das Unternehmen seinen Mitarbeitern keine Uniformen aufzwang, war jeder für sein Äußeres selbst verantwortlich. Und einem so dermaßen geschmacklos gekleideten jungen Mann erst einmal beizubringen, welche Farben und Stoffe aus ihm eine ebenso spannende Erscheinung machen würden wie aus der Personalreferentin, war fürs Unternehmen in allererster Linie unökonomisch und fernab der Möglichkeiten.

In nahezu allen Berufen, in denen Arbeitnehmer keine Uniformen oder Arbeitskleidung tragen, ist Bewusstsein fürs Äußere gefragt. Selbst wenn jemand nicht im Kundenkontakt steht, erwarten Chefs schon alleine im Sinne des Betriebsklimas gegenseitige Wertschätzung durch angemessene Kleidung. Ebenso wie das Auge beim Essen mitisst, arbeitet es am Arbeitsplatz mit. Durch ein gepflegtes und passendes Äußeres bringen Menschen nicht nur ihren Selbstwert gegenüber sich selbst zum Ausdruck, sondern auch Respekt gegenüber den anderen.

Was passt?

Wenn etwas „passt", sagt man im Englischen: „It fits". Daher der Begriff „Outfit". Das „Fitting" bezieht sich sowohl bei Jugendlichen als auch bei Erwachsenen dabei weniger auf die Frage, ob ein Kleidungsstück zum Typ passt. Meist bezieht es sich darauf, ob es zur Szene passt, zur Umgebung, zum Anlass. Was trägt man auf einer Beerdigung? Schwarz. Was trägt man zur privaten Grillparty? Sportlich-legere Freizeitkleidung. Was trägt man bei einer Weihnachtsfeier des Konzerns? Business.

Wenn es um den richtigen Griff in den Kleiderschrank geht, scheinen sich die meisten Menschen vom Anlass leiten zu lassen. Dabei beleuchtet die Frage, ob das „Fitting" ihres Äußeren zum Anlass passt, nur einen von drei wichtigen Aspekten:

- **Passt ein Outfit zum Anlass?** Hier bringen wir unsere Angemessenheit zum Ausdruck und unseren Respekt für die Anwesenden und die Situation. Bei einem Firmenessen in einem gehobenen Restaurant beispielsweise befiehlt der soziale Code für Herren: Business-Anzug.

DIE BILDUNGSL"CKE **213**

- **Passt ein Outfit zum Typ?** Hier geht es um die Frage, welche Kleidung zur Figur passt, zur Augen- und Haarfarbe, zur Struktur der Haut, zur Art, sich zu bewegen. Ist ein Mann eher zart und schlank mit glatter Haut? Dann sollte auch sein Anzug glatt sein, damit in der Wahrnehmung kein Bruch entsteht. Ist er eher kräftig und Naturbursche? Dann sollte sein Anzug eine gröbere Struktur haben, und zarte Lederschuhe fallen aus. Ausgenommen, der Dresscode ist formell. Dann ist der dunkle Businessanzug gefragt.
- **Passt ein Outfit zur individuellen Aussage?** Hier dient Kleidung dazu, einer persönlichen Haltung Ausdruck zu verleihen. Sie spiegelt wider, wofür ihr Träger steht – und sorgt für Authentizität. Ist der Mann ein Kreativer? Dann darf er die Krawatte weglassen und zu seinem Anzug einen exzentrischen Gürtel tragen.

Die folgende Grafik zeigt, wie sich die drei Aspekte des Outfits zueinander verhalten:

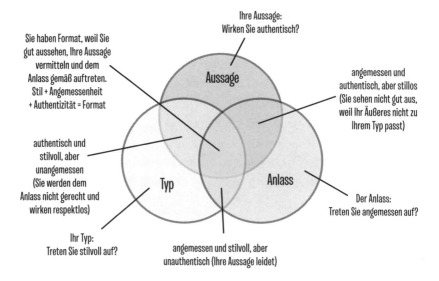

Wie die Grafik zeigt, bleibt am Ende nur eine kleine Schnittmenge dieser drei Aspekte. Wer diese Schnittmenge trifft, beweist Stil und hat Format. Denn er bringt alle drei Aspekte unter einen Hut: Das Outfit entspricht der Situation, transportiert die Aussage des Menschen und lässt ihn zudem gut aussehen.

Was die Grafik ebenfalls zeigt: Es gibt sechs Möglichkeiten, sich falsch zu kleiden, und nur eine Möglichkeit, sich richtig zu kleiden. Gehen wir in der Grafik von oben beginnend im Uhrzeigersinn im Kreis herum und dann zur Mitte:

- Wer sich einzig und allein gemäß seiner Aussage kleidet (wie die Punks der Achtziger Jahre), wird bei allen möglichen Anlässen mit seinem Outfit anecken. Und er sieht in seinen Kleidern möglicherweise nicht einmal gut aus.
- Wer seine Aussage berücksichtigt und dem Anlass gemäß auftritt, übersieht dabei möglicherweise die Chance, gut auszusehen.
- Wer sich dem Anlass gemäß kleidet, ist konform, aber farblos – und sieht ebenfalls nicht unbedingt gut aus.
- Wer typgerecht gekleidet ist und dem Anlass angemessen, vernachlässigt möglicherweise seine Aussage. Solche Menschen wirken oft wie Schaufensterpuppen: farblos und ohne einen Charakter, an den man sich erinnern würde.
- Wer sich einzig typgerecht kleidet, sieht gut und stimmig aus, wird aber möglicherweise dem Anlass nicht gerecht und sagt auch wenig aus. Hier finden sich die klassischen Fashion Victims, die zwar Geschmack haben, aber wenig Profil.
- Wer den Anlass ignoriert, wird zwar möglicherweise gut aussehen und auch etwas über sich sagen, aber anecken wird er dennoch, weil er die Codes verletzt.
- Wer sich gemäß allen drei Erfordernissen kleidet, wirkt nicht nur interessant durch seine Aussage und respektiert Anlass und Anwesende durch seine Angemessenheit, sondern sieht auch gut aus.

DIE BILDUNGSL°CKE 215

Um sowohl angemessen gekleidet zu sein als auch typgerecht und authentisch gemäß der eigenen Aussage, sind also einige Auswahlprozesse nötig. Einer meiner Kunden beispielsweise wusste am Ende des Coachings: Die Farben, von denen er in seinem individuellen Outfit ausgeht, sind Blau und Braun. Da ihm beide Farben stehen, hat er grundsätzlich zwei Settings. Davon ausgehend trägt er blaue beziehungsweise braune, in beiden Farbschemata aber cremefarbene Hemden. Er ist ein robusterer Typ, daher kauft er nur Schuhe mit breiten Leisten. Seine Haut ist wechselhaft, daher sind die Stoffe gröber. Sein Gesicht ist asymmetrisch, daher trägt er unregelmäßige Muster. Seine Aussage ist kreativ und revolutionär, daher finden sich auch bei gediegenen Anlässen in seinen Accessoires kleine Extravaganzen. Für jeden Anlass hat er nun etwas anzuziehen, das seinem Typ entspricht. Er zieht nicht einfach irgendetwas an, was irgendwie geht, sondern jedes Kleidungsstück ist ein Treffer. Am Ende liegen und hängen im Kleiderschrank nur noch Dinge, die einem wirklich stehen. Und dasselbe betrifft die Accessoires: Alle Schuhe stimmen, der Schmuck passt, ebenso Schals, Gürtel und Uhr.

Wie sich guter Stil entwickeln lässt

Wie also entwickelt man Stil? Zunächst sollte man sich darüber bewusst werden, dass es sich bei „Stil" eben um Selbstausdruck handelt und nicht etwa um eine Maskerade wie beim Karneval oder beim Theater. Es geht eben nicht darum, eine Rolle zu spielen und damit jemand anderes zu sein. Sondern es geht darum, die individuellen Eigenarten zu entdecken und zu unterstreichen. Stilvolle Frauen malen sich morgens keine Theatermaske ins Gesicht, sondern bringen mit Schminke dezent ihren Typ zum Ausdruck. Ebenso verhält es sich mit den anderen Komponenten: mit Kleidung, Schuhen, Accessoires und zuletzt auch mit dem Parfum.

Die Grundlage dieses Selbstausdrucks sind …

- das Bewusstsein über den eigenen Typ und
- der nötige Selbstwert, diese Individualität nach außen
  zu signalisieren.

Das sind wichtige Punkte – zeigen sie doch, dass vor jedem Kauf eines Kleidungsstücks die Selbstreflexion steht. Das Bewusstsein über den eigenen Typ schließt eine Menge Selbsterkenntnis ein und auch den Blick von außen auf die eigene Erscheinung. Das klingt selbstverständlich, ist es aber nicht unbedingt, wenn wir an den Vierzigjährigen denken, der sich im Stile eines Zwanzigjährigen kleidet, oder an die übergewichtige Frau, die ihr Übergewicht nicht wahrhaben will und viel zu enge Kleidung trägt. Also ist die Selbstbetrachtung von außen wichtig: Wie sehe ich aus, und wie wirke ich?

Wie sich Stil am besten entwickeln lässt, möchte ich nun anhand verschiedener Kriterien zeigen: Wir beginnen beim Geschlecht und gehen über die körperliche Optik und einige Charakterfragen hin zum gewünschten Eindruck. Daraufhin erfahren Sie einige grundlegende Dinge zu den Themen Stoffe, Farben und Stilrichtungen. Danach befassen wir uns mit Dresscodes und der passenden Kleidung im Berufsleben.

Die wichtigsten Tipps für Mädchen und Frauen

Die wichtigste Erkenntnis für Mädchen und Frauen widerspricht schon einmal dem Gleichheits-Postulat der Post-68er: Nicht jede kann alles tragen. Sollten Sie schlank sein und Kleidergröße 32 bis 34 haben, sehen Röhrenjeans super aus. Mit Kleidergröße 40 aber betonen Röhrenjeans den Po noch stärker, und Sie sehen noch dicker aus. Solche Kriterien der körperlichen Optik sind wichtig: Die optische Komponente besteht aus allem, was sich objektiv messen und bewerten lässt. Eine Schnittführung, die Ihre Figur gut wirken lässt (zum Beispiel durch

Rock- oder Hosenform, Länge der Oberteile), die Wahl des Ausschnitts (Form und Tiefe), des Kragens, der Ärmellänge sowie Accessoires wie Schmuck, Uhren, Handtaschen, Schuhe.

Lassen Sie uns einige Figuren durchgehen und daraus Kleidungstipps ableiten. Wer sie als eiserne Gesetze betrachtet, sieht automatisch gut aus:

- **Rechteckige Figurform:** Schulter, Taille und Hüfte sind gleich breit. Hier empfehlen sich gerade Hosen und gerade Röcke. Die Hosen werden nach unten nicht schmaler, sondern bleiben gleich breit.
- **Dreieckige Figur:** Die Schulter ist schmaler als die Hüfte. Hier sollten Sie Hosen und Röcke in der so genannten „A-Linie" mit kürzeren Oberteilen kombinieren. Das „A" aus dem Begriff „A-Linie" entspricht Ihrer Figur und sagt: oben schmaler als unten. Schauen Sie, dass Sie den Bund enger nähen, da die Taille sehr schmal ist.
- **Umgekehrtes Dreieck:** Die Schulter ist breiter als die Hüfte. Hier empfehlen sich Caprihosen, Röhrenhosen und enge Röcke. Die schmalen Hosen lassen sich gut in Stiefel stecken.
- **Sanduhr-Figur:** Die Taille ist sehr schmal, die breiteste Stelle liegt an den sogenannten Reiterhosen. Hier passen Hosen und Röcke in A-Linie, also ausgestellt ab der breitesten Stelle, und kurze Oberteile dazu.
- **Die Achter-Figur:** Die Figur ist wie eine Acht geformt. Diese Figur hat eine schöne Taille, jedoch ist die breiteste Stelle nicht die Reiterhose, sondern die Figur beginnt gleich nach der Taille breiter zu werden. Die Figur formt sich gleichsam aus der Hüfte heraus wie eine Acht. Die Achter-Figur ist eine sehr weibliche Figurform. Die Röcke sind konisch geschnitten, sie werden zum Knie hin schmaler, und passende Hosen sind Hosen in Bootcut-Schnitten.

Die Körperform lässt sich übrigens ganz einfach feststellen: Man nimmt eine lange geöffnete Kette und lässt diese an der breitesten Stelle der Schulter herunterhängen. Ist die Hüfte breiter als die Schulter, so wird das Ende der Kette die Hüfte berühren. Ist die Hüfte schmaler, so wird das Ende der Kette neben der Hüfte hängen.

Für die Oberteile gilt ebenfalls ein eisernes Prinzip: Je kleiner der Mensch, desto kürzer die Oberteile – und je größer der Mensch, desto länger die Oberteile. Nehmen Sie einfach die Grenze von 1,65 Metern: Wer kleiner ist, trägt kürzere Oberteile, wer größer ist, längere. Für Oberteile gilt übrigens: außerhalb der Freizeit bitte nicht bauchfrei!

Auch die Länge der Beine spielt eine Rolle. Haben Sie kurze oder lange Beine? Das messen Sie einfach vom Schritt bis zu den Mittelfußknochen: Ist diese Länge kleiner als die Hälfte der Körpergröße, haben Sie kürzere Beine, und entsprechend bieten sich kürzere Oberteile an, da sie optisch verlängern. Überschreitet die Strecke vom Schritt bis zum Vorfuß die Hälfte Ihrer Körpergröße, haben Sie lange Beine und dürfen die Länge mit langen Oberteilen unterbrechen. Ein längeres Oberteil mit kurzen Beinen kann nur dann gut aussehen, wenn Sie es mit einem Gürtel oder einer kurzen Jacke optisch unterbrechen.

Die wichtigsten Tipps für Jungen und Männer

Auch Jungen und Männer sollten sich ihrer Körperproportionen bewusst sein. Wenn Sie den Körper in acht Gesichtslängen unterteilen, können Sie schnell feststellen, ob Ihr Körper irgendwo verhältnismäßig kurz oder lang ist. Vier Gesichtslängen Beine und vier Gesichtslängen Oberkörper mit Kopf sind ausgeglichen.

Um harmonische Längenproportionen zu schaffen, gelten folgende Regeln:

- Wo ein Abschnitt des Körpers kurz ist, sollten Sie optische Unterteilungen vermeiden. Haben Sie beispielsweise lange Beine und einen verhältnismäßig kurzen Oberkörper, sollten Sie keine zu kurzen Oberteile tragen, die lassen die Beine noch länger werden.

DIE BILDUNGSLÜCKE 219

Umschlaghosen sind zu empfehlen, weil Sie die Beine verkürzen.
- Wo ein Abschnitt lang ist, sind optische Unterteilungen zu empfehlen. Das gelingt Männern mit langen Beinen beispielsweise, indem sie Hosen mit Umschlag tragen (am unteren Ende der Hose wird die Hose circa 2 cm nach außen umgeschlagen).
- Ist Ihr Körper insgesamt kurz, empfiehlt sich farblich Ton in Ton. Farbliche Unterteilungen würden die Kürze betonen.
- Sind Sie sehr groß, empfehlen sich farbliche Unterteilungen. Farbige Unterteilungen wie blaue Hose, roter Pullover unterbrechen die Größe und lassen Sie durch die Unterbrechungen weniger lang wirken.
- Haben Sie kurze Beine, sollten Sie von Hosenaufschlägen absehen, in der Freizeit Ärmel von Hemden und Pullovern aufkrempeln und einen Kontrast zwischen Hemd und Sakko oder Pullover schaffen, um dort die Aufmerksamkeit hinzulenken. Tragen Sie Shorts, sollten deren Hosenbeine kürzer sein.
- Männer mit langen Beinen tragen am besten längere Jacken und längere Ärmel bei Pullover und Hemd. Wenn Sie Shorts tragen, dann sollten die Hosenbeine länger sein.

Apropos Shorts: Lange Hosen wirken vorteilhafter als kurze Hosen. Kurze Hosen sind bei Herren nur in der Freizeit und beim Sport erlaubt – kurze Hosen wirken zu salopp und zu privat.

Ebenso wie bei Mädchen und Frauen geht es bei Jungen und Männern um die Figur. Die häufigsten Körpersilhouetten bei Jungen und Männern sind das Rechteck, das Oval und das umgekehrte Dreieck:

- Bei der Rechteckfigur sind Hüfte und Schultern etwa gleich breit. Hier sind gerade Hosenschnitte vorteilhaft.
- Bei dem Oval – die Schultern sind schmaler oder ebenso breit wie die Hüfte – sollten Hosen nach unten schmaler zulaufen.
- Beim umgekehrten Dreieck sind die Schultern breiter als die Hüfte. Hier sind keilförmige Hosenschnitte zu empfehlen.

Charakter und Ausdruck

Diese Regeln für die Merkmale der körperlichen Optik gelten prinzipiell – unabhängig von der Frage, was jemand aussagen will, und auch noch unabhängig von der Frage, welche Farben und Farbkombinationen geeignet sind. Die Regeln für Längen von Kleidungsstücken gemessen an der Figur gelten bei Konformisten und Nonkonformisten gleichermaßen – es gibt für beide keine Möglichkeit, gut auszusehen, wenn sie gegen diese Regeln verstoßen.

Als Nächstes stellt sich die Frage, welchen Charakter jemand im Grundsatz hat. Neben der körperlichen Komponente kommen wir zur psychologischen Komponente: Sie umfasst alles, was – teilweise sehr – subjektiv ist. Dazu gehören die Farben, die Sie wählen, und auch die Farbkombinationen, also Kontraste. Und dazu gehören vor allem auch die Feinheiten, welche dafür sorgen, dass die Kleidung einer Persönlichkeit beziehungsweise dem Charaktertyp gerecht wird:

- **Tiefsinnige und Kreative** streben danach, sich auszudrücken. Sie möchten unverwechselbar sein. Das sollte man auch ihren Outfits ansehen. Deshalb können diese Menschen kreativ und unkonventionell sein, was ihr Styling angeht. Die Erscheinung darf dabei ruhig etwas Außergewöhnliches haben. Geeignete Kleidungsstücke sind ein kreativer Kragen, außergewöhnlicher Schmuck, eine extravagante Brille oder eine außergewöhnliche Farbe.
- **Natürliche und Soziale** sind bodenständig, natürlich und unkompliziert. Modischer Schnickschnack ist ihnen fremd. Je praktischer ihre Outfits sind, umso besser finden sie es. Das heißt aber nicht, dass sie nachlässig sind und in abgetragener Kleidung herumlaufen. Die Materialien sind natürlich, weich und eher grob. Erdtöne sind ihre Lieblingsfarben. Geeignete Kleidungsstücke sind Old English Countrystyle, Trachtenlook und natürlich schlicht.
- **Dramatiker und Extrovertierte** stehen nur zu gerne im Mittelpunkt und genießen es, wenn andere sie bewundern. Sie sollten darauf

achten, dass ihr Stil nicht billig wirkt, da sonst das Besondere untergeht. Edle Materialien unterstreichen den aufregenden und dramatischen Stil und Geschmack. Geeignete Kleidungsstücke sind beispielsweise asymmetrisch geschnitten oder haben auffällige Muster.

- **Sportliche und Vitale** lieben Bewegung, Action und Spaß. Mit umständlicher, steifer Mode können sie nichts anfangen. Ihr Stil transportiert Aktivität. Ihre Materialien sind elastisch oder gerippt. Grün und Blau sind ihre Lieblingsfarben. Geeignete Kleidungsstücke sind Poloshirt, Bluse, Jeans.
- **Elegante und Perfekte** legen großen Wert auf Status – und beeindrucken ihre Mitmenschen auch gerne damit. Das Beste ist gerade gut genug. Eine edle, elegante Garderobe ziert ihren Kleiderschrank. Der Stil ist standesbewusst und elegant. Geeignete Kleidungsstücke sind zeitlos, klassisch und edel.

Der Eindruck, den ein Mensch erzeugen kann, siedelt sich zwischen den beiden Polen „formell" und „freundlich" an. Wer formell wirkt, wirkt zugleich oft sehr intensiv und wuchtig und daher eher abweisend. Trotzdem gibt es Mittel und Wege, um auch in einem formellen Outfit gewinnend und zugänglich zu wirken. Ganz unabhängig von der visuellen Qualität können wir durch den bewussten Gebrauch von Struktur und Farbe unsere Wirkung ausbalancieren. Wer eher formell und unnahbar wirkt, kann folgende Punkte beachten:

- Weiche Stoffe machen zugänglicher als feste Stoffe.
- Geringe Kontraste machen zugänglicher als starke Kontraste.
- Diffuse Muster machen zugänglicher als klar definierte Muster.
- Mittlere bis helle Farben machen zugänglicher als dunkle Farben – wenn die Haut hell ist.
- Mittlere bis dunkle Farben machen zugänglicher als helle Farben – wenn die Haut sehr dunkel ist.
- Gedeckte oder warme Farben mit einer ruhigen Qualität mildern Ihre visuelle Wucht.

Für Menschen, die ihren freundlichen und zugänglichen Eindruck zu einem etwas kraftvolleren, intensiveren und formelleren Eindruck machen möchten, sind folgende Punkte wichtig:

- Feste Stoffe wirken kraftvoller als weiche Stoffe.
- Hohe Farbkontraste wirken kraftvoller als niedrige bis mittlere Farbkontraste.
- Klare und entschiedene Definitionen in Mustern wirken kraftvoller als mäßig definierte Muster.
- Dunkle Farben wirken formeller als helle Farben – wenn die Haut hell ist.
- Helle Farben wirken formeller als dunkle Farben – wenn die Haut dunkel ist.
- Kräftige und glänzende Farben signalisieren Stärke.

Stoffe und Farben

Ausgehend von diesen Grundsätzen können wir jetzt schauen, welche Stoffe und Farben zu einem Menschen passen. Die Oberfläche eines Stoffes kann sehr fein und glatt sein, oder aber sie kann Struktur haben und damit gröber wirken. „Struktur" bezeichnet die Haptik der Oberfläche eines Stoffes.

Generell gilt hier das Prinzip der Wiederholung: Passt sich die Kleidung der Beschaffenheit des Körpers an, wiederholt also die Kleidung etwa die Beschaffenheit der Haut, bilden beide eine stimmige Einheit. Brüche dagegen wirken meist unstimmig. Je feiner die Haut beispielsweise ist, umso feinere Stoffe sind zu wählen. Grobe Stoffe passen ebenso wenig zu feiner Haut wie feine Stoffe zu einer gröberen Haut. Das Prinzip der Wiederholung betont Vorteilhaftes und versteckt Nachteilhaftes: Aknehaut fällt weniger auf, wenn auch die Stoffe eine Oberflächenstruktur haben. Krauses Haar wird stimmig, wenn strukturierte Stoffe es wiederholen. Ist die Haut fein und sind die Haare kraus, so wiederholt die

Kleidung im Idealfall beide Strukturen – beispielsweise durch eine Bluse aus einem feinen Stoff mit einer aufgerauten Kette oder einer gröberen Strickjacke. Und übrigens: Feine Stoffe verstärken die Wirkung von Sommersprossen.

Was die Farben angeht, so darf es umso mehr an Farbe sein, je extrovertierter jemand ist. Je introvertierter jemand ist, desto weniger auffällig sollten Farben sein. Eine einfache Faustregel lautet: Blonde Menschen tragen eher hellere Farben, und dunklere Menschen tragen eher dunklere Farben – jeweils auch in Kombination.

Welcher Beruf trägt welche Kleidung?

In jedem Beruf gilt traditionell ein anderer Kleidungsstil. Die Kleidung soll dem Firmenimage entsprechen. Berufstätige sollten daher die firmeneigene Kleiderordnung beachten. Meist ist Zurückhaltung bei Farben und Accessoires geboten – außer in der Mode- und Werbebranche und bei manchen modernen Medienunternehmen. Die wichtigsten Codes nach Berufen:

- **In Banken, Versicherungen, Rechtsabteilungen und in der Buchhaltung** trägt man Kostüm oder Anzug entsprechend dem Business. Hier gelten Werte wie Seriosität, Vertrauen und Sicherheit, und diese gilt es durch die Kleidung zu vermitteln. Auch Mitarbeiter im Back-Office sind im Haus unterwegs und sollten diese Kleiderregel beachten. Sofern kein Kundenverkehr stattfindet, dürfen Blazer oder Sakko selbstverständlich ausgezogen werden. Ein wichtiges Ziel in diesen Berufsfeldern ist Understatement. Ihre Kleidung soll modern und nicht bieder wirken. Bei Kundenterminen eignen sich dunkle Business-Farben für Ihre Kleidung am besten.
- **In Management, Consulting, Training, Marketing und PR** gilt es, einen Tick schicker zu sein als im klassischen Business, aber nicht zu modisch. Hosen mit Pullover sind nur in der Werbe- oder

Modebranche möglich. Ansonsten sind der komplette Hosenanzug oder die Blazer-Hose-Kombination für Damen gefragt, Anzüge und Kombinationen für Herren. Grundsätzlich gilt hier: Es sollte anspruchsvolle Business-Kleidung in gehobener Qualität und in dunkleren Farbtönen sein.

- **Im Business-to-Business-Verkauf** („B2B") ist professioneller Look meist unbedingt notwendig. Er verlangt daher das klassische Business-Kostüm, Kombinationen, komplette Hosenanzüge, Anzüge und Kombinationen in mittleren bis dunkleren Farbtönen. Farben sollten so gewählt sein, dass sie nicht ins Auge springen, aber trotzdem modern und zeitgeistig sind.

- **In der Dienstleistung** muss Kleidung geschäftsmäßig sein, darf aber ruhig auch etwas modischer sein. Kostüme, Kombinationen, Hosenanzüge, Anzüge und Kombinationen müssen nicht unbedingt in dunklen Business-Farben gehalten sein. Nur bei wichtigen Terminen und Verhandlungen ist klassische Geschäftskleidung notwendig.

- **In Kreativ-Jobs** (Werbung, Medien, Modebranche) darf die Kleidung modisch und bunt sein, kreativ und ausdrucksstark – aber alles von guter Qualität. Kreativität ist hier die Botschaft, die die Kleidung vermittelt. Wichtig dabei: Konservative Kunden ertragen nicht so viel Kreativität wie andere. Gute Kreative vermitteln, dass sie Trends setzen, und sind zugleich kompatibel mit konservativen Kunden. Und: Kreative sollten sich von der durchgehend schwarzen Kleidung verabschieden und farbliche Akzente setzen mit Krawatten, Uhrbändern oder ausgefallenen Accessoires. Laut Farbpsychologie schafft durchgehend schwarze Kleidung Distanz. Und das ist hinderlich, wenn Nähe angezeigt ist.

- **In sozialen Berufen** eignen sich, sofern keine Arbeitskleidung vorgeschrieben ist, Kombinationen mit Rock oder Hose. Sie sind am praktischsten und lassen Bewegungsfreiheit. Business-Kostüme und Anzüge sind hier fehl am Platz. Eher frische und/oder aufmunternde Farben unterstützen Ihre Arbeit mit den Menschen.

- **In uniformierten Berufen** wie etwa bei Apothekern, Richtern, Airline-Personal und vielen anderen ist es nur möglich, eventuell mit zurückhaltendem Schmuck, farbigem T-Shirt oder auch einem Tuch Individualität zu zeigen. Für Damen ist ein gepflegtes Make-up sehr wichtig. Männer müssen sich dem Gesetz der uniformierten Masse unterwerfen und können leider nicht wirklich ihre Individualität zeigen.
- **In Lehrberufen** gibt es Unterschiede in den verschiedenen Lehrbereichen. Ein Lehrer an einer öffentlichen Schule wird sich eher leger kleiden, ein Trainer in einer Bank hingegen erscheint in Business-Kostüm oder Business-Anzug. Allgemein gilt, dass die Business-Kleidung farbenfroher sein darf, in nicht zu lauten Farben, aber doch modisch. Interessanterweise ist die Meinung von Eltern über die Kleidung von Lehrern an öffentlichen Schulen denkbar schlecht. Es muss kein Anzug sein, aber gerade im Outfit vieler Lehrer zeigt sich, dass sie auch im Casual-Stil danebengreifen. Lehrer sind für Schüler keine Vorbilder, wenn Sie im Unterricht in Schlabberpullis und Ökoschlappen herumlaufen – einige Lehrer kleiden sich so schlecht, dass sie in manch einer Firma entlassen würden. No-Gos sind auffälliger Schmuck, zu kurze Röcke und schrille Farben – sie bieten unnötig Interpretationsfläche für Schüler und Studenten. Extravaganzen mindern die Konzentration und beeinträchtigen die Kompetenz-Wirkung.

Das Wissen über Stil und Geschmack gehört eindeutig zu den Kompetenzen, die junge Menschen im Berufsleben brauchen – damit sie nicht bei Bewerbungen schon versagen, weil sie wie Mirko keine Ahnung von Kleidung haben.

Elisabeth Motsch, Autorin von „Karriere mit Stil - Top-Umgangsformen im Business" (Leykam 2004) und von „Lust am eigenen Stil" (Leykam 2005) ist mit ihrem stilsicheren, selbstbewussten und kompetenten Auftritt zur Marke geworden. In ihrer Tätigkeit als Referentin und Trainerin verbindet sie sprühende Leidenschaft für Menschen, Mode und Stil mit fachlicher Kompetenz. In ihren Vorträgen und Seminaren geht es um Wirkung und Performance der Kleidung und dem Auftreten im Berufsleben. Mit ihrem Experten-Know-how berät sie heute namhafte Firmen im In- und Ausland und referiert als Speaker bei Kongressen und Seminaren.

www.motsch.at

Der Flirt mit dem Traumjob

Wie Sie (sich) richtig (be)werben

VON HEIDI PÜTZ

Im Beruf erfolgreich zu sein, ist wie erfolgreiches Flirten. Denn wir verkaufen uns ständig selbst - und das ist im Kern nichts anderes als ein Flirt. Weder das Flirten noch das Verkaufen lernen wir in der Schule: Das Flirten gilt als Privatsache, und „sich selbst verkaufen" hat einen negativen Beigeschmack. Doch beides ist wichtig, wenn man erfolgreich und glücklich im Beruf sein möchte. Außerdem wird der Start in den Job viel einfacher, wenn man die Zusammenhänge erkennt. Was im Verkauf und in der Liebe gilt, das gilt für jede Bewerbung: Wir bewerben unsere Persönlichkeit in schillernden Farben und zeigen, dass wir bieten können, was sich der andere wünscht. Und das möglichst mit Charme und Einfühlungsvermögen. Sind wir für den anderen interessant oder langweilig? Oft spielt der empathische Zugang eine größere Rolle als Noten. Wer im Leben also erfolgreich sein will, braucht die Fähigkeit, sich selbst interessant und begehrenswert zu machen, ohne dabei zu dick aufzutragen.

Als ich noch ein Teenager war, da gab es in meiner Klasse zwei Mitschüler, die mir beide richtig gut gefallen haben: den Toni und den Helmut.

Toni arbeitete nach der Schule in der Eisdiele seines Vaters. Wenn ich zur Tür hereinkam, strahlte er übers ganze Gesicht: „Die Heidi! Na, wie geht es dir? Gut? Was bekommst du? Wie immer? Stracciatella, Haselnuss und Schokoladensauce?" Mit so viel Aufmerksamkeit bringt man jedes Mädchenherz zum Schmelzen.

Und dann gab es noch Helmut, den Sohn vom Steuerberater. Helmut hatte eine ganz andere Taktik bei den Mädels. Er war cool. Er erzählte gerne von den beruflichen Erfolgen seines Vaters. Er fuhr jedes Jahr zu Ostern in den Skiurlaub und kam immer gut gebräunt zurück. Dabei waren seine Sprüche bei jeder Frau gleich. Der Toni dagegen hatte ein Händchen dafür, uns Mädels das Gefühl zu geben, dass wir einzigartig sind und er uns genau kennt.

Wenn man das andere Geschlecht beeindrucken will, dann gibt es zwei Möglichkeiten. Entweder wir gehen, wie Helmut, von uns selbst aus. Nach Helmuts konservativem Weltbild stehen Frauen ja auf Männer mit Geld und Macht. Aber kann man auch eigenständige, intelligente Frauen damit beeindrucken? Toni erzählt nicht viel darüber, was er hat. Er hat die Gabe herauszufinden, was sein Gegenüber will. Mag sie lieber Schokolade oder Vanille? Und welche Frau wünscht sich nicht, etwas ganz Besonderes zu sein? Während Helmut immer wieder versucht, mit Geld die Mädels zu beeindrucken, denkt Toni individuell. Im Verkauf gibt es dafür einen Fachbegriff: „zielgruppengerecht". Genau so, wie auch eine Bewerbung zielgruppengerecht sein sollte, also individuell auf das Unternehmen zugeschnitten.

Im Leben zählt der persönliche Kontakt ...

Marketing? Verkauf? Ist das nicht diese Klinkenputzerei? Sind Verkäufer nicht diese Leute, die uns mit Spam belästigen und uns Zeug verkaufen wollen, das wir nicht brauchen? Der Begriff „Verkauf" löst bei vielen eine negative Reaktion aus.

Dabei bin ich sicher, dass es bei fast allem im Leben ums Verkaufen geht. Letzten Endes verkaufen wir immer. Und das schon in der Schule: Wir verkaufen unsere Ideen für die Projektwoche, müssen dafür Argumente sammeln und vielleicht sogar dafür kämpfen. Wir verkaufen uns als den richtigen Tanzpartner oder als beste Freundin. Verkaufen heißt: Ich schaue, was die anderen brauchen, und überlege dann, wie ich darauf aufmerksam mache, dass ich dafür genau die Richtige bin. Wie Toni.

Als ich nach dem Abitur vor der Frage stand: „Wie soll es jetzt beruflich für mich weitergehen?", da habe ich noch nach ganz anderen Kriterien ausgewählt. Angenervt vom Schulsystem habe ich nach dem Studium gesucht, das möglichst wenig langweilige Themen behandelt. So eine Schmerz-Vermeidungs-Taktik führt nie zum Erfolg und hat mich einen ganz schönen Umweg laufen lassen. Dabei wussten die Menschen um mich herum schon genau, wofür sie mich schätzen. Aber der Beruf Autorin und Rednerin steht in keiner Studienbeschreibung. Fragen Sie die Menschen, die Sie lieben: Was ist an mir besonders? Wenn Sie im Beruf das tun können, was Ihnen Spaß macht, mit den Menschen, die Sie mögen, dann ist das der Himmel auf Erden. Da wird jede noch so schwere Arbeit zum Kinderspiel.

In dem Wort „Bewerbung", steckt ja schon der Begriff „Werbung". Haben Sie keine Scheu davor, für sich selber Werbung zu machen. Sicher nervt Werbung gelegentlich – wenn sie uns wie Helmut etwas unter die Nase hält, was wir weder wollen noch brauchen. Aber oft sind wir auch froh, wenn Werbung uns genau das zeigt, was wir schon lange gesucht haben: Ich kann ganz euphorisch werden, wenn ich eine neue App fürs iPhone bekomme, wie „Shazam", mit der ich Musiktitel am Klang erkennen kann. Reden Sie über Ihre Fähigkeiten so leidenschaftlich wie über Ihr liebstes Hobby.

... und dann geht es ans Verkaufen!

Im Leben geht es vor allem darum, auf Menschen zuzugehen und sie zu begeistern. Wenn ich mich nach einem Ausbildungsplatz, einem Studienplatz oder einer Arbeitsstelle umschaue, gelten ganz ähnliche Regeln wie bei der Suche nach einem Lebenspartner. Dabei habe ich wieder die zwei Möglichkeiten von Toni und Helmut: Glänze ich mit Noten und zähle in meiner Bewerbung auf, was ich schon alles gemacht habe? Dann ticke ich vielleicht so wie Helmut. Oder bringe ich meine Persönlichkeit ins Spiel und zeige, welche Eigenschaften meiner selbst wichtig sind? Dann ist das eher wie Toni. Das sind zwei verschiedene Modelle. Lieben Sie es eher fakten-orientiert oder menschlich-interessiert?

Bei einer Festanstellung und genauso als Selbstständiger ist dabei hilfreich, wenn ich denke wie ein Unternehmer: Was habe ich einem anderen Menschen zu bieten? Was schätzen andere an mir? Welche Stärken habe ich, und womit werde ich für meinen Arbeitgeber attraktiv?

Tonis Kölscher Klüngel

Toni sucht eine Freundin. Er nutzt dazu etwas, dass wir hier bei Köln den Kölschen Klüngel nennen. Jedem, der in die Eisdiele kommt, erzählt er: „Wenn ich eine Freundin habe, dann werde ich mit ihr Fahrrad fahren. Am liebsten im Sommer an den See. Ich würde ein Picknick für sie packen, mit frischem Obst, leckerem Joghurt mit Blaubeeren und einem Spritzer Zitronensaft. Vor dem Picknick gehen wir im See schwimmen und dann lassen wir es uns so richtig gut gehen, bevor wir mit dem Fahrrad wieder nach Hause fahren."

Das erzählt Toni wirklich jedem, der ihm zuhört. Mit dem Effekt, dass alle Leute aus unserem Dorf sofort hellhörig werden, wenn sie auf eine Frau treffen, die gerne Fahrrad fährt. Der erzählen sie dann sofort: „Du, der Toni aus der Eisdiele, den musst du unbedingt kennenlernen!"

Helmut setzt bei der Suche nach der Traumfrau eher auf Kalt-Akquise. Das heißt, er spricht Frauen an, die er vorher noch nie gesehen hat. Nachts in der Disco. Mit besoffenem Kopf, damit er sich traut. Er geht rüber und flüstert der Frau etwas zu. Sofort bekommt er eine Ohrfeige. Toni beobachtet das Spiel. Nach der fünften Abfuhr fragt er: „Helmut, was machst du da?" – „Ich frage die Frauen, ob sie mit mir auf mein Hotelzimmer kommen." Toni schüttelt den Kopf: „Lass das mal sein, du bekommst doch jedes Mal eine Backpfeife!" – „Tja," sagt Helmut grinsend. „In neun von zehn Fällen schon."

Sie sehen, es gibt immer mehrere Wege zum Ziel. Wie möchten Sie Ihren Job finden? Schreiben Sie einhundert Bewerbungen und halten Sie die neunzig Ohrfeigen aus? Was macht das mit Ihrem Selbstbewusstsein?

Ich persönlich bin, ehrlich gesagt, keine Frau, die gerne Ohrfeigen kassiert. Oder eine, die einhundert Bewerbungen an fremde Leute schreibt. Ich brauche einen persönlichen Kontakt und einen persönlichen Bezug zu Menschen. Dann fällt es mir leicht, mich gut zu verkaufen und die Zusammenarbeit mit mir für meine Kunden attraktiv zu machen.

Dafür ist es wichtig, genau zu wissen, was ich will. Ich muss mein Ziel so deutlich wie möglich vor Augen haben. Schreiben Sie ganz genau auf, wie so ein Tag laufen würde, wenn Sie Ihren Traumjob hätten. So detailgetreu wie möglich. Und dann erzählen Sie es jedem, der Ihnen über den Weg läuft. In der U-Bahn, im Supermarkt, wirklich jedem.

Wenn Sie dann zu Ihrem zukünftigen Arbeitgeber den ersten Kontakt haben, können Sie diese Taktik in der schriftlichen Bewerbung weiter ausbauen: Wie zeigen Sie Persönlichkeit und nicht nur eine langweilige Abfolge von Daten? Was macht Sie einzigartig?

Kontaktanzeigen und andere schriftliche Bewerbungen

In letzter Zeit habe ich mich im Internet nach Männern umgeschaut. Und wen finde ich da? Helmut. Helmut hat sehr genaue Vorstellungen von seiner Traumfrau, die er in seinem Profil an erster Stelle beschreibt:

Er sucht eine „attraktive Frau, 18 bis 25 Jahre alt". Sie sollte „schlank" und „sportlich" sein, gerne „blonde, lange Haare". Er selbst ist „Akademiker, 36 Jahre, durchtrainiert", fährt jedes Jahr Ski und würde sich über eine „junge Dame" freuen, die „auch Spaß am Reisen" hat. Würden Sie auf so eine Anzeige antworten?

Und kurze Zeit später beim Internet-Flirt klickt der Toni mich an. In seinem Profil steht ganz oben: „Mit mir wird es dir nie zu heiß! Eisverkäufer sucht Eisprinzessin." Sie sehen: Toni checkt keine Fakten ab, sondern geht emotional ran. „Fahrradfahren in der Sommerhitze macht einfach mehr Spaß, wenn man zu zweit nach einer Abkühlung sucht", schreibt Toni. „Mit mir kann man in malerischen Seen schwimmen, ein verrücktes Picknick planen und die verschiedensten Eissorten ausprobieren." Was macht Toni da? Genau: Er verkauft sich. Er sagt nicht, was er sich wünscht, sondern was er bieten kann.

Ja, der Toni ist schon ein ganz Süßer. Und vor allem ist er selbstbewusst und scheut sich nicht, über seine Stärken zu sprechen. Diese Scheu ist in unserer Kultur ziemlich weit verbreitet. Forderungen kommen uns leicht über die Lippen: „Ich habe studiert, und da steht mir auch dies und jenes zu." Aber über uns selbst positiv zu sprechen und dabei deutlich zu machen, inwiefern wir unseren Mitmenschen dienlich sein können, fällt vielen unglaublich schwer. Wir haben für unsere sozial verordnete Selbstunterschätzung sogar ein Sprichwort: „Eigenlob stinkt."

Sexy mit den eigenen Stärken!

Wenn ich anderen Menschen gefallen will, und das gilt beruflich genauso wie privat, dann müssen wir lernen, positiv über uns selbst zu sprechen und unsere Stärken hervorzuheben – denn nur mit denen können in der Arbeitswelt andere etwas anfangen, ob es Arbeitgeber sind oder Geschäftspartner. Was also ist Ihre Leidenschaft? Was mögen Sie besonders an sich selbst? Was schätzen andere an Ihnen? Was sind Ihre Erfolge? Worin sind Sie stark? Schreiben Sie Ihre nächste Bewerbung doch mal zum Spaß wie Toni seine Kontaktanzeige.

Aus den Bewerbungen von Toni und Helmut kann man noch viel mehr herauslesen. Man kann sich schon eine Vorstellung machen, wie das Zusammenleben mit den beiden sein wird. Helmut setzt sehr hohe Maßstäbe an sich selbst und ist sehr streng und genau. Er wird auch an einer Partnerin viel zu meckern haben. Toni dagegen ist ein leidenschaftlicher Mann, der Verantwortung übernimmt. Er hat ein Gespür für die Bedürfnisse anderer. Dieses Gespür bekommt man nur, wenn man sich selber besonders gut kennt und respektvoll mit den eigenen Gefühlen umgeht. Genau das Gleiche gilt immer, egal ob Sie Business-Pläne für Ihre Selbstständigkeit schreiben oder eine Bewerbung für Ihren Traumjob oder einen coolen Ausbildungsplatz: Welches Bedürfnis hat Ihr Ansprechpartner? Was sucht er wirklich?

Ich habe als Unternehmerin schon viele Bewerbungen bekommen. Die meisten sind gleich langweilig und nach demselben Muster gestrickt. Aber ein junger Mann ist mir mit seiner Bewerbung um einen Praktikumsplatz heute noch besonders im Herzen geblieben. Seine Leidenschaft war Fallschirmspringen. Und er machte mir den Vorschlag, dass wir das Bewerbungsgespräch an einem besonderen Ort führen können. Nämlich am Flughafen Marl. Und wenn ich möchte, dann kann ich während des Gesprächs mit dem Fallschirm aus dem Flugzeug springen.

Trauen Sie sich, Gefühle zu zeigen!

Auf dem Flugplatz war er definitiv in seinem Element. Zuerst hat er mir die anderen Fallschirmspringer vorgestellt. Dann haben wir alle spannenden und für Außenstehende verbotenen Plätze des Flughafens erkundet. Ich wurde gewogen, eingekleidet und bekam einen Crashkurs – ein etwas unpassender Begriff im Zusammenhang mit Flugverkehr. In einem kleinen Flugzeug ohne Sitze in der Kabine flogen wir in den Himmel – und dann bin ich gesprungen. Und ich kann Ihnen sagen, nach so einem Fallschirmsprung geht Ihnen das Grinsen für mindestens drei Monate nicht mehr aus dem Gesicht! Jetzt verstehe ich die Leidenschaft dieses Bewerbers. Einen Mitarbeiter, der so engagiert, kreativ und mit dem Herzen dabei ist, kann sich jede Firma nur wünschen. Mit dem Herzen dabei zu sein und das auch zu zeigen – das ist die wahre Kunst. Zeigen Sie also Gefühle!

Sie brauchen Ihren zukünftigen Arbeitgeber oder Kunden natürlich nicht gleich aus dem Flugzeug zu werfen. Aber trauen Sie sich, über Ihre Leidenschaften zu sprechen. Sie schenken Ihrem Gegenüber damit einen ganz persönlichen Blick in Ihre Seele. Und so ein Vertrauensvorschuss wird meistens belohnt. Das gibt Ihnen einen viel persönlicheren Start in die gemeinsame Zukunft.

Das erste Date ist wie ein Vorstellungsgespräch

Mein Telefon klingelt und Toni ist dran. Ich kann mein Glück kaum fassen. Jahrelang habe ich ihn angeschmachtet. Und jetzt will er mit mir ausgehen. Prima! Eine halbe Stunde später ist plötzlich auch noch der Helmut am Telefon. Zuerst geht niemand mit mir aus, und jetzt fragen gleich zwei Männer an einem Tag. Was mache ich jetzt? Ich gehe einfach mit beiden aus. Lieber zwei Spatzen in der Hand, als am Ende gar keinen Vogel zu haben! Denke ich.

Drei Tage später sitze ich mit meiner Oma bei einer Tasse Tee. Sie fragt mich, wie es denn mit der Liebe läuft. Ich erzähle ihr von meinen zwei romantischen Abenden. Helmut hat mir viel erzählt. Sehr viel. Von seiner erfolgreichen Karriere. Und er hat jeden Ort, den er in den letzten Jahren bereist hat, detailgenau beschrieben.

„Und wie war das Date mit Toni?", möchte meine Oma wissen. Ich antworte: „Oh, wir haben viel gelacht. Er hat mich gefragt, wie wir wohl in fünf Jahren aussehen werden."

„Und wo arbeitet Toni?", fragt meine Oma. Ich habe keinen blassen Schimmer. „Wer gefällt dir denn jetzt besser?" Ich mag beide ja schon sehr lange, deshalb überlege ich: „Helmut hat mir sehr viel erzählt, aber trotzdem habe ich das Gefühl, da ist ein großer Abstand zwischen uns. Bei Toni habe ich das Gefühl, dass wir uns schon wahnsinnig gut kennen. Dabei weiß ich viel weniger über ihn." Jetzt lacht meine Oma und sagt: „Heidi, das ist so: Gott hat uns zwei Ohren gegeben und einen Mund, damit wir doppelt so viel zuhören, wie wir reden."

Das Gleiche gilt auch, wenn ich mich um einen Job bewerbe und man mich zum Vorstellungsgespräch einlädt. Wenn der potenzielle Chef fragt: „So, dann erzählen Sie mal etwas über sich", dann Vorsicht! Das ist eine Falle. Die meisten Bewerber fangen sofort an zu reden wie ein Wasserfall. Und vor Nervosität hören sie gar nicht mehr auf. Der potenzielle Chef fängt an, sich zu langweilen und ist froh, wenn dieser Bewerber schnell wieder weg ist.

Fragen, fragen, fragen – aber nur aus echtem Interesse

Deshalb: Spielen Sie den Ball so schnell wie möglich zurück. Informieren Sie sich vorher genau, was in der Firma gemacht wird. Das geht zum Beispiel über die Website oder Werbebroschüren. Wenn Sie dann aufgefordert werden: „Erzählen Sie was über sich" antworten Sie: „Ich interessiere mich wahnsinnig für das-und-das. Ich habe im Internet gelesen, Ihre Firma hat eine besondere Abteilung für das-und-das, stimmt das?" Natürlich fragen Sie so etwas nur, wenn Sie sich wirklich dafür interessieren! Daraufhin werden Ihnen viele Chefs mit stolz geschwellter Brust von ihrem Unternehmen erzählen. Der Chef wird den Eindruck haben, dass Sie sich besonders gut kennengelernt haben, und Sie haben wahres Interesse bekundet.

Hängen Sie jetzt noch die Frage an, wohin der Chef die Firma in fünf Jahren entwickeln möchte. Wenn Sie jetzt noch Ideen haben, wie Sie dabei mit Ihren ganz persönlichen Fähigkeiten mithelfen können. Zum Beispiel will er die Abteilung noch mehr auf computergestützte Arbeit umstellen, und Sie sind zufällig ein PC-Freak. Dann haben Sie den Job.

DIE BILDUNGSLÜCKE **237**

Das nachhaltigste Studium der Welt

Helmut kommt nach der Uni bei Toni in der Eisdiele vorbei. Er ist total erledigt. Den ganzen Tag hat er Bücher gewälzt und für die nächste Prüfung gebüffelt. Die Zahlen und Buchstaben schwirren ihm durch den Kopf.

Toni bringt ihm eine große, heiße Schokolade mit einer Spur Chilipfeffer. Diese Mischung macht glücklich und bringt die Endorphine in Schwung. Weil in der Eisdiele gerade wenig los ist, setzt Toni sich zu Helmut und fragt, wie es ihm geht.

Helmut stöhnt. „Das Studium ist wirklich anstrengend. Toni, wie machst du das nur? Bei dir sieht alles immer so einfach aus. Dabei machst du doch auch so viel, aber irgendwie hat bei dir alles eine Leichtigkeit. Die hätte ich auch gerne."

Toni grinst: „ Weißt du, ich habe das nachhaltigste Studium der Welt gefunden. Ich studiere die Menschen, die hier in mein Café kommen. Weißt du, egal was du später machen wirst, du hast immer mit Menschen zu tun. Sogar, wenn du Rechtsanwalt für Verwaltungsrecht wirst und den ganzen Tag zwischen Büchern und Gesetzestexten hockst, um den Job zu bekommen, musst du dich erst einmal bei einem Menschen bewerben."

Das Wichtigste für Ihren Erfolg ist der respektvolle Umgang mit sich selbst und mit Ihren Mitmenschen. Sich selber haben Sie ja jetzt schon einige Jahre kennengelernt – jetzt können Sie anfangen, Ihre Mitmenschen zu studieren. Das Gleiche funktioniert aber auch mit Ihrer Leidenschaft. Und dann geht es Ihnen so leicht von der Hand wie Toni. Dass Erfolg mühsam sein muss, ist ein Märchen.

Wie sieht so ein Studium aus? Studieren Sie die Menschen spielerisch. Zuerst mit einer Literatur-Recherche. Lesen Sie mindestens drei Bücher zu dem Thema. Die Autoren dieses Buches haben wundervolle Bücher über das menschliche Miteinander geschrieben. Vielleicht stoßen Sie dabei auf die Forschungslücke. Ein Thema, das Sie interessiert und das wir in diesem Buch noch nicht angesprochen haben. Jetzt gehen Sie auf die

Straße oder zu Toni ins Eiscafé, wo Sie auf Menschen treffen. Studieren Sie Reaktionen und probieren Sie verschiedene Verhaltensweisen aus. Ahmen Sie andere Menschen nach. Probieren Sie mal etwas aus, zum Beispiel jemand Fremdes anzusprechen. Versuchen Sie es genauso, wie es jemand anderes einmal bei Ihnen versucht hat. Notieren Sie die Versuchsanordnung, die verschiedenen Reaktionen und erkennen Sie das Muster. Seien Sie neugierig. Erzählen Sie von Ihrer Forschungsfrage. Ändern Sie die Parameter. Probieren Sie, wie die Menschen darauf reagieren, wenn Sie mal etwas anders machen als gewöhnlich. Messen Sie die Reaktionszeit.

Sie können, wie Helmut, Fachwissen in sich einsaugen und strebsam nach Noten jagen. Oder Sie entdecken Tonis Geheimnis: Spaß am Leben und Freude an den Menschen, die in seine Eisdiele kommen.

Du bist dein Produkt!

So werden Sie attraktiv für Traum-Partner und Traum-Arbeitgeber:

- Suchen Sie immer den persönlichen Kontakt
- Nutzen Sie Ihr Netzwerk und erzählen Sie von Ihren Träumen
- Zeigen Sie Ihre Stärken und Ihre Gefühle
- Hören Sie gut zu, wenn Ihr Gegenüber von seinen Wünschen redet.
- Studieren Sie die Bedürfnisse und Reaktionen Ihrer Mitmenschen.

Ein Studium macht man nicht ohne Professor. Deshalb suchen Sie sich einen erfolgreichen Menschen, der Sie als Mentor auf Ihrem Weg in den Erfolg begleitet. Dieser Mentor sollte schon erreicht haben, was Sie erreichen wollen, und er sollte gut zu Ihnen passen. Wenn Sie noch keinen erfolgreichen Menschen kennen – in diesem Buch finden Sie eine Menge spannende und kreative Menschen. Wir freuen uns riesig über jede E-Mail, in der Sie uns schreiben, was Sie an unseren Artikeln begeistert hat.

Heidi Pütz, Jahrgang 1975, ist Autorin, Rednerin und Coach. In ihrem Buch „Wer verticken will, muss freundlich sein" (Börsenmedien 2011) schreibt sie, wie man Verkaufen und gute Selbstdarstellung am Beispiel von flirtenden Italienern lernen kann. In ihren Fernseh-Coachings (bei RTL, SAT1 u.v.m.) hat sie bereits zahlreichen Menschen zu mehr Flirtkompetenz verholfen. Mit dreiundzwanzig Jahren gründete sie ihre eigene Firma, die Werbeagentur m4b GmbH. In ihren Vorträgen begeistert sie Unternehmer und Verkäufer in Deutschland, Österreich und der Schweiz. Für ihr Flirt-Marketing® erhielt sie 2010 den Newcomer Award der German Speakers Association (GSA).

www.heidi-puetz.de

Alles Verhandlungssache!

Wie Sie Ihre Gespräche zu nachhaltigem Erfolg führen

VON INGEBORG RAUCHBERGER

Eine der wichtigsten Fähigkeiten fürs Berufsleben ist Verhandlungsgeschick. Verhandeln bedeutet, im Gespräch Ergebnisse zu erzielen und dabei möglichst erfolgreich zu sein. Wie zwei oder mehr Partner ihre Interessen auf einen gemeinsamen Nenner bringen können, lernen wir in der Schule bislang nicht, obwohl Verhandlungen an zahlreichen Arbeitsplätzen und im Geschäftsleben allgegenwärtig sind – und auch im Privatleben. Besonders überzeugend sind Sie, wenn Sie die Interessen Ihres Gegenübers und seinen Nutzen berücksichtigen.

Darf ich Sie zu einem Experiment einladen? Seien Sie einmal neugierig und hören Sie anderen Menschen bewusst zu, wie sie miteinander sprechen. Jugendlichen an der Bushaltestelle, Kollegen am Kaffeeautomaten, Vorgesetzten im Mitarbeiter-Meeting, der Kellnerin im Café, Lehrern in der Sprechstunde, Eltern mit halbwüchsigen Kindern, Geschäftspartnern beim Smalltalk … Alle diese Personen tun etwas, und das – meist – ohne es zu wissen. Und sie tun es, ohne es je gelernt zu haben: Sie *verhandeln*.

„Die Leute verhandeln doch nicht!", werden Sie jetzt vielleicht einwenden. „Die reden doch bloß." Aber ist das so? Überlegen Sie mal: Der Unterschied zwischen einem Gespräch und einer Verhandlung ist der, dass ich bei einer Verhandlung ein Ziel verfolge. Das bedeutet: Sobald wir im Gespräch ein Ziel verfolgen, hat unsere Verhandlung begonnen. Erzähle ich meinen Freunden von meinem letzten Urlaub, führe ich ein Gespräch. Möchte ich sie davon überzeugen, an denselben Ort zu reisen, dann bin ich mitten in einer Verhandlung. Das geschieht binnen Sekunden und meist unbemerkt. Und ebenso unbemerkt beginnen die Gesetze der Verhandlung zu gelten. Die Gesetze, die vielen von uns gar nicht bewusst sind. Denn niemand hat sie uns gelehrt.

Denke ich an meine Schulzeit zurück, dann fällt mir spontan ein, dass ich Hyperbeln zu Hyperboloiden gedreht habe (keine Ahnung wie und wieso) und dass man beim Prager Fenstersturz die Herren Slavata, Martinitz und Fabrizius auf den Misthaufen geworfen hat. Ja, ich weiß, das sind zwei völlig willkürlich gewählte Beispiele – ich habe sie mir wahrscheinlich nur gemerkt, weil ich ein Faible für Skurriles habe. Und doch stehen sie für vieles, was ich in den Jahren lernte und dann nie wieder brauchen konnte. Natürlich habe ich auch vieles gelernt, was wichtig war. Doch eben auch vieles Wichtige nicht. Wie das Verhandeln zum Beispiel – die zielorientierte Kommunikation.

Nicht einmal Juristen lernen das Verhandeln

An der juristischen Fakultät der Universität lag der Schwerpunkt auf rechtlichem Wissen, Gesetzen und Urteilen. Verhandeln? Kam nicht vor. Dabei geht man doch allgemein davon aus, dass Juristen Meister im Verhandeln sein müssen. Warum lehrt man sie es dann nicht? Ein Mysterium.

Als Prokuristin eines internationalen Handelsunternehmens habe ich in aller Welt Verhandlungen geführt und dabei festgestellt, dass meine Gesprächspartner über fundierte Grundlagen in der Kommunikation und auch im Verhandeln verfügten.

Nehmen wir zwei Länder heraus: die USA und die Volksrepublik China. Beide Länder könnten unterschiedlicher nicht sein – und dennoch haben beide die Themen Kommunikation und Verhandeln seit Langem ganz selbstverständlich auf dem Lehrplan.

Das Augenmerk liegt in den USA nicht nur an der theoretischen Vermittlung von Hintergrundwissen an Schulen und Universitäten, sondern auch am vielseitigen, intensiven praktischen Tun. Im Vordergrund steht dabei der Gedanke der Win-win-Situationen – also Lösungen, mit denen möglichst alle Beteiligten zufrieden sind.[1] Dazu lässt sich in Debattierklubs das Verhandlungsgeschick kontinuierlich trainieren, verbessern und verfeinern.

In China wiederum orientiert man sich an den Erkenntnissen bewährter militärischer Taktik. So hat sich ein Insidertipp eines chinesischen Anwalts in mein Gedächtnis gegraben: „Wenn du im Osten angreifen willst, musst du im Westen ein Feuer anzünden. Dann sind alle mit dem Löschen beschäftigt, und du kannst sie von hinten überraschen!"[2]

---

1) vgl. Fisher, Roger; Ury, William und Patton, Bruce: „Das Harvard-Konzept. Der Klassiker der Verhandlungstechnik", Campus, 2009.

2) vgl. Tsu, Sun: „Die Kunst des Krieges", Insel, 2009.

Die zehn wichtigsten Irrtümer zum Verhandeln

Über das Verhandeln kursieren einige Irrtümer. Die zehn meiner Ansicht nach wichtigsten sind:

1. Es kann nur einen Sieger geben.
2. Ein guter Verhandler muss schlagfertig sein.
3. Wenn ich gewinnen will, muss ich den anderen angreifen oder niedermachen.
4. Es geht ausschließlich darum, was jemand sagt, also welche Position er bezieht.
5. Wer verhandeln will, will streiten.
6. Im Beruf und im Geschäftsleben geht es immer nur ums Geld.
7. Wichtige Menschen haben keine Zeit dafür, sich auf Verhandlungen vorzubereiten.
8. Eine Verhandlung beginnt mit der Begrüßung.
9. Es muss alles ausdiskutiert werden – und zwar sofort.
10. Eine Verhandlung ist nur dann eine Verhandlung, wenn man das Gespräch ausdrücklich so bezeichnet.

Stellen Sie sich einen Wintermorgen vor, es ist sieben Uhr früh. Eine genervte Mutter sagt zu ihrem dreizehnjährigen Sohn: „Es ist kalt. Setz deine Mütze auf!" Der Sohn erwidert: „Nein." Die Mutter: „Und ob! Das fehlte uns gerade noch, dass du krank wirst!" – „Mit so einer uncoolen Mütze kann ich mich in der Schule nicht sehen lassen."

Die Mutter schreit: „Wenn du nicht sofort deine Mütze aufsetzt, bekommst du drei Tage Hausarrest!" Der Sohn setzt die Mütze auf.

Wer hat diese Verhandlung gewonnen? Die Mutter, weil ihr Sohn die Mütze aufgesetzt hat? Bedenken Sie bitte zwei Arten von Folgen:

- **Die kurzfristige Folge:** Wie lange wird der Sohn die Mütze auf dem Kopf behalten? Richtig, bis er hinter der nächsten Hausecke verschwunden ist. Erfolge, die nur bis zur nächsten Hausecke reichen, also nicht die angestrebte Nachhaltigkeit aufweisen, sind keine Erfolge.

- **Die langfristige Folge:** Wer versucht, sein Kind durch Drohungen zu erziehen oder seine Mitarbeiter durch Drohungen zu motivieren, hat schon verloren. Denken Sie immer daran, welche langfristigen Auswirkungen Ihre Worte auf Ihre Beziehung haben werden. Wie wird das Kind handeln, wenn es erwachsen ist? Wie wird ein Mitarbeiter handeln, wenn er für das Unternehmen wichtiger geworden ist als Sie oder das Unternehmen für ihn?

Welche Motive stecken hinter den Worten?

Nein, die Mutter hat diese Verhandlung nicht gewonnen. Und das Kind? Auch nicht – es hat die ungeliebte Mütze ja aufgesetzt. Wir haben es nicht mit einer Win-win-Situation zu tun, sondern mit einer Lose-lose-Situation: Beide Gesprächspartner sind Verlierer. Und es ist ihnen nicht einmal bewusst.

Solche Ergebnisse zeitigen Verhandlungen häufig, wenn man nur darauf achtet, was der andere sagt und welche Position er vertritt. Dadurch kommt es zum Machtkampf: Wer ist der Stärkere? Wer setzt sich durch? Es wird die Stimme erhoben oder gar gedroht, mitunter auch erpresst. Das Ergebnis sind höchst selten zwei Gewinner. Oft gewinnt einer. Aber ebenso oft auch keiner. Damit das nicht geschieht, hilft ein einfaches Konzept: Achten Sie nicht nur auf die Worte, die jemand ausspricht. Achten Sie auch auf die Interessen und Motive, die hinter den Worten stecken.

Was will die Mutter? Richtig, sie will, dass das Kind nicht krank wird. Will das Kind krank werden? In der Regel nicht. Hier haben wir ein übereinstimmendes Interesse. Beim Kind kommt noch ein anderes Interesse dazu: cool auszusehen. Wenn ich die Interessen kenne, dann kann ich Lösungen finden, um diese unter einen Hut zu bringen. Oft sogar, ohne viel hin- und her zu argumentieren.

DIE BILDUNGSLÜCKE 245

Finden Sie eine Lösung zu unserer Mützengeschichte? Hier eine Idee: Wie wäre es mit einer anderen Mütze oder einer anderen Kopfbedeckung wie etwa einem coolen Kapuzenpullover oder einem Stirnband? So wäre der Junge vor Kälte geschützt und zugleich cool. Auf so einen Einfall kommen Menschen nicht, wenn sie sich darauf konzentrieren, der oder die Stärkere zu sein.

Selbstverständlich könnte die Mutter auch versuchen, mit Argumenten zu überzeugen. *„Diese Mütze ist wunderschön! Mir gefällt sie!"* Wann hätte eine Mutter damit überzeugenden Erfolg? Nur, wenn das Kind sie als Modeexpertin anerkennt. Das ist bei einem Dreizehnjährigen eher selten der Fall, also wird das Argument nicht überzeugen. *„Die Mütze ist cool. Dein Freund Charlie hat eine ganz ähnliche."* ist schon besser. Ob die Argumentation Mutter allerdings tatsächlich Erfolg hat, hängt davon ab, ob ihr Sohn Charlies Mützengeschmack teilt. Um die richtigen Argumente wählen zu können, ist es also wichtig, in die Interessen des Gesprächspartners zu zielen. Nur so können Sie *überzeugen*, anstatt mit Druck zu *überreden*.

Mit diesem kleinen Beispiel aus dem familiären Alltag ist es uns bereits gelungen, die Irrtümer Nr. 1, 3, 4, 5, 7 und 10 auf der Liste zu widerlegen.

Das Thema Interessen in den drei Phasen der Verhandlung

Stürzen wir uns mit dem nächsten Beispiel ins Berufsleben. Als junge Juristin war ich neu in der Rechtsabteilung. Der Leiter einer anderen Abteilung knallte mir einen Aktenordner auf den Tisch und sagte: „Die Firma X schuldet uns Geld. Sie will nicht zahlen. Reichen Sie Klage bei Gericht ein!" Ich prüfte den Fall, stellte fest, dass er recht hatte, und reichte Klage ein. Der Abteilungsleiter hatte mir ein Ziel gesetzt – ich habe es pflichtbewusst verfolgt.

Es dauerte wenige Tage, da stürmte ein anderer Abteilungsleiter in mein Büro. Seine Abteilung war viel größer als die des anderen und er daher viel wichtiger. Und noch lauter: „Sie haben die Firma X verklagt? Sind Sie wahnsinnig? Das ist mein wichtigster Geschäftspartner!"

Durch diese Episode lernte ich eine wichtige Lektion fürs Leben: Es reicht nicht aus, dass einem jemand oder man sich selbst ein Ziel setzt. Wichtig ist, zuerst zu überprüfen, ob dieses Ziel auch tatsächlich den eigenen Interessen entspricht. Nur wer seine Interessen kennt, kann die richtigen Ziele setzen. Besonders vielfältig können dabei Firmeninteressen sein, die jemand zu vertreten hat: Geld sparen, Geld vermehren, der gute Ruf, die Stellung am Markt, die Position gegenüber dem Mitbewerber, das Wohl der Mitarbeiter, das Wohl der Aktionäre und viele andere. Nicht jede Firma und nicht alle Firmenvertreter vertreten die gleichen Interessen.

Zugleich sind bei Verhandlungen nie nur Firmeninteressen im Spiel, sondern auch persönliche Interessen. Was ist den beteiligten Personen wichtig? Aufgrund welcher Motive treffen sie ihre Entscheidungen? Oft sind es die Grundbedürfnisse des Menschen: nach Sicherheit, Anerkennung, Wertschätzung, Respekt, Machtbewusstsein, Eitelkeit, Ruhe, Väterlichkeit oder Mütterlichkeit oder aber auch nach Vermeidung von Ängsten. Einen guten Überblick über Motive geben die „Reiss-Motive."[3] Je nachdem, was jemandem wichtig ist, wird er verhandeln: Mit einer Chefin, die über alles Bescheid wissen will und es nicht zulässt, dass jemand ohne ihre Genehmigung auch nur einen Bleistift anschafft, werden Sie anders verhandeln als mit einer, die verkündet: „Mir ist egal, wie ihr das macht. Hauptsache, der Laden läuft!"

Verhandlungen bestehen aus drei Phasen: aus der Vorbereitung, dem Verhandlungsgespräch selbst und der Nachbereitung.

Vorbereitung: Der rote Faden und Ihre Argumente

Bereiten Sie in der Vorbereitung den „roten Faden" vor, den Sie in einer Verhandlung verfolgen wollen. Er führt von der Ausgangslage zum

---

3) vgl. Reiss, Steven: „Wer bin ich und was will ich wirklich? Mit dem Reiss-Profile die 16 Lebensmotive erkennen und nutzen", Redline, 2009.

angestrebten Ziel oder einer vorbereiteten Alternative dazu. Daher prüfen Sie bitte die Fakten und fragen Sie sich: Was sind unsere Interessen?
Welche Ziele müssen wir erreichen? Was wollen wir darüber hinaus erreichen? Was sind unsere Alternativen dazu? Passende Alternativen erhöhen Ihre Flexibilität und stärken Ihre Selbstsicherheit.

Fragen Sie sich aber auch: Was ist dem oder der anderen wichtig? Was
will er oder sie? Was will er oder sie nicht? Warum will er oder warum
will er nicht? Denn bereits in der Vorbereitung sind auch die jeweiligen
Interessen des anderen wichtig. Ein kleiner Tipp: Stehen Sie dabei auf
und setzen Sie sich in Bewegung. Gehen Sie frei nach dem indianischen
Sprichwort in den „Schuhen des anderen". Solange Sie auf Ihrem Schreibtischstuhl sitzen, ist es viel schwieriger, die Perspektive zu wechseln, als
wenn Sie Ihre gewohnte Position verlassen.

Überlegen Sie sich zu jedem Verhandlungsthema Argumente. Je genauer Sie dabei die Interessen Ihres Gegenübers treffen, je klarer sein Nutzen
erkennbar ist, umso überzeugender werden Sie sein. Ein kleines Beispiel
dazu: Stellen Sie sich vor, Sie haben ein Projekt erarbeitet, mit dem Ihr Unternehmen Abfall vermeiden kann, und Sie brauchen dazu die Zustimmung eines Kollegen. Für Sie steht dabei der Umweltschutzgedanke im
Vordergrund, von dem Sie wissen, dass er Ihrem Kollegen kein Anliegen
ist. Wenn Sie daher mit dem Thema Umweltschutz argumentieren, werden
Sie nicht die Interessen des Kollegen treffen und ihn daher kaum überzeugen. Wählen Sie seine Interessen als Basis gelungener Argumentation:
Wenn Sie wissen, dass er sparsam ist, stellen Sie die geringen Kosten oder
gegebenenfalls das Einsparungspotenzial in den Vordergrund. Liegt ihm
daran, den Teamgeist zu fördern, betonen Sie die Mitwirkung der Kollegen. So überzeugen Sie Ihren Gesprächspartner durch seine Interessen.

Verhandlungsgespräch: Hart in der Sache, weich zur Person

Eine Verhandlung zu *führen*, bedeutet nicht, dass man am meisten spricht.
Es bedeutet, den roten Faden im Griff zu haben. Vermeiden Sie daher –

in Ihrem eigenen Interesse – alles, was Sie vom roten Faden wegbringt, wie Attacken und Killersätze oder Fragen, von denen Sie wissen, dass sie vom Ziel wegführen. Vermeiden Sie Geschwafel und alle Themen, die weder Sie zum Ziel bringen noch für die Beziehung gut sind. Eine Verhandlung führen Sie gut mit dem Grundsatz „Hart in der Sache, weich zur Person".

Attacken sind Angriffe gegen Ihren Gesprächspartner selbst, gegen sein Unternehmen und/oder gegen Menschen, die ihm wichtig sind. Durch Attacken verlassen wir die Sachebene und verletzen den Grundsatz „Hart in der Sache, weich zur Person". Killersätze sind Aussagen, die im anderen ein negatives Gefühl hervorrufen. Sie machen ihn zornig oder wütend, er ist beleidigt oder in seiner Ehre getroffen. Es kann aber auch sein, dass er sich hilflos fühlt und ihm die Worte fehlen. Zum Unterschied zu Attacken, die der andere bewusst ausführt und die wir generell als negativ erleben, wirken Killersätze individuell verschieden. Manche erleben sie äußerst negativ, andere können gut damit umgehen. Es ist wichtig zu wissen, dass auch Aussagen, die wir „gar nicht böse gemeint haben", beim anderen als Killersätze ankommen können. Klassische Beispiele für Killersätze sind „Das haben wir noch nie so gemacht!", „Da könnte ja jeder kommen!" oder auch: „Als ich so jung war wie Sie …".

Wenn der andere Sie angreift, dann empfiehlt es sich, kurz und sachlich zu reagieren und möglichst schnell zum roten Faden zurückzukehren. Je weiter Sie sich vom roten Faden wegbringen lassen, desto größer ist die Gefahr, dass Sie Ihr Ziel aus den Augen verlieren und desto schwieriger wird es, wieder zu einem sachlichen Gespräch zurückzukehren. Vergessen Sie nie, dass der rote Faden nicht nur aus einer Sach-, sondern auch aus einer Beziehungskomponente besteht.

Schließlich: Stellen Sie im Verhandlungsgespräch die richtigen Fragen und hören Sie gut zu! Oft servieren uns unsere Gesprächspartner ihre Interessen auf einem goldenen Tablett. Mit Fragen können Sie auch festgefahrene Situationen am besten auflösen oder eine Verhandlung wieder auf die Spur bringen, wenn sie entgleist ist. „Wer fragt, der führt!", heißt eine bewährte Regel. Behalten Sie dabei immer im Auge, wohin diese Führung geht – nämlich in Richtung Ziel.

Nachbereitung: Drei Dinge, die Ihre Verhandlung gut machen

Die Nachbereitung schließlich ist wichtig für die Vorbereitung der nächsten Verhandlung. Schreiben Sie alles auf, was Sie erfahren haben. Welche Interessen haben Sie herausgefunden, was haben Sie an Erkenntnissen gewonnen? Und was fehlt Ihnen noch, um Ihr Ziel zu erreichen?

Stellen Sie sich vor, Sie haben ein Verhandlungsgespräch beendet. Wie finden Sie heraus, ob dieses Gespräch gut war? Drei Dinge machen eine Verhandlung zu einer guten Verhandlung:

- Das Ergebnis ist zufriedenstellend. Natürlich ist es am besten, wenn nicht nur eine Seite zufrieden ist, sondern alle Verhandlungspartner. Dann sprechen wir von einer Win-win-Situation. Was, wenn bei einem Verhandlungspunkt nur einer zufrieden sein kann? Ist es dann besser, der andere ist zufrieden oder ich? Bevor Sie lauthals: „Es ist besser, ich bin zufrieden!", rufen, eine Bitte: Denken Sie – falls erforderlich, in Abstimmung mit den Entscheidungsträgern in Ihrem Unternehmen – nicht zu kurzfristig. Manchmal kann es klüger sein, dem anderen einen (kleinen) Erfolg zu gönnen, wenn dies auf Ergebnisse in der Zukunft positive Auswirkungen hat.
- Die Verhandlung wurde effizient am roten Faden geführt. Sie meinen: Es ist doch egal, ob der rote Faden eingehalten wurde – Hauptsache, das Ergebnis stimmt? Das ist nicht richtig, denn Umwege weg vom roten Faden sind eine Verschwendung von Zeit für alle Beteiligten und kosten Nerven, bieten negativen Emotionen unnötig Raum und waren damit stets eine Gefahr für Ergebnis, Beziehung und zukünftige Verhandlungen.
- Die Beziehung zwischen den Beteiligten ist nach der Verhandlung mindestens gleich gut wie zuvor. Warum nicht versuchen, die Beziehung mit jeder Verhandlung sogar noch zu verbessern?

Die persönliche Beziehung ist wichtig

„In unserer Branche ist die Beziehung nicht wichtig. Es geht es nur ums Geld!", erklärte ein junger Bauleiter in einem meiner letzten Seminare. „Der andere will möglichst wenig zahlen. Wir wollen möglichst viel verdienen!" Das mag stimmen. Doch in welcher Branche will denn nicht einer viel verdienen und der andere möglichst wenig zahlen? Das ist nicht nur auf dem Bau der Fall. Irgendwie wollen beide Seiten ja zueinanderfinden.

Noch bevor ich antworten konnte, meldete sich ein erfahrener Bauingenieur zu Wort: „So ist das nicht, Karl! Es macht bei Nachtrags- oder Reklamationsverhandlungen einen großen Unterschied, ob auf der Gegenseite jemand sitzt, den wir kennen. Mit dem wir eine gemeinsame positive Vergangenheit haben. Ob eine Vertrauensbasis besteht und wir eine gute Beziehung zueinander haben. Oder ob da jemand ist, der uns fremd ist. Am schwersten wird es, wenn wir uns in der Vergangenheit zerstritten haben."

Natürlich spielt der Aspekt Geld weiterhin eine wesentliche Rolle. Doch gerade in Zeiten, in denen immer mehr Firmen ähnliche Waren oder Dienstleistungen anbieten und damit leichter austauschbar sind, werden die Beziehungen immer noch wichtiger. Doch wer wird in Krisenzeiten einen heiß umkämpften Auftrag erhalten? Jemand, für den das Miteinander im Vordergrund steht und der andere mit Respekt behandelt. Jemand, auf dessen Seriosität man vertraut, von dem man aus der Vergangenheit weiß, dass er zu fairen Lösungen bereit ist und einen bei Problemen nicht im Regen stehen lässt.

Haben Sie übrigens etwas bemerkt? Wir haben drei Dinge aufgezählt, die eine Verhandlung zu einer guten Verhandlung machen. Fehlt da nicht noch etwas? Muss man nicht auch schlagfertig sein, um eine gute Verhandlung zu führen? Meine Antwort wird Sie vielleicht überraschen, denn sie lautet schlicht und einfach: nein. Wir brauchen nicht schlagfertig zu sein, um eine gute Verhandlung zu führen. Im Gegenteil: Schlagfertigkeit ist nicht selten eine Gefahr für die Beziehung. Was habe ich als Verhandlerin und Verhandlungscoach nicht alles an Situationen erlebt,

DIE BILDUNGSLÜCKE 251

wo Leute sich um Kopf und Kragen geredet haben, weil sie den Impuls verspürten, schlagfertig sein zu müssen. Sie haben dabei den roten Faden völlig außer Acht gelassen und die Beziehung aufs Spiel gesetzt.

Und andererseits: Wie viele gescheite Menschen trauen sich nicht, den Mund aufzumachen, weil sie zwar über Fachkenntnisse verfügen, nicht aber über das Talent zur Schlagfertigkeit? Verstehen Sie mich bitte richtig: Wenn Ihnen im richtigen Augenblick etwas Originelles einfällt, was der Zielerreichung dient und die Beziehung nicht gefährdet – wenn Sie also, im besten Sinn des Wortes, schlagfertig sein können –, dann sagen Sie es und freuen Sie sich darüber. Falls nicht, ist es ganz egal. Nicht Originalität und Schlagfertigkeit zählen am Ende, sondern Ergebnis und Beziehung.

Beispiel: Verhandlung um eine Gehaltserhöhung

Ein besonders deutliches Beispiel für eine Verhandlung ist eine Verhandlung um mehr Geld.

Für Maria ist kein Problem zu groß, kein Kundenwunsch unerfüllbar. Sie entwirft passende Konzepte, zieht im Hintergrund die Fäden und arbeitet auch am Wochenende, wenn es sein muss. Die Gespräche mit den Kunden überlässt sie ihrem Kollegen Karl. Der ist es auch, der den Vorgesetzten über neue Aufträge informiert, die auf solche Präsentationen folgen. Zum Erfolg hat Maria mindestens die Hälfte beigetragen. Doch das weiß niemand. Eines Tages erfährt Maria, dass Karl eine monatliche Gehaltserhöhung von 150 Euro zugestanden bekommen hat. Da platzt ihr der Kragen und sie stürzt unangemeldet ins Büro des gemeinsamen Vorgesetzten.

Folgendes Gespräch entwickelt sich:

Maria: „Karl hat eine Gehaltserhöhung bekommen. Ich will auch 150 Euro mehr."

Chef: „Wie stellen Sie sich denn das vor? Ich kann doch nicht jedem, der hier in mein Büro hereinschneit, eine Gehaltserhöhung geben!"

Maria: „Ich mache die ganze Arbeit, und ständig wird Karl bevorzugt! Das ist unfair!"

Chef: „Sie behaupten also allen Ernstes, ich sei unfair?"

Maria: „Sie sind eben auch nur ein Mann!"

Der Chef runzelt die Stirn.

Maria: „Ich meine ja nur: Ich arbeite rund um die Uhr. Außerdem: Ich bin jetzt seit fünf Jahren in der Firma, Karl erst seit drei."

Chef: „Die Dauer Ihrer Firmenzugehörigkeit ist kein Verdienst. Sie rechtfertigt eine Gehaltserhöhung in keinster Weise!"

Maria: „Heißt das, ich bekomme nicht mehr?"

Chef: „Da ist nichts zu machen. Es tut mir leid."

Wo waren Marias Fehler? Was sollte sie in Hinkunft besser machen, wenn sie zum Erfolg kommen will? Hier zum Abschluss anhand von Marias Beispiel eine kleine Übersicht von Regeln, mit denen Sie solche Verhandlungspannen und damit Niederlagen vermeiden.

Zehn wichtige Regeln des Verhandelns

1. Vereinbaren Sie – wann immer möglich – einen passenden **Verhandlungstermin**. Maria ist völlig spontan in das Gespräch gestürzt und hat die Folgen nicht bedacht. Wichtige Themen wie eine Gehaltserhöhung bespricht man nicht zwischen Tür und Angel.
2. Eine **gute Vorbereitung** ist mindestens der halbe Verhandlungserfolg. Maria war unvorbereitet und musste improvisieren. Was Ihnen in der Ruhe der Vorbereitung nicht einfällt, wird Ihnen im Stress der Verhandlung schon gar nicht einfallen.
3. Negative Emotionen sind kein guter Ratgeber. Sie brauchen einen **kühlen, klaren Kopf**. Maria ist hoch emotional in das Gespräch gestürzt und hat damit die Chancen auf einen Erfolg vergeben.

4. Stellen Sie **Interessen** des anderen in den Vordergrund. Maria hat nur ihren eigenen Anspruch in den Vordergrund gestellt. Wenn man nur darauf achtet, was jemand sagt, landet man schnell in einem Machtkampf. Jeder will den anderen mit Nachdruck überreden. Wer hingegen Interessen in den Vordergrund stellt, kann mit passenden Argumenten überzeugen.

5. Eine Verhandlung gekonnt zu führen, heißt, den **roten Faden zu seinem Ziel** zu kennen und einzuhalten. Maria verliert den roten Faden, indem sie ihre Argumentation unüberlegt auf die Dauer ihrer Firmenzugehörigkeit reduziert.

6. Überlegen Sie vorab **Minimalziel** und **Maximalziel**: Was müssen Sie unbedingt erreichen, und was können Sie erreichen, wenn alles nach Plan läuft? Maria hat sich über ein realistisches Ziel gar keine Gedanken gemacht. Mit der Überlegung haben Sie einen Spielraum, in dem Sie sich bewegen können.

7. Legen Sie sich **Alternativen** zurecht. Maria hatte keine Alternativen vorbereitet, sondern alles auf eine Karte gesetzt. Je besser Ihre Alternativen sind, desto selbstbewusster und zielorientierter können Sie verhandeln.

8. Trennen Sie zwischen **Thema** und **Person**. Begegnen Sie Ihrem Gegenüber stets mit Respekt, auch wenn Sie nicht seiner Meinung sind. Maria hat ihren Chef angegriffen, indem sie sein Handeln pauschal als „unfair" bezeichnet und sein Handeln auf seine Rolle als Mann reduziert hat. Dadurch musste sie später zurückrudern, was ihre Position schwächte.

9. Bringen Sie nicht durch **falsch verstandene Schlagfertigkeit** Ihren Erfolg in Gefahr. Maria führt das Gespräch wie einen Kampf und hält eine Pauschalverurteilung für schlagfertig. Nicht wer die originelleren Aussprüche bringt, ist der bessere Verhandler, sondern der, der ein gutes Ergebnis erzielt und dabei, wenn möglich, die Beziehung verbessert.

10. Und schließlich etwas, das ich mir von Spitzensportlern abgeschaut habe: **Visualisieren** Sie sich Ihren Verhandlungserfolg.

Maria ist mental unvorbereitet, und einen entsprechend konfusen Eindruck hinterlässt sie. Stellen Sie sich plastisch vor, wie es sein wird, wenn Sie den Erfolg errungen haben – das strahlt nicht nur Sicherheit aus, es verleiht Ihnen auch welche.

Ingeborg Rauchberger ist promovierte Juristin und führte als Prokuristin von Österreichs größtem internationalen Handelsunternehmen viele Jahre lang Verhandlungen in aller Welt – ihr Spezialgebiet: Verhandlungen in China. Sie wurde im Jahr 2000 in Oberösterreich zur Managerin des Jahres gewählt und wird seither von großen Seminaranbietern und namhaften Unternehmen in Österreich, Deutschland und Südtirol eingeladen, ihr Wissen weiterzugeben. Seit 2005 ist sie Unternehmensberaterin, zertifizierte Trainerin und (Verhandlungs-)Coach. Ingeborg Rauchberger hat sechs Romane veröffentlicht.

www.rauchberger.at

Medien verstehen

Wie Sie klug mit Informationen umgehen

VON HOLGER KLEIN

Was ist eine Nachricht? Wie geht man verantwortlich mit Fernsehen und Internet um? Woran lassen sich Manipulationen erkennen? Was bedeutet die scheinbar grenzenlose Freiheit im Internet für unseren Umgang mit Informationen? Medienkompetenz ist im Berufsleben unerlässlich – nicht nur, weil private Fotos bei Facebook die Karriere ruinieren können. Denn auch Unternehmen machen heute ihre Nachrichten selbst. Dazu ist Know-how nötig. Und dieses Know-how macht den Bürger wirklich mündig: Wer versteht, worauf es bei Medien ankommt, glaubt nicht mehr alles, was man ihm vorsetzt.

Wie man mit Medien umgeht, habe ich in der Schule nicht gelernt. Es gab eine regionale Tageszeitung, drei Fernsehprogramme und eine Handvoll Radiosender. Die Welt stellte sich recht beschaulich dar. Mitte der achtziger Jahre kamen RTL & Co dazu. Der Privatfunk hat das Angebot zwar schlagartig erweitert, insbesondere um Unterhaltungssendungen, und so erschien die Welt mit einem Mal viel bunter und schriller als zuvor. Doch dass die Massenmedien möglicherweise das Bild erst konstruieren, das ich von der Realität habe und die Realität nicht einfach nur abbilden[1], war mir als Schüler nicht klar. Und meinen Lehrern vermutlich auch nicht.

Spreche ich heute mit Schülern – und das mache ich als Gastgeber einer Hörertalksendung im Radio häufiger – ist mein Eindruck, dass sich daran nichts Grundsätzliches geändert hat. Auch heute noch denken viele junge Menschen, die Welt sei beschaffen, wie die Medien sie darstellen. Dabei wäre Medienkompetenzvermittlung in meinen Augen eine der Hauptaufgaben der Schule.

Lies mich! Schau mich an! Hör mir zu!

Grundsätzlich sollte jedem Medienkonsumenten klar sein: Medien brauchen Aufmerksamkeit, um zu überleben. Sie tun deswegen alles, um Aufmerksamkeit zu bekommen. Aufmerksamkeit ist ihre Droge. Das gilt für Nachrichtensendungen ebenso wie für Unterhaltungsshows, es gilt selbst für Newsletter und Facebook-Einträge. Ziel Nummer 1 von Medien ist daher: Lies mich! Schau mich an! Hör mir zu! Und je mehr Menschen lesen, zuschauen und zuhören, desto besser ist das angeblich.

Aus der Sucht nach Aufmerksamkeit folgt deshalb der Zwang, kontinuierlich Neuigkeiten zu liefern. Dies simuliert Bewegung. Und bewegt sich einmal nichts, machen Medien etwas los: Homestory eines Stars, die Kleidung von Lady Gaga. Auch Gewinnspiele erhöhen die Aufmerksamkeit ohne jedes Geschehen: „Wo wohnt der Eskimo? Im Iglu oder im

---

1) Luhmann, Niklas: „Die Realität der Massenmedien", VS Verlag, 2004.

Zelt? Rufen Sie jetzt an!" Einen ähnlichen Effekt haben Radiointerviews, die in mehrere Teile geteilt und von Musik unterbrochen werden, ohne dass es für diese Unterbrechungen einen plausiblen Grund gäbe. Als Medienkonsumenten haben wir den Eindruck, ständig in irgendeinem Geschehen zu sein. Dabei geschieht fast nichts.

Selbst in der anscheinend nüchternen Welt der Nachrichten wirkt die Droge: Eine Tageszeitung hat jeden Tag eine Schlagzeile, selbst wenn am Vortag nichts Wichtiges geschehen ist. Die „Tagesschau" um 20.15 Uhr dauert in der Regel fünfzehn Minuten – obwohl die wichtigen Geschehnisse in der Welt bei einer Nachrichtenflaute in drei Minuten berichtet wären. Ein Bonmot in den Journalistenschulen lautet: „Seltsamerweise geschieht in der Welt immer genau so viel, wie in die Zeitung passt."

Genau das bezeichnet das Zerrbild: Die Realität scheint sich den Medien anzupassen. Von daher ist das Bild, das wir uns machen, oft verzerrt. Doch vermutlich halten die meisten Menschen das, was sie in einer Nachrichtensendung sehen, für Realität. Tatsächlich sehen wir mit etwas Glück aber meist nur einen Ausschnitt aus der Realität zu einem Zeitpunkt in der Vergangenheit.

Fragen an die Medien könnten sein: Ist ein Geschehen relevant? Für wen? Ist es ein Wunder, dass das Buch eines Redakteurs im Handumdrehen auf den Bestsellerlisten landet, dessen Online-Medium Zigtausend tägliche Zugriffe zählt? Wer bestimmt überhaupt, welche Themen das Licht der Öffentlichkeit erblicken? Wer entscheidet, was wir denken und meinen sollen? Wer befördert Informationen, wer hält sie zurück? Und zu welchem Zweck?

Herauskommen könnte ein Bewusstsein, das die manipulative Macht der Medien zwar erkennt, sie fürs Individuum aber zugleich begrenzt.

Die Verbreitungsmöglichkeiten des Internets, die nicht mehr an feste Zeiten gebunden sind, führen zu einer gewissen Atemlosigkeit bei den Nachrichtenproduzenten. Jeder will immer noch schneller sein, noch weiter vorne, die noch neuere Meldung melden. Oft scheint es, als wollten Redaktionen nicht die Öffentlichkeit informieren, sondern Rekorde brechen, indem sie die Nachrichten zehn Minuten früher als die anderen bringen. Auf der Jagd nach einem „Scoop" sind sowieso alle Journalisten, nach der einen, alles in den Schatten stellenden Hammer-Nachricht, die sie exklusiv und als Einzige haben. Formulierungen wie „Der heißeste Juli in Schleswig-Holstein seit Beginn der Wetteraufzeichnungen" oder „Der erste Auswärts-Sieg mit nur zehn Spielern seit drei Jahren" zeigen, dass Journalisten lieber Pseudo-Rekorde schaffen, als sich einzugestehen, dass sie Belangloses erzählen.

So kommt es, dass wir zunehmend Nachrichten mit Pseudo-Relevanz geliefert bekommen, die die Realität nur noch bruchstückhaft abbilden und sich mitunter sogar widersprechen.

Manipulationen in Medien

Misstrauen in eine Nachricht ist insbesondere dann geboten, wenn sie die Notwendigkeit gesellschaftlichen oder politischen Handeln als „alternativlos" behauptet, sich die Behauptung aber nicht auf nachvollziehbare Kriterien stützt oder diese nicht genannt werden. Müssen wir die Beiträge zur Renten- und gesetzlichen Krankenversicherung wirklich erhöhen, weil es immer weniger Beitragszahler gibt? Ein großer Teil der Medien hilft, diese Position zu verbreiten, und die öffentliche Meinung scheint es zu glauben. Dabei gibt es durchaus Alternativen: Warum beispielsweise errechnet sich die gesetzliche Rente nur auf Basis von Arbeitseinkommen? In den Medien findet diese Idee so gut wie nicht statt. Es geschieht relativ oft, dass ein unkonventioneller Gedanke seine liebe Mühe hat, zu öffentlicher Wahrnehmung zu gelangen, weil es eben Menschen gibt, die diesem Gedanken nicht zur Durchsetzung verhelfen wollen. Und das, obwohl auch er Realität ist.

Der Fall zu Guttenberg zeigt den Mangel an Medienkompetenz

Besonders deutlich wurde die massenhafte Inkompetenz in Sachen Mediengeschehen, nachdem herausgekommen war, dass die Doktorarbeit des Verteidigungsministers Karl-Theodor zu Guttenberg ganz offenkundig aus zahlreichen Fremdwerken zusammenkopiert war. Am 1. März 2011 hatte ich in meiner Hörertalksendung „Lateline" eine Anruferin, deren Verhalten im Grunde eine Diagnose für extremen Mangel an Medienkompetenz ist. Sie erklärte vehement, „die Medien" hätten zu Guttenberg gestürzt, und vertrat damit eine damals recht populäre Haltung. Sie lehnte den Gedanken ab, dass zu Guttenberg seine Arbeit selbst verbockt hatte und niemand anderes.

Sehr treffend beschreibt Helmut Däuble bei „Spiegel Online", mit welcher Taktik es zu Guttenberg gelungen ist, die Legende zu stricken, er sei Opfer einer Intrige.[2] Letztlich begründete er seinen Rücktritt nicht mit Einsicht in seinen Betrug an der Öffentlichkeit, sondern mit „Vorwürfen", und diese Rhetorik lässt ihn als Opfer erscheinen. Wäre Medienkompetenz als Schlüsselqualifikation in unserer Gesellschaft vorhanden, hätte sich die Legende der Medien-Intrige niemals so verbreitet. Sicher gibt es Medienkampagnen – aber hier war es nun einmal keine. Guttenbergs Doktorarbeit war zusammengeschustert – und das verantwortet niemand außer zu Guttenberg selbst.

Brot und Spiele

Selbstverständlich hatte die Berichterstattung über zu Guttenberg, was ein Drama braucht: einen jungen Helden und eine ordentliche Fallhöhe. Was im Film gilt, gilt natürlich auch für die Attraktivität von Nachrichten: Je tiefer der jugendliche Held fallen kann, desto leidenschaftlicher sind die Leute dabei. Je schärfer das Schwert des Gladiators und je hungriger der Löwe, desto spannender das Spiel. Das römische Motto „Brot und Spiele" bringt auf den Punkt, wie man eine Gesellschaft stabilisieren kann. Heute ist das kaum anders: Satte und durchgehend unterhaltene Konsumenten begehren nicht auf.

2) http://www.spiegel.de/politik/deutschland/0,1518,749232,00.html.

DIE BILDUNGSLÜCKE **261**

Der überwiegende Teil der Sendungen im Fernsehen sind daher Unterhaltungssendungen – auch dann, wenn sie so tun, als seien sie keine. Eine Redaktion beschließt beispielsweise, eine Talkrunde zum Thema Ernährung zu machen. Sie sucht sich einen Aufhänger und findet auch einen: Das Jahr hat gerade begonnen, und „alle" reden von „guten Vorsätzen". Damit funktioniert das Thema. Jetzt müssen „Protagonisten" her: ein besonders dünner Mensch, ein besonders dicker Mensch, einer, der abgenommen hat, und dann am besten noch drei Mediziner, die sich streiten. Fertig ist der Personal-Mix für „Menschen bei Maischberger" vom 11. Januar 2011. Prinzip: Spannung. Extreme sollen möglichst weit auseinander sein, denn Spannung lebt vom Auseinanderklaffen wie ein gespanntes Gummiseil. Hauptmotiv dahinter: die freie Zeit und die leeren Seiten mit Inhalten füllen. Am einfachsten geht das mit Themen, die sich endlos durchnudeln lassen – etwa indem ein Medium per Casting-Show ein paar „Stars" erzeugt, über die sich dann grandios viel erzählen lässt.

Und praktisch nichts qualifiziert ausgerechnet Schauspieler in besonderer Weise dazu, zu einem bestimmten Thema Stellung zu nehmen: Andreas Hoppe mag ganz wunderbar einen „Tatort"-Kommissar spielen, aber dass er deswegen am 10. Februar 2008 zu Gast bei „Anne Will" auftritt, wo es um einen Brand in einem Ludwigshafener Wohnhaus geht, den heiß gelaufene Medienleute voreilig zu einem Anschlag hochgeschrieben haben, zeigt nur ein weiteres Mal, wie dringend wir Medienkompetenz brauchen.

Kriterien für die Nachrichtenauswahl

Wie Redaktionen Nachrichten tatsächlich auswählen, weicht also ein wenig von der Illusion ab, Medien seien der Wahrheit verpflichtet:

- Nachrichten müssen zur Ausrichtung des Mediums passen. In der Lokalzeitung einer Kleinstadt ist die Ankündigung eines Schulorchester-Konzerts durchaus eine relevante Story, in einer Großstadt geht so eine Veranstaltung eher unter.

- Nachrichten müssen sich einordnen lassen. Die Verschuldung eines Fußballvereins läuft traditionell unter „Sport", die Verschuldung eines Unternehmens unter „Wirtschaft".
- Nachrichten müssen einen Neuigkeitswert haben, sie sollten also keine ollen Kamellen wiederkäuen. Tauchen beispielsweise bei einem gefeierten neuen Produkt im Laufe der Zeit Mängel auf, werden Publikumsmedien dies bei Weitem nicht so prominent bringen wie die Produkteinführung, weil die schon eine Weile zurückliegt.
- Nachrichten müssen einen Informationswert haben – dieser sollte entweder unser Wissen vergrößern, Orientierung bieten oder einen Gesprächswert liefern, die Nachricht sollte unterhaltsam oder nützlich sein. Die Ankündigung eines Konzerts mit Hinweis auf den Kartenverkauf kann sinnvoller sein als der Bericht von dem Konzert, wenn dort nichts Unerwartetes geschah.
- Darüber hinaus wird der Chef vom Dienst (CvD) darauf achten, dass die Nachricht im Einklang steht mit möglicherweise übergeordneten Zielen wie beispielsweise der politischen Ausrichtung oder den thematischen Schwerpunkten des Medienunternehmens. Eine Autozeitschrift oder ein Auto-Ressort kann beispielsweise äußerst gute Kontakte zu Autoherstellern pflegen und daher unliebsame Berichte über Reklamationen auslassen. Hinweise auf solchen Korruptionsjournalismus finden sich außerdem gerne in den Reiseteilen von Zeitungen, in denen sehr selten Verrisse stehen, da die Autoren im Zweifelsfall kostenlos auf teuren Pressereisen waren und beim nächsten Mal gerne wieder dabei sein wollen.

Manchmal reicht es aus, wenn ein Drittel aller Redaktionsmitglieder ein Thema oder ein Ereignis wichtig findet, um dieses Thema zur Nachricht zu machen. Egal, ob das Thema für die Zielgruppe des Mediums von Bedeutung ist oder ob nicht. Wenn die Kollegen dann auch noch eine starke emotionale Bindung zu „ihrem" Thema haben, ist es nahezu unmöglich, die Nachricht zu verhindern. So kommen Meldungen in ein Medium, die sich anfühlen, als würden Journalisten auf einem anderen Planeten leben – beispielsweise eine eindeutig parteiische Titelgeschichte gegen Windkraftanlagen im „Spiegel" am 28. März 2004. Das prominenteste Beispiel für aussetzenden Verstand in Verlagshäusern sind sicherlich die gefälschten „Hitler-Tagebücher" im „Stern" 1983, wobei in diesem Falle das Management die Chefredaktion übergangen hatte.[3]

Letztlich ist das System fehlerhaft, weil Menschen darin Entscheidungen treffen. Es scheint dem Menschen nicht gegeben zu sein, intuitiv objektiv zu urteilen. Schon gar nicht, wenn er das Urteil spontan treffen muss. Wenn beispielsweise Angst das bestimmende Gefühl ist, entscheiden Menschen oft irrational, obwohl die Angst oft genug unbegründet ist. Und Angst ist nur einer von vielen Umständen, der uns falsche Schlüsse ziehen lässt.

Wenn wir, trotz aller Plausibilität, also das Gefühl haben, dass uns gerade Unsinn erzählt wird, besteht eine nicht geringe Wahrscheinlichkeit, dass man uns auch tatsächlich Unsinn erzählt. Fast alle kennen den Effekt, dass im Radio ein Bericht über ein Thema läuft, mit dem man sich zufälligerweise besonders gut auskennt. Ich hab noch nie jemanden getroffen, dem in einem solchen Moment nicht zahlreiche Fehler oder Unvollständigkeiten in der Berichterstattung oder den gezogenen Schlüssen aufgefallen wären.

Vorsicht vor Verschwörungstheorien

Das alles passiert nicht, weil eine geheime Weltverschwörung damit befasst wäre, die Medien zu missbrauchen, um die Menschheit, ein Land oder eine Bevölkerungsgruppe zu manipulieren. Das passiert, weil Medien von Menschen gemacht werden. Wir sollten nie eine Verschwörung vermuten, wo systemische oder persönliche Unzulänglichkeiten als

---

3) Seufert, Michael: „Der Skandal um die Hitler-Tagebücher", Scherz, 2008.

Erklärung ausreichen. Zugleich gehört es zur Medienkompetenz, zu erkennen, dass viele Menschen zu Verschwörungstheorien neigen, weil sie es nicht ertragen, auf eine Frage keine Antwort zu kennen. Daher ist das Hauptmotiv hinter Verschwörungstheorien die Angst – und die macht Menschen ganz hervorragend manipulierbar.

Um mit der modernen Medienwelt umgehen zu können, ist es außerdem nötig, Manipulateure zu erkennen. Deren Hauptbetätigungsfeld ist das Internet, weil es dort möglich ist, ohne jede Kontrolle irgendwelcher Fachleute zu publizieren. Natürlich ist nicht alles, was auf den diversen Plattformen im Netz verbreitet wird, verschwörungstheoretischer Nonsens. Doch leider finden sich im Internet nicht nur ehrliche Menschen mit besonderer Expertise, sondern auch mindestens genauso viele Scharlatane, die möchten, dass wir ihren irrationalen Überzeugungen folgen. Sei es, weil sie persönlichkeitsgestört sind, aus Geschäftemacherei oder aus Informationsmangel.

Wie lassen sich „Spinner" auf Anhieb erkennen? Wie können sich junge Medienkonsumenten dem Einfluss der schmutzigen logischen und rhetorischen Tricks entziehen? Zu erkennen sind solche Leute hauptsächlich an zwei Merkmalen:

- Sie behaupten, ihre Überzeugungen seien nicht religiös oder durch irgendwelche sonstigen Arten der Eingebung oder Erleuchtung zustande gekommen, sondern objektiv oder sogar wissenschaftlich[4];
- sie sind gleichzeitig nicht dazu bereit, Bedingungen zu nennen, unter denen sie ihre Überzeugungen ändern würden.

Will uns jemand erzählen, ausgerechnet er kenne eine von irgendeiner Obrigkeit unterdrückte Wahrheit über irgendwelche komplizierten Zusammenhänge, egal ob Außenpolitik oder Astronomie, versucht er höchstwahrscheinlich, uns zu täuschen. Dasselbe gilt für jemanden, der uns erzählt, er habe in seinem Heimlabor eine bedeutende medizinische,

---

4) Eine Checkliste zum Erkennen von Verschwörungstheorien finden Sie unter http://www.gwup.org/component/content/article/72-verschwoerungen/842-so-erkennt-man-eine-verschwoerungstheorie.

biologische oder physikalische Entdeckung gemacht. Gehen Sie davon aus, dass bedeutende Entdeckungen dort gemacht werden, wo seriöse Wissenschaft stattfindet und wo sich die Bedeutung von Entdeckungen ordentlich beurteilen lässt: in Universitäten und Forschungseinrichtungen. Da auch Wissenschaftler auf Ruhm stehen, können wir beruhigt davon ausgehen, dass sie eine Nobel-preisträchtige Entdeckung nicht verschweigen werden.

Gelassen bleiben!

Dass wir auf Kampagnen hereinfallen, liegt in den Eigenschaften unseres Gehirns begründet: Unser Gehirn ist darauf ausgelegt, ursächliche Zusammenhänge zu konstruieren, wo allenfalls zeitliche Zusammenhänge existieren. Aus solcherlei Fehlschlüssen entstehen Verschwörungstheorien und Pseudowissenschaften – gefährliche Kopfverdreher, gegen die vor allem Medienkompetenz und wissenschaftliches Denken helfen. Auch wenn wir es nicht wahrhaben wollen: Dunkelheit macht einen Friedhof nicht automatisch gefährlicher.

Der beste Umgang mit Medien ist Gelassenheit. Fast nichts wird so heiß gegessen, wie es gekocht wird. Mit Ausnahme von Krieg, Epidemien oder Naturkatastrophen gibt es kaum Themen, die es erfordern, dass wir uns sofort eine Meinung zu ihnen bilden und ein Verhalten zu ihnen entwickeln. Also bilden wir uns lieber vorerst keine Meinung, sondern warten wir ein paar Stunden oder Tage ab – seien wir also fähig dazu, unbeantwortete Fragen zu ertragen. Wenn ein wenig Zeit vergangen ist und die erste Aufregung sich gelegt hat, wird sich auch jemand finden, der bereit ist, Zeit in eine gründliche Recherche zu investieren und herauszufinden, wie die Realität hinter der Aufgeregtheit aussieht.

Insgesamt stärkt Medienkompetenz die Sensibilität gegenüber Manipulation und auch die Kritik gegenüber Mächtigen, die ihre Macht mit billigen publizistischen Mitteln verteidigen. Nicht nur im Umgang mit klassischen Medien, sondern auch im Internet und im Berufsleben, wenn es beispielsweise um Gerüchte geht. Medienkompetente Menschen glauben nicht einfach alles, sondern verlangen Belege für Behauptungen – und außergewöhnliche Belege für außergewöhnliche Behauptungen. Sie zweifeln insbesondere Obrigkeiten an, wenn diese etwas Außergewöhnliches behaupten – die Autorität an sich ist für Menschen mit Medienkompetenz ebenso wenig ein Maßstab wie für seriöse Wissenschaftler.

Wer Medien kritisch betrachtet, zweifelt bisweilen auch mal die öffentliche Meinung oder den mutmaßlichen gesellschaftlichen Gemeinsinn an. Die von der Publizistikwissenschaftlerin Elisabeth Noelle-Neumann entwickelte Theorie der „Schweigespirale"[5] gehört in die Schule und darf nicht nur Publizistik-Studenten vorbehalten sein: Eine Mehrheit, die sich als Minderheit wähnt, schweigt gerne und wird dadurch gegebenenfalls tatsächlich zur Minderheit, weil sich Menschen gerne der Mehrheit anschließen. Wer diesen gruppendynamischen Prozess einmal verstanden hat, sieht die Demokratie mit anderen Augen und trägt wirklich zu ihrer Verbesserung und Weiterentwicklung bei.

Im Berufsleben machen viele Menschen Medien

Das Internet bietet Publikationsmöglichkeiten, die noch vor wenigen Jahren kaum jemand für möglich gehalten hätte. Die „Gatekeeper"-Funktion der Redaktionen, die entscheiden, welche Nachricht rausgeht und welche nicht, spielt keine Rolle, wenn jemand selbst Nachrichten produziert und verbreitet. Es gibt eine Menge kluger Köpfe, und es gehört ebenso zur Medienkompetenz, wenn diese klugen Köpfe ihr Recht auf Berichterstattung wahrnehmen und im Internet selbst „Medien machen". Es ist sogar sehr wichtig, den Scharlatanen etwas entgegenzusetzen, damit das Internet als Quelle wertvoller Informationen erhalten

5) Noelle-Neumann, Elisabeth: „Öffentliche Meinung. Die Entdeckung der Schweigespirale", Ullstein, 1989.

bleibt. Das Internet ist neben Büchern nahezu die einzige Möglichkeit, werbe- und institutionsunabhängig – und damit inhaltlich unabhängig – zu publizieren. Und innerhalb des Internets sind alle bisherigen Formen denkbar: Text in Form von Blogbeiträgen, Hörfunk in Form von Podcast-Episoden, Fernsehen in Form von Videodateien.

Wie diese Dinge funktionieren – welche Hard- und Software nötig ist, wie Uploads funktionieren, was presserechtlich zu beachten ist – ist sämtlich Gegenstand von Medienkompetenz. Denn heute warten Unternehmen nicht mehr, bis eine Zeitung sich herablässt, über das Unternehmen zu schreiben, sondern sie publizieren selbst Nachrichten im Internet – und tappen dabei oft in dieselbe Falle und produzieren Hypes, Hypes und Hypes. Der aufgeklärte Bürger durchschaut das.

Medien zu machen, ist nicht mehr nur Sache von Hochschulabsolventen. Alle tun es, unabhängig vom Bildungsabschluss. Deshalb brauchen auch alle das dazu nötige Wissen.

Holger Klein, Jahrgang 1969, studierte Volkswirtschaftslehre, Politikwissenschaften und Psychologie und ist freier Medienschaffender. Zunächst als Aufnahmeleiter bei Film und Fernsehen und seit der Jahrtausendwende als Hörfunkmoderator beim öffentlich-rechtlichen Rundfunk, überwiegend bei Radio Fritz, der jungen Welle des RBB, sowie in der ARD-Gemeinschaftsproduktion „Lateline". Holger Klein lebt in Berlin, wäre in einem anderen Leben gerne Winzer oder Leuchtturmwärter geworden und ist Mitglied der Gesellschaft zur wissenschaftlichen Untersuchung von Parawissenschaften (GWUP).

http://de.wikipedia.org/wiki/Holger_Klein

Regieren Sie das Geld!

Wie Sie mit Finanzen umgehen und unabhängig werden

VON MARTIN BETSCHART

„Geld regiert die Welt", heißt es - doch dahinter stehen Menschen, die das Geld regieren. Wie gelingt das? Viele Menschen denken, es sei eine Frage von Glück, ob jemand viel Geld hat oder wenig - und entsprechend haben sie nicht allzu viel davon. Dabei sind Wohlstand und Armut die Folge unseres Denkens und Handelns. Wer wohlhabend werden will, braucht mehr als Mathematik und Betriebswirtschaft. Was zählt, sind die richtige Haltung und einige einfache Regeln.

Üblicherweise betreten Schulabgänger die Arbeitswelt und machen irgendwelche Jobs. Sie lassen sich anstellen und bekommen für ihre Zeit und ihre Arbeitskraft regelmäßig den gleichen Betrag aufs Konto. Das gilt als normal. Mit Disziplin und etwas Sparen schafft es der eine oder die andere zu etwas Wohlstand. Aber der systematische Weg zu Reichtum sieht anders aus. Wer nicht weiß, dass ein Auto maximal drei Monatseinkünfte kosten sollte, vergaloppiert sich finanziell schnell. Das überteuerte Auto verhindert durch seine Belastungen, dass die Monatseinkünfte steigen und bald tatsächlich ein großes Auto realistisch wäre.

Geld-Wissen ist also wichtig: Wie also organisiert man sich finanziell? Womit nimmt man Geld ein, und wofür gibt man es aus? Wie gelingt es, dass das Geld immer mehr wird? Wie lässt sich Überschuldung verhindern? Wie zieht man sich finanziell aus einem Loch wieder nach oben?

Geld ist ein Medium

So, wie Lehrer Bömmel in dem alten Schulfilm „Die Feuerzangenbowle" fragt: „Wat is en Dampfmaschin? Da stelle mer uns mal ganz dumm", so fragen wir hier: „Was ist Geld?", und stellen uns ebenso „dumm", indem wir sämtliche Vorurteile und Meinungen zum Geld einmal beiseitelassen.

Und plötzlich ist Geld nicht schlecht, es stinkt nicht, es verdirbt auch nicht den Charakter, sondern ist nur ein Medium für den Tauschhandel. Da Geld auf einem Markt nur bekommt, wer etwas anzubieten hat, steht im Zentrum die Wertschöpfung. Wer einen Wert schafft, indem er etwa einen Topf schmiedet, kann diesen Wert weitergeben an jemanden, der diesen Topf braucht. Und er bekommt dafür das Medium Geld, mit dem er dann seinerseits Werte einkaufen kann. Das bedeutet unmittelbar, dass nicht fünfzig untergehen, sobald einer aufsteigt, wie manche Gegner des Geldes behaupten – sondern im Gegenteil: Wer mit seinen selbst geschaffenen Werten Menschen hilft, ihre Bedürfnisse zu decken, verdient Geld. Untergehen tun nur jene, die beharrlich keine Werte schaffen oder sie nicht klug vermarkten.

Auf einem funktionierenden Markt schafft Geld die Verbindungen zwischen den Menschen, und es entsteht ein Netzwerk des Gebens und Nehmens. Wer viele Werte schafft und diese Werte Menschen zugänglich macht, die sie zu schätzen wissen, hat Geld. Und wer sein Geld nicht verschwendet, weil er den Unterschied kennt zwischen nutzlosen Konsumausgaben und sinnvollen Investitionen, behält den Wert stets – er nimmt nur eine andere Form an. Im Grunde gilt die Faustregel: Werte zu schaffen und zu verkaufen, führt zu Vermögen.

„Aber es kann doch nicht jeder reich sein!"

„Aber es kann doch nicht jeder reich sein", lautet ein beliebter Einwand. Doch, es kann: Wenn jeder Werte schafft, die die anderen jeweils brauchen, wird jeder reich. Reichtum ist ja kein relativer Wert, der sich mit Armut die Waage halten muss. Reichtum und Wohlstand entstehen ohne Armut, wenn wir Werte schaffen. Das Geld ist nur das Medium, um alle an sämtlichen erwirtschafteten Werten teilhaben zu lassen. Wer selbst Werte schafft und verkauft, hat etwas von diesem Medium und kann andere Werte erwerben.

Dieses Grundverständnis von Ökonomie sollte jeder Mensch lernen. Damit jeder erkennen kann, dass es letztlich darum geht, dass jeder selbst Werte schafft, die anderen zu etwas dienlich sind. Erst wenn diese Basis gelegt und verinnerlicht ist, hat es Sinn, sich in die komplizierten Detailfragen der Ökonomie zu bewegen. Viele Debatten zu unschönen Phänomenen wie etwa Arbeitslosigkeit würden sich von selbst erledigen, hätten Menschen einen Draht zur Ökonomie in ihren Grundzügen. Und Schulabgänger würden nicht weiter auf die Suche nach „der einen Stelle" oder „dem besten Arbeitsplatz" gehen, um weiterhin ihre wertvolle Zeit im Dienste eines anderen zu verschwenden, sondern sie würden überlegen, wie sie das Einkommen generieren, das sie zum Leben brauchen.

Die abhängige Beschäftigung ist dazu nur ein Weg von vielen. Sie ist die Wahl der Massen, aber sie führt aber auch massenhaft nicht unbedingt zu Reichtum.

Wirklich reich werden jene, die es verstehen, ihre selbst geschaffenen Werte unter die Leute zu bringen. Nicht reich wird dagegen jemand, der dem Geld oder dem Eigentum nichts Positives entgegenbringt. Die Basis ist also die richtige Einstellung. Mit der Einstellung meine ich die Überzeugungen, die ich zu Geld habe. Und unsere Überzeugungen zum Thema Geld sind in aller Regel die, die wir zu Hause und in der Schule gelernt haben. Oft sind sie negativ, wenn Menschen in weniger wohlhabenden Familien aufwachsen. Und das, obwohl Geld zunächst nur ein Tauschmedium ist, also etwas Neutrales.

Hat man Geld, ist es durchaus positiv. Für mich persönlich bedeutet Geld vor allem, dass ich frei und unabhängig bin und dass ich Handlungsspielraum habe. Ich muss niemanden um Erlaubnis fragen, wenn ich ein Auto kaufe oder ein Aktienpaket. Meine Frau und ich müssen niemanden um Erlaubnis fragen, wenn wir für ein paar Wochen nach Asien reisen. Reichtum heißt für mich, tun zu können, was ich will – das Wort „Vermögen" im Sinne des Eigentums ist nicht durch Zufall identisch mit dem Wort „Vermögen" im Sinne des Könnens. Wer kein Geld hat, kann dagegen nicht einmal telefonieren – der Telefonanbieter wird die Leitung kappen, wenn jemand die Rechnungen nicht bezahlt. Tun, was man will, kann man, wenn man reich ist. Und ich glaube, das ist der Unterschied zur Mehrheit. Die meisten Menschen hecheln dem kurzfristigen Geld hinterher. Sie gehen viele Kompromisse ein, weil sie es müssen. Sie haben eben nicht das Vermögen, zu tun, was sie wollen. Im Leben der meisten Menschen dominiert vielmehr das Unvermögen – die Abwesenheit von Geld und die Abwesenheit von Möglichkeiten.

Drei Möglichkeiten, Geld zu verdienen

Es gibt aus meiner Sicht grundsätzlich drei Wege, um Geld zu verdienen:

1. **Zeit gegen Geld tauschen.** Das tun die meisten Menschen. Ich schätze, etwa neunzig Prozent der Menschen tauschen Zeit gegen Geld. Das heißt, sie gehen arbeiten und bekommen für diese Zeit und ihre Leistung Geld. Ob sie das als Arbeitnehmer oder Selbstständige tun, ist dabei nicht so wichtig – in beiden Fällen sind sie sehr begrenzt in ihren Möglichkeiten. Ein paar sehr wenige gelangen so zu Reichtum – entweder, weil sie über absolut spezielles Fachwissen verfügen, das einen enorm hohen Wert hat, oder weil sie als Manager von Boni leben, die über das Gehalt hinaus nicht nur die Arbeit honorieren, sondern sie auch am Erfolg teilhaben lassen. Die Regel aber ist, dass Zeitverkäufer nicht besonders reich werden.

2. **Investieren.** Wer Geld investiert und es etwa in Unternehmensbeteiligungen steckt oder in die richtigen Aktien und Fonds, bekommt Teile des Gewinns. Leider nur kommt das Konzept für die meisten Menschen gar nicht infrage, weil sie eben nicht das nötige Geld haben, um zu investieren. Also bleibt ihnen der Weg, dass sie investieren könnten, verschlossen. Es ist keine gute Chance, um sich selbst aus dem Dreck zu ziehen. Und selbst für Menschen, die genug Geld haben, ist es nicht unbedingt einfach: Es genügt nicht, irgendjemandem Geld zu geben, der hohe Gewinne verspricht. Die Gewinne realisiert der andere meistens selbst. Um erfolgreich zu investieren, muss ich mich mit dem Thema sehr intensiv beschäftigen und Risiken abwägen können.

3. **Werte schaffen.** Das ist der Königsweg. Eine geniale Idee ist oft mehr wert als Fleiß und Arbeit. Der amerikanische Milliardär Jean Paul Getty (1892-1976) wurde laut einer Anekdote nach seinen Erfolgsgeheimnissen gefragt. Er antwortete, es gebe drei

Regeln: „Steh früh auf!", „Arbeite hart!" und „Finde Öl!". Im übertragenen Sinne heißt „Öl finden" natürlich heute „Ideen finden". Wer etwas schafft, wovon möglichst viele Menschen einen Nutzen haben, möglicherweise sogar Millionen von Menschen, dann funktioniert es mit dem Einkommen nahezu von alleine. Verdiene ich an einer selbst programmierten App über iTunes pro Download einen Euro, dann sind das bei 100.000 Downloads 100.000 Euro – dafür muss sich mancher Angestellter lange von Montag bis Freitag zur Arbeit quälen.

Was mir die Schule beigebracht hat, waren nur die ersten beiden Getty-Punkte: „Steh früh auf!" und „Arbeite hart!". Es war nicht die Rede vom Öl und der Chance, dass jeder Einzelne von uns mithilfe seiner Kreativität unabhängig von den vorgesehenen Bahnen erfolgreich werden kann. Das Briefing ging eher in die Richtung, dass das Leben mühsam wird und wir sehr fleißig sein sollten. „Du musst hart arbeiten", hieß es, „du musst sparsam sein". Das ist alles richtig, aber es begrenzt uns, weil es die Möglichkeiten ausschließt. Die meisten Menschen versuchen, vom vorhandenen Kuchen möglichst viel abzubekommen, statt dass sie ihren eigenen Kuchen backen, der größer ist als alle anderen Kuchen zuvor. Infolgedessen ist die Masse der Menschen auf das Mantra der harten Arbeit konditioniert und leider nicht auf die Produktion von Werten. Das mag von einem gesellschaftlichen Bild geprägt sein, nach dessen Meinung nur böse Unternehmer reich werden. Ohne diese Färbung aber lässt sich sagen: Reich wird, wer produziert. Arm wird, wer konsumiert.

Einnahmen: Wie lassen sie sich erhöhen?

Eine schöne Frage im Geld-Seminar ist: Wie viel Geld haben Sie in Ihrem Leben schon verdient, wenn Sie es überschlagen? Bei den meisten Menschen kommen schon mal ein paar Millionen zusammen. Und dann frage ich: „Wie viel von dem haben sie behalten, was sie schon verdient haben?" Da staunen die Menschen meistens – sie könnten reich sein, wenn sie ihr Geld nicht verschleudert hätten.

Beim Geld gibt es im Grunde nur zwei Richtungen: rein und raus. Je mehr reinkommt, desto mehr Geld steht zur Verfügung. Je mehr rausgeht, desto weniger Geld steht zur Verfügung. Das ist im Grunde wie bei Kalorien: Je mehr reinkommt und je weniger rausgeht, desto fetter werden wir. Nur dass wir beim Fett schauen, möglichst wenig davon zu haben, und beim Geld, dass wir möglichst viel davon haben. Also sollten junge Menschen grundsätzlich verstehen, dass es generell zwei Möglichkeiten gibt, ein Vermögen zu bilden: Einnahmen erhöhen und Ausgaben senken.

Die meisten Menschen denken, ihre Einnahmen könnten sie nicht erhöhen, weil man sie im Denken auf das Arbeitnehmerdasein konditioniert. Wer seine Zeit verkauft, hat wenig Steigerungspotenzial. Also konzentrieren sich die meisten Menschen aufs Sparen und lassen sich zur Zielgruppe von Banken machen, die in ihrer Fernsehwerbung mit zwei Prozent aufs Guthaben werben. Die großen Sprünge sind das nicht. Ein paar wenige versuchen, mehr zu verdienen. Das heißt: Arbeitnehmer versuchen, durch Überstunden länger zu arbeiten oder durch eine Beförderung verantwortungsvoller zu arbeiten. Selbstständige versuchen, sich höher zu qualifizieren und so besser zu arbeiten, sie versuchen, effektiver zu arbeiten, sich besser zu verkaufen, sich stärker zu positionieren. Damit lässt sich schon einiges erreichen. Ich denke, wer es geschickt anstellt, kann so sein Einkommen durchaus verdoppeln, verdreifachen, vielleicht sogar verzehnfachen – einfach, indem man die Verbesserungspotenziale im bestehenden Setting ausschöpft. Das ist die eine Variante. Und wenn ich es gleichzeitig auch schaffe, weniger auszugeben, dann kann ich durchaus auf einen grünen Zweig kommen. Wer sich darüber hinaus überlegt, wie er einen sinnvollen Wert schaffen kann, der den Menschen einen Nutzen bringt, kann sein Einkommen noch viel stärker erhöhen.

Ausgaben: Investieren oder konsumieren?

Wie aber lassen sich Ausgaben sinnvoll senken? Natürlich ist es eine Binsenweisheit, dass niemand reich wird, der jeden eingenommenen Euro oder Franken gleich wieder ausgibt. Darum gilt Sparen als Tugend. Und trotzdem ist es oft nicht klug, nach dem Rasenmäherprinzip zu sparen. Denn grundsätzlich gibt es zwei verschiedene Formen von Ausgaben: Konsumausgaben und Investitionen. Konsumausgaben zu kürzen, ist immer sinnvoll, Investitionen zu senken, ist dagegen nicht immer sinnvoll.

Die Ausgaben der meisten Menschen sind Konsumausgaben: Sie bezahlen für etwas, was nach geringer Zeit keinen Wert mehr hat. Investitionen dagegen sind Ausgaben, die ihrerseits wieder das Einkommen erhöhen. Die Sozialisation der meisten Arbeitnehmerkinder in Sachen Taschengeld lautet: „Teil es dir gut ein." Das Verständnis dahinter ist: Vorhandenes Geld ist irgendwann weg, so wie Wasser die Wanne verlässt, wenn man den Stöpsel zieht – es gibt in diesem Denken also nur Konsumausgaben. Sobald jemand Geld hat, „kann er sich etwas leisten", einen kleinen Luxus, der Spaß macht, ihn aber nicht weiterbringt. Die Wohnungen der meisten Menschen sind voller Konsumgüter wie teure Fernseher und Hifi-Anlagen, aber reich sind die Leute deswegen noch lange nicht. Die Sozialisation der meisten Unternehmerkinder dagegen lautet: „Mach was Gutes daraus." Das Verständnis dahinter ist, dass man aus Geld mehr Geld machen kann.

Ein Beispiel: Ein Schüler bekommt zur Konfirmation von seinen Verwandten 5.000 Euro – ein Geldsegen aus heiterem Himmel. Diese 5.000 Euro kann er nun in eine High-end-Hifi-Anlage plus Plasmabildschirm verwandeln und mit bestem Sound Musik hören und Filme schauen. Dann sind die 5.000 Euro weg – sie haben die Form eines Haufens Unterhaltungselektronik angenommen und generieren als solcher kein Geld. Das ist der Klassiker, zu dem uns die Werbung der Elektromärkte erziehen will. Oder aber der Schüler investiert: Er kauft sich einen guten Rechner, eine ordentliche Videokamera und viel Webspace, eine ordentliche Musik-Software und ein Elektroklavier. Dann beginnt er zu komponieren, stellt seine Musikstücke ins Netz zum Download und befeuert den Verkauf mit witzigen Youtube-Videos. Erst wenn 5.000 Downloads zu einem Euro verkauft sind, kauft er sich seine High-end-Anlage. Die kann er sich nun leisten. Vorher konnte er das streng genommen nicht, weil die High-end-Anlage die 5.000 Euro vernichtet hätte. So aber arbeiten die 5.000 Euro weiter, weil der Schüler immer mehr Musikstücke komponieren und ins Netz stellen kann. Die 5.000 Euro sind auch zu einem Haufen Technik geworden, aber zu einer Technik, die nicht nur dem Konsum dient, sondern die etwas produziert und Werte schafft. Das Geld für die High-end-Anlage entsteht dabei sowieso – das Einzige, was dazu noch nötig ist, sind Zeit und Beharrlichkeit. Der Schüler hat seine 5.000 Euro also nicht als Konsumausgabe verschleudert, sondern er hat sie investiert. So handeln Unternehmer jeden Tag, und darum werden sie reich.

Schluss mit den Konsumschulden, weg mit den Kreditkarten!

Die meisten Menschen würden gerne leben wie reiche Menschen und leben daher über ihre Verhältnisse. Viele sind sogar auch noch stolz darauf, wenn ein völlig überdimensioniertes Auto vor dem Haus steht, dessen Kosten der Familie die Haare vom Kopf fressen und jede Vermögensbildung verhindern. Dabei entsteht Reichtum ganz anders: Sehr viele reiche Menschen waren sich zu Beginn ihrer Karriere für nichts zu schade. Sie brauchten keinen Luxus, sondern haben investiert, investiert, investiert. Jeder irgendwie eingenommene Euro oder Franken fließt im Idealfall in die Technik, die Werte schafft und damit Geld generiert.

Schluss also mit dem Konsum und vor allem mit den Konsumschulden! Oft wollen Menschen das Neueste haben, weil sie sich dadurch Anerkennung erhoffen – und diese Anerkennung bezahlen sie mit enormen finanziellen Verlusten und mit Selbstbetrug. Junge Menschen überschulden sich mit Handyverträgen und Autos. Dabei ist eine Erkenntnis so wichtig, wie sie einfach ist: Die schlimmsten Ausgaben sind regelmäßige Ausgaben. Eine einmalige Ausgabe von 200 Euro ist vielleicht nicht so schlimm, aber ein Vertrag, der jemanden dazu verurteilt, jeden Monat 200 Euro an fremde Leute zu überweisen, ist fatal.

Selbstbetrug besteht vor allem dann, wenn jemand privat ein Auto least. Das ist finanziell kompletter Unsinn, weil das Autohaus Eigentümer bleibt. Selbst geschäftlich sind Auto-Leasing-Verträge gut zu prüfen, denn meist zahlt der Kunde spätestens bei der Rückgabe für jede Kleinigkeit drauf, und das Ganze lohnt sich nur fürs Autohaus. Ein Privatmensch bekommt durch sein geleastes Auto vielleicht eine gewisse Anerkennung, obwohl es auch zahlreichen Menschen gleichgültig ist, was für ein Auto jemand fährt. Zugleich weiß er unbewusst ganz genau, dass das Auto ihm gar nicht gehört, weil es ja geleast ist, und zugleich verhindern die hohen Leasingraten Vermögensbildung. Am Ende steht also Unzufriedenheit, schöngeredet durch das tolle Fremdeigentum.

Neben Konsumschulden und Leasing sind Kreditkarten fatal: Sie ruinieren Hunderttausende von Menschen. Kreditkarten sind ein enormes gesellschaftliches Problem, weil das kurzfristige Denken und die schnelle Verfügbarkeit von Kaufkraft die langfristigen Folgen überdecken. Eine grandiose Gehirnwäsche der Banken- und Kreditkartenfirmenwerbung! Mein Tipp: Kreditkarten „als Sicherheit" sind in Ordnung: Dann gehört die Karte in den Tresor und kommt nur dann ans Licht, wenn man sie wirklich braucht.

Basisschutz schaffen und nicht anrühren

Das Erste, womit Menschen sofort beginnen sollten, ist, sich ein finanzielles Polster zu schaffen – einen Basisschutz, der es ihnen ermöglicht, immer handlungsfähig zu bleiben – egal, was geschieht. Diese Basis sollten Menschen auch dann aufbauen, wenn sie Schulden haben. Sämtliche Mittel in die Schuldentilgung zu stecken, wäre fatal, denn dann baut sich kein Vermögen auf.

Das Minimum eines Basisschutzes sollte garantieren, dass jemand für mindestens für drei Monate, besser für ein halbes Jahr überleben kann. Die wichtigsten Kosten sind gedeckt, sodass niemand das Telefon abstellt, das wir brauchen, um unsere nähere Zukunft zu planen. Braucht jemand beispielsweise zweitausend Euro im Monat, wäre sein primäres Ziel, sich einen Grundstock von sechstausend bis zwölftausend Euro zuzulegen, den er nur im Notfall anrührt und der im Notfall verhindert, dass er faule Kompromisse eingeht. Diese sechstausend Euro können auf einem speziellen Konto liegen oder bar in einem sicheren Tresor – in jedem Fall so, dass man jederzeit darauf zurückgreifen kann.

Ist diese erste Ebene gegeben, ist die zweite Ebene wichtig – nennen wir sie „finanzielle Sicherheit". Diese finanzielle Sicherheit umfasst so viel Geld, dass jemand mindestens ein Jahr lang überleben könnte, und zwar ohne sich irgendwelche Gedanken zu machen. Das würde auch bedeuten, dass ein Jahr Auszeit möglich ist, eine Art „Sabbatical", um über die Zukunft nachzudenken und sich darüber klar zu werden, welche die eigentlichen, wichtigen Ziele sind.

Und die dritte Ebene ist das, was ich dann als „Leben" bezeichnen würde. Das ist die absolute finanzielle Unabhängigkeit. Auf dieser Ebene lebt jemand von den Zinsen seines Vermögens. Er hat so viel Kapital erarbeitet und angespart, dass es bei fünf bis zehn Prozent Rendite ordentlich arbeitet. Dann ist man wirklich finanziell unabhängig und hat viel mehr Möglichkeiten, den Lauf der Welt zu gestalten als jemand, der nicht weiß, womit er seine Telefonrechnung bezahlen soll.

Das richtige Denken

Geldwissen ist unabdingbar für Berufseinsteiger. Mit dem richtigen Wissen werden junge Menschen nicht mehr länger Opfer von Finanzdienstleistern und Kreditkartenunternehmen sein, sondern kennen die Tricks und Fallstricke. Sie wissen um die Gefahr von Konsumschulden und den Irrsinn des Leasings. Und sie wissen vor allem, dass der Deal

„Zeit gegen Geld" nur eine von mehreren Möglichkeiten ist, zu einem Einkommen zu gelangen, und sie lassen sich so vielleicht nicht mehr so selbstverständlich auf die Schiene der angestellten Konsumenten führen. Ausgestattet mit Geldwissen werden sich junge Menschen Quellen der Wertschöpfung schaffen, was letztlich allen gut tut – denn nur wer Werte schafft und etwas anbietet, schafft auch Arbeitsplätze.

Der Selfmade-Millionär **Martin Betschart** gibt u.a. Geld-Seminare. Er ist Experte für Erfolgs-Psychologie, Motivation und Menschenkenntnis. Als Erfolgs-Coach, Keynote-Speaker, Autor und TV-Talkmaster genießt er einen ausgezeichneten Ruf. Seit 1985 haben mehr als 500.000 Menschen seine Vorträge und Seminare besucht. Einer breiten Öffentlichkeit wurde er mit dem „Martin Betschart Kommunikations-Talk" im Schweizer Privat-Fernsehen bekannt. Im Jahr 2007 wurde er zum Trainer des Jahres gewählt. Er gehört zu den Top 100 Speakers und wurde 2008 sowie 2009 mit dem „Conga Award" ausgezeichnet. Er war der erste Präsident des Schweiz-Chapters der „German Speakers Association" (GSA). Er ist bekannt für seinen mitreißenden und motivierenden Vortragsstil. Das Schweizer Fernsehen bezeichnet ihn als den Erfolgs-Trainer Nummer 1. Er ist der Autor des Bestsellers „Ich weiß, wie Du tickst. Wie man Menschen durchschaut".

www.martinbetschart.ch

Lernen, ohne zu pauken

Wie Sie Wissen ganz einfach im Gedächtnis verankern

VON MARKUS HOFMANN

Wissen muss ins Gehirn. Genauer: ins Gedächtnis. Und nur weil jemand plötzlich seinen Schulabschluss hat oder von der Uni kommt, ist noch lange nicht Schluss mit dem Lernen. Wir lernen unser Leben lang – vor allem in Zeiten, in denen sich die Welt so rasant wandelt wie momentan. Denn was gestern wichtig war, ist heute vielleicht unwichtig – und morgen ist wieder ein ganz anderes Know-how gefragt. Doch wie speichern wir Wissen sinnvoll ab? Das Bildungssystem setzt aufs Auswendiglernen und Pauken – obwohl es mit der Mnemo-Technik und der Loci-Methode wunderbare Lernhilfen in Form intelligenter Eselsbrücken gibt.

Heißt es im Französischen „le garage" oder „la garage"? Ganz einfach: In der Garage steht ein Löwe, also heißt es „le garage". Diese Eselsbrücke meines Schweizer Mentors Gregor Staub zeigt eindrucksvoll, mit welch einfachen Mitteln wir Dinge ein- für alle Mal im Kopf behalten können, über die wir sonst immer wieder neu nachgedacht haben: Wir geben dem Gehirn eine einprägsame Information außerhalb des Kontextes. Über diese Brücke geht der Esel. Zum Löwen in die Garage oder auch zur Fischgräte im Hals.

„Wohin bitte?", fragen Sie sich vielleicht. Sie sehen: Es wird spielerisch. Lernen sollte Spaß machen, und wenn es spielerisch ist, macht es Spaß. Und dabei geht es nicht nur um Vokabeln, sondern auch um jeden beliebigen anderen Inhalt, den Sie sich merken wollen. Um die Durchwahlen Ihrer Kollegen. Um die Namen sämtlicher Führungskräfte. Wenn Sie sich den Vornamen der Vorstandsassistentin partout nicht merken können und sich immer wieder neu fragen, ob sie nun Annette heißt, Annegret oder Annika, dann stellen Sie sich einfach vor, die Dame hätte eine Gräte im Hals, wenn Sie sie sehen. Eine Gräte – Annegret. Hieße die Dame stattdessen Annika, würden Sie bei ihrem Anblick an eine Apotheke denken – denn dort gibt es die Heilpflanze „Arnika", die bei Verletzungen hilft.

Zu welchen Assoziationen Wörter und Zahlen führen, spielt beim schulischen Lernen kaum eine Rolle – dort geht es verhältnismäßig ernst zur Sache. Es heißt nicht „le garage", weil in der Garage ein Löwe steht, sondern weil Substantive mit der Endung „age" im Französischen in aller Regel maskulin sind. Diese Regel sollen wir uns aufgrund der Regel selbst merken. Ist das nicht fantasielos? Dabei eignet sich der plastisch vorstellbare Löwe auch für diese Regel – schließlich steht in jeder Garage ein Löwe.

Fantasie statt Fehlersuche

Dabei sind Kinder von Natur aus wissbegierig. Kinder lernen eigentlich gerne. Sie sind von Natur aus neugierig, begeisterungsfähig und offen für alles, was es in der Welt zu erleben und zu entdecken gibt. Mit den Jahren aber scheinen wir die Lust am Lernen zu verlieren, obwohl es dafür eigentlich keinen wirklichen Grund gibt. Woran mag das liegen? Vielleicht ja auch daran, dass das Bildungssystem das Lernen an eine permanente Leistungskontrolle koppelt und zusätzlich Stress oder gar Angst aufbaut. Lernen wird zur Belastung, zumal bei Prüfungen nur selten deutlich wird, was wir gut gemacht haben, aber fast immer, was wir falsch gemacht haben. Statt Lob erfahren wir Druck. Und statt lebenslanges Lernen, das ja Spaß machen würde, erleben wir die lebenslange Fehlersuche, die uns demotiviert.

Wie negativ Druck wirkt, haben wir wahrscheinlich alle schon einmal zu spüren bekommen. Unter Prüfungsangst lässt sich auf kluge Weise weder Wissen abrufen noch Kreativität entwickeln. Nicht selten führt der Stress zum sogenannten „Blackout". Unsere Gedanken sind dann wie schockgefroren. Ein schrecklicher Zustand, der uns kalten Schweiß auf die Stirn treibt. Und sogar noch Jahre nach unserer Schulzeit haben wir die größte Angst davor, Fehler zu machen, statt das lebenslange Lernen einfach spielerisch zu begreifen. Sicher sind Fehler nicht gut, aber sie werden nicht besser, wenn man sie moralisch verteufelt. Und sie werden nach Erfahrung vieler Praktiker immer weniger, wenn wir uns nicht auf sie konzentrieren.

Um nicht mehr unter Druck zu lernen, sondern mit Fantasie und Spaß, sollten wir gezielt und beharrlich an fünf wichtigen Punkten ansetzen:

1. Lernen darf Spaß machen.
2. Der Fokus liegt nicht auf Fehlern, sondern an Erfolgen.
3. Lernstoff lässt sich am besten kreativ vermitteln.
4. Fakten sollten jederzeit abrufbar sein.
5. Wissen soll ins Langzeitgedächtnis übergehen.

Das Gehirn richtig füttern

Unser Gehirn ist die zentrale Steuereinheit für alle Bewegungen und unser Sinnes- und Gedächtniszentrum. Wir sollten – unabhängig davon, welche Zahlen, Fakten und Vokabeln wir uns merken wollen – zunächst schauen, wie wir uns unser Gehirn optimal zunutze machen. Dieses Gesamtkunstwerk aus Zellkörpern und Faserbahnen, dieses gigantische Netzwerk der Millionen und Abermillionen von Nervenzellen – meistens füttern wir es nur sehr ineffizient mit Informationen. Ohne an dieser Stelle in die Tiefen der Gehirnforschung abzutauchen, muss eines gesagt sein: Rein theoretisch könnten wir das Wissen aller Enzyklopädien der Welt abspeichern – die Kapazitäten dafür sind angelegt. Stellen Sie sich einfach vor, Sie hätten die komplette Wikipedia im Kopf. Theoretisch geht das.

Was findet wie den optimalen Weg in unser Gedächtnis? In der Antike stellte man sich vor, dass sich Informationen wie Engramme ins Gehirn einprägen – etwa so, wie wenn ein alter Grieche etwas mit seinem Griffel in eine Wachstafel ritzt. Ich persönlich male mir aus, dass sich in unserem Kopf unzählige Bilder oder Symbole befinden, denn tatsächlich basiert unser Gedächtnis auf Bildern.

Zur Verdeutlichung ein einfaches Beispiel: Denken Sie mal *nicht* an eine gelbe Zitrone! Das wird Ihnen nicht gelingen. Wir können in der Regel nicht abstrakt, losgelöst von dem Bild an ein konkretes Ding denken. Denken Sie an einen Fußball, an einen Delfin oder einen Bikini – immer taucht dazu automatisch in Ihrem Kopf das passende Bild auf. Und wetten, dass Sie beim Wort „Bikini" nicht nur an den Bikini selbst denken?

Es ist also nicht verwunderlich, dass die besten Erinnerungs- oder auch „Memorier"-Techniken auf Bildern- beziehungsweise auf emotional aufgeladenen Vorstellungen basieren. Leider lässt sich unser Wissen nicht einfach wie bei einem Computer auf die Festplatte ziehen, wo es dann jederzeit abrufbar ist. Sondern wir müssen das Wissen über einen Bedeutungskontext erst erschaffen. Knochentrockene Fakten zu pauken, ist nicht nur für fast jeden von uns langweilig – es fällt auch sehr schwer, sie sich wirklich zu merken. Die Verbindung zu einer emotional geladenen Geschichte macht alles leichter: Emotionen und Geschichten stellen gleich eine Vielzahl von situativen, emotionalen und interaktiven Bezügen her. So legen wir unseren Lernstoff an mehreren Stellen unserer Gehirnwindungen ab. Es kommt zu vielfältigen Vernetzungen auf der neuronalen Ebene, sodass sich die gespeicherten Inhalte leichter abrufen lassen.

Falls Sie sich jetzt nicht vorstellen können, lustige Geschichten zu ersinnen, nur um sich etwas besser merken zu können, dann vertrauen Sie mir einfach. Ich verspreche Ihnen: Sie können das. Es ist im wahrsten Sinne des Wortes kinderleicht.

Grundlagen der Mnemo-Technik

Nachdem nun also klar ist, dass wir uns Bilder besser merken können als Abstraktes, geht es nun darum diese Bilder an konkreten Punkten abzulegen. Und genau das gelingt mithilfe der „Mnemo-Technik". Der Begriff „Mnemo" wirkt erst ein wenig merkwürdig mit dem „Mn" am Anfang, aber das macht nichts. Das Wort stammt aus dem Altgriechischen und leitet sich ab aus den Wörtern „Mneme" („Gedächtnis", „Erinnerung") und „Techne" („Technik", „Kunst"). Zur Mnemo-Technik gehören neben Merkhilfen wie Eselsbrücken auch komplexe Systeme, mit denen man sich mühelos Tausende von Vokabeln, vielstellige Zahlen, unzählige Namen oder Stichworte für Referate merken kann. Die Mnemo-Technik ...

- bedient sich unserer bildhaften Vorstellungskraft,
- verwendet imaginäre und tatsächliche Orte,
- bezieht Emotionen ins Lernen ein und
- kleidet schwierige Sachverhalte in merkwürdige Geschichten.

Zur Erklärung ein simples Beispiel: Warum finden Sie täglich Ihre Post? Klar – weil der Briefträger sie in Ihren Briefkasten steckt und Sie genau dort nachschauen. Genauso verhält es sich auch mit unserer Merkfähigkeit. Wir brauchen Ablageplätze, auf die wir jederzeit zugreifen können. Eine Gedächtnishilfe ergibt logischerweise nur dann Sinn, wenn sie genügend Informationen über das Wesentliche liefert und wenn wir sie im entscheidenden Moment am richtigen Ort abholen können.

Grundlage ist die sogenannte „Einhorn-Liste". Dabei handelt es sich um eine Zahl-Symbol-Technik. Wir verknüpfen jede Zahl mit einem Bild, das wir als Briefkasten nutzen. Die Einhorn-Liste kann – für zwanzig Ablageplätze – folgendermaßen aussehen:

1. Einhorn
2. Zwilling
3. Dreirad
4. Tisch (hat vier Beine)
5. Hand (hat fünf Finger)
6. Lottoschein (sechs Richtige)
7. Zwerge (wie im Märchen)
8. Achterbahn
9. Schwein (Das Ringelschwänzchen sieht aus wie eine 9)
10. Bowling (zehn Kegel beim Bowling)
11. Elfmeter
12. Apostel
13. Flugzeug (keine dreizehnte Sitzreihe)
14. Blumenstrauß (Valentinstag)
15. Kolumbus (im 15. Jahrhundert hat Kolumbus Amerika entdeckt)
16. Bundesländer
17. Blondine (siebzehn Jahr, blondes Haar)
18. Golfplatz (achtzehn Löcher)
19. Abendessen (neunzehn Uhr, Abendessen)
20. Tagessschau (zwanzig Uhr, Tagesschau)

Sie haben es natürlich bemerkt – die Liste ist einprägsam, da zwischen der Zahl und dem Begriff stets eine bekannte Verbindung existiert. Zum

Beispiel ist die Vierzehn mit dem Blumenstrauß verknüpft, weil am 14. Februar Valentinstag ist. Falls Ihnen für die Zahl vierzehn ein anderer Begriff geläufiger erscheint – die Liste ist keinesfalls in Stein gemeißelt. Es spielt dabei übrigens auch keine Rolle, ob alles in unserer Liste korrekt ist – selbstverständlich gibt es Flugzeuge mit dreizehnter Sitzreihe, und natürlich essen wir nicht jeden Abend um neunzehn Uhr. Aber darum geht es nicht. Wesentlich ist, dass die Assoziationen funktionieren. Schließlich gibt es auch einen geringen Ausspracheunterschied zwischen dem „le" in „le garage" und dem „Lö" in „Löwe" – das Bild funktioniert dennoch.

Entscheidend ist: Wenn Ihnen die zwanzig Assoziationen erst einmal in Fleisch und Blut übergegangen sind, haben Sie den ersten elementaren Schritt zur Steigerung Ihrer Merkfähigkeit getan. Mit der Liste können Sie sich jederzeit mühelos Stichworte und Fakten merken.

Reisen Sie mit mir nun gedanklich nach Mexiko. Wenn Sie von Mexiko nach Süden reisen – durch welche Länder reisen Sie in welcher Reihenfolge? Und welche Länder gibt es in Südamerika? Merken Sie sich alle Länder bei nur einmaligen Durchlesen und schreiben Sie diese dann aus dem Gedächtnis auf ein Blatt Papier. Bitte lesen Sie zunächst nur und prägen Sie sich die Länder in dieser Abfolge ein:

Guatemala – Belize – El Salvador – Honduras – Nicaragua –
Costa Rica – Panama – Venezuela – Guyana – Surinam –
Französisch Guyana – Brasilien – Uruguay – Argentinien –
Chile – Peru – Ecuador – Kolumbien – Bolivien – Paraguay.

Bevor Sie nun anfangen zu schreiben, möchte ich noch Ihr Ultrakurzzeitgedächtnis löschen und mit Leerdaten überschreiben: Zählen Sie dazu bitte laut von fünfzig runter auf dreißig. Bitte greifen Sie erst danach zum Stift und bringen Sie alle Staaten zu Papier.

Das Einhorn grast in Guatemala auf der Weide

Und? Wie viele Länder konnten Sie sich bei diesem kleinen Test merken?

Wenn man mit völlig neuen Begriffen konfrontiert wird, kann sich der Mensch nach einer zweiminütigen Konzentrationsphase normalerweise sieben bis acht davon merken. Wenn es mehr als zehn sind, dann hat man sich meist schon einer kleinen Technik bedient: Man versucht, bestimmte Begriffe in einen Sinnzusammenhang zu stellen. Mit diesem Trick begeben Sie sich automatisch auf den richtigen Weg. Sie haben eine kleine Geschichte erfunden und genau darauf will ich hinaus.

Nutzen wir nun die über die „Einhorn-Liste" von uns angelegten mentalen Briefkästen aus. Verweben Sie mit mir die „Einhorn-Liste" mit Mittel- und Südamerika. Die Verknüpfungen könnten zum Beispiel so aussehen:

Mein Einhorn (Punkt eins, den wir uns merken) grast auf der Weide und ich wünsche ihm auf Bayerisch einen „Guaden" („Guten Appetit!"). Über dieses Sprachbild komme ich auf *Guate*mala. Die Zwillinge (zwei) gehören zur Berliner Szene (Belize). Auf dem Dreirad (drei) stütze ich mich mit meinem Ellenbogen ab und schieße eine Salve (El Salvador) aus meiner Wasserpistole ab. Auf dem Tisch (vier) steht ein kleines Motorrad der Marke Honda (Honduras). Der *Ni*kolaus schüttelt mir in *Ni*caragua die Hand (fünf). Der Lottoschein (sechs) *kostet* nicht viel, macht aber vielleicht *reich* (Costa Rica). Die sieben Zwerge *pa*ddeln durch den *Pa*nama-Kanal. Als ich in die Achterbahn einsteige, verletze ich mich an der *Vene* (Venezuela). Dem Schwein (neun) wachsen auf einmal Hirsch-*Geweihe* (Guyana).

Abgefahren? Finde ich auch! Vor allem, weil es funktioniert. Sie dürfen frei mit Ihren Assoziationen spielen. Ist Ihnen das „Geweih" für „Guyana" zu schräg, sagt das Schwein eben: „Hallo Guys, wie geht's?". Lassen Sie Ihrer Fantasie freien Lauf – es verhält sich mit Ihrer Geschichte wie mit einem guten Werbespot: Je überraschender oder abstruser die Handlung, desto besser prägt sie sich ein. Das ist das Prinzip.

Bitte führen Sie sich die zwanzig Bilder anhand der „Einhorn-Liste" jetzt noch einmal vor Augen. Merken Sie schon, wie leicht es fällt, die ungewöhnlichen Verknüpfungen abzurufen? Nicht nur in Erdkunde: Wer die „Einhorn-Liste" beherrscht, der kann sich mühelos sofort zwanzig wichtige Begriffe merken. Zum Beispiel den Spickzettel für die Prüfung morgen. Und das ist erst der Anfang, denn das Prinzip lässt sich fast beliebig ausweiten.

Die Loci-Methode des alten Cicero

Als Erfinder der Mnemo-Technik gilt der griechische Dichter Simonides von Keos (557-467 v. Chr.). Aber von einem der berühmtesten Redner des alten Roms, von Cicero (106-43 v. Chr.), ist folgende Geschichte überliefert: Bevor Cicero als Konsul seine politischen und philosophischen Gedanken ausbreitete, stellte er sich auf seine Bühne oder an sein Rednerpult, sah sich genau um und prägte sich markante Punkte ein. Er legte die wesentlichen Schlagworte seiner Rede darauf ab und schuf sich so sichere Ablageplätze beziehungsweise Briefkästen. Man spricht in diesem Fall von der Loci-Methode. „Loci" ist im Lateinischen die Mehrzahl von „locus" und bedeutet „Orte".

Wie brillant dieser Trick ist, kann ich Ihnen gerne demonstrieren. Ich appelliere an Ihre Fantasie und nehme Sie nun mit in einen typischen Klassenraum. Wir kommen rein und bleiben in der Tür stehen. Wir lassen unseren Blick durch den ganzen Raum schweifen und suchen uns zehn markante Orte, die wir später mit Informationen verknüpfen. An der Wand rechts vor uns ist die Tafel, zu unserer Linken stehen die Tische und Bänke der Schüler. Los geht's im Uhrzeigersinn:

Links an der Pinnwand hängt ein Poster der deutschen Fußball-Nationalmannschaft (1). Daneben sehen wir ein Bücherregal (2). Hinten

DIE BILDUNGSLÜCKE 293

links in der Ecke steht ein Globus (3). Rechts daneben steht ein Computer (4). Weiter an der Rückwand sehen wir ein paar Bilder aus dem Kunstunterricht (5). Danach blicken wir durch die Fenster zum Schulhof (6). Weiter rechts steht das Lehrerpult (7). In der vorderen rechten Ecke liegen der Zirkel und ein großes Lineal (8). Dann folgt zentral die Tafel (9) und am Ende finden wir zu unserer Rechten das Waschbecken (10). Für die Loci-Methode gilt eine kinderleichte Formel:

Begriff + Ablageplatz = Geschichte

Geht es beispielsweise im Deutschunterricht nun um Thomas Mann, lassen sich folgende Schlagworte in eine anschauliche Geschichte verwandeln:

1. geboren am 6. Juni 1875 in Lübeck
2. gestorben am 12. August 1955 in Zürich
3. Kaufmannsfamilie, Vater Senator
4. Bruder Heinrich: „Der Untertan"
5. Mitarbeiter der Zeitschrift „Simplicissimus"
6. Roman „Buddenbrooks"
7. Nobelpreis 1929
8. Rede „Appell an die Vernunft"
9. Exil und Princeton
10. Radiosendung „Deutsche Hörer!"

Wie merken wir uns nun diese etwas komplexere Liste? Die Lebensdaten lassen wir zunächst mal außen vor – dafür bedienen wir uns später der „Einhorn-Liste". Beim Poster der Nationalmannschaft geht es los: Lustig – statt im Fußball-Tor könnte das Team auch im Lübecker Holstentor stehen (geboren in Lübeck). Das Bücherregal ist voll mit Stadtführern von Zürich (gestorben in Zürich). Auf dem Globus sitzt ein kleiner Senator, der die Weltkugel verkaufen möchte (Kaufmannsfamilie, Vater Senator). Unter dem Computer liegt die TAN-Liste für das Homebanking

294 Lernen, ohne zu pauken

(Untertan). Die Bilder an der Rückwand sind ziemlich simple Gemälde („Simplicissimus"). An der Imbissbude vor dem Fenster gibt es Frikadellen, die hart sind wie Gesteinsbrocken („Buddenbrooks"). Auf dem Lehrerpult liegt die Nobel-Preisplakette. In der Ecke versucht ein Schüler das Lineal durchzubrechen – der Lehrer appelliert an seine Vernunft („Appell an die Vernunft"). An der Tafel steht: „Prinzen ins Exil!" Im Waschbecken liegt ein Kopfhörer made in Germany („Deutsche Hörer!").

Natürlich können Sie auch weitere Punkte aus dem Leben Thomas Manns mit weiteren Punkten im Raum verbinden – theoretisch beliebig viele Aspekte zu jedem beliebigen Thema anhand nahezu jedes Raumes. Und mithilfe der „Einhorn-Liste" prägen Sie sich auch Thomas Manns Lebensdaten oder auch alle anderen Zahlen ein: Zwei Lottoscheine spielen Golf, als ein Zwerg vorbeikommt und den Ball in die Hand nimmt. Alles klar? Natürlich: Der Lottoschein ist unsere Nummer 6. Also haben wir bei zwei Lottoscheinen den 6.6., also sechsten Juni! Der Golfplatz hat bekanntlich 18 Löcher, der Zwerg steht für die Sieben und seine Hand für die Fünf. Das ist 1875.

Vorbei am Türsteher des Langzeitgedächtnisses!

Wenn nun alle Eselsbrücken halten – wie schaffen wir es, Informationen ins Langzeitgedächtnis zu transportieren? Die Wissenschaft unterscheidet bekanntlich drei Gedächtnisarten: das Ultrakurzzeitgedächtnis, das Kurzzeitgedächtnis und das Langzeitgedächtnis. Es geht also um den Faktor Zeit und um die Frage: Wie lange ist eine bestimmte Information für uns zuverlässig abrufbar?

Wenn wir uns auf die Schnelle etwas merken wollen, beispielsweise eine Telefonnummer, dann merken wir uns die Ziffern, sagen sie vor uns hin und benutzen sie schnell, denn wir wissen, nach rund zwanzig Sekunden haben sich die Zahlen schon wieder verflüchtigt. Sie haben für uns keine tiefere Bedeutung – warum also sollten sie länger als nötig Speicherplatz belegen?

Im Kurzzeitgedächtnis können wir etwas immerhin schon für etwa zwanzig bis vierzig Minuten parken. Das Kurzzeitgedächtnis hat eine Art Türsteher. Herein kommt nur, was entsprechend wichtig ist. Noch strenger geht es an der Tür zum Langzeitgedächtnis zu: Es ist unser permanenter Speicher, dessen Kapazitäten weder zeitlich noch vom Umfang her begrenzt sind. Wenn Informationen richtig verankert werden, können sie hier über Jahre oder Jahrzehnte gelagert werden.

Wir haben eben über emotional aufgeladene Geschichten, über lustige oder absurde Zusammenhänge gesprochen. Und genau dieser bunte Kontext ist der Schlüssel für unser Langzeitgedächtnis. Je intensiver wir uns mit einer im Kurzzeitgedächtnis eintreffenden Information befassen, je „tiefer" wir ihren Inhalt verarbeiten, desto besser bleibt sie uns in Erinnerung. Interessanter, neuer Lernstoff setzt neuronale Reize und gelangt leichter ins Langzeitgedächtnis.

Wichtig ist es allerdings auch, den Stoff zu wiederholen, wie wir es vom klassischen Lernen kennen. Bekanntlich sind die richtigen Zeitabstände zwischen den Wiederholungen entscheidend: Lernen Sie am besten maximal eine halbe Stunde und wiederholen Sie den Stoff erstmals nach einer Pause von zwanzig bis vierzig Minuten. Die zweite Wiederholung sollte spätestens nach vierundzwanzig Stunden erfolgen. In den folgenden drei Tagen sollten Sie die Information noch drei bis fünf Mal wiederholen, dann müsste sie im Langzeitgedächtnis verankert sein.

Mein persönliches Aha-Erlebnis

Meine Begeisterung für Mnemo- und Loci-Technik liegt übrigens in meiner persönlichen Geschichte begründet. In der Schule war ich nicht besonders gut. Mein Notenschnitt im Abitur war 2,8. Den Frontalunterricht empfand ich meist als langweilig, es gab sogar Lehrer, die uns einfach etwas aus einem Buch vorgelesen haben. Wie dem auch sei – im Anschluss an die Schule absolvierte ich eine Banklehre. Meine Stärken lagen nicht unbedingt in Aktiengeschäften, wohl fühlte ich mich aber im

Marketing. Mein Arbeitgeber ermöglichte mir deshalb nebenbei ein Studium. Zu Beginn des Studiums hatte ich noch Bedenken gehabt: Wie soll ich das schaffen? Der Stoff war mindestens so schwer und komplex wie der Stoff in der Schule – wie sollte ich mir so viel Zeug berufsbegleitend merken? Doch am Ende wurde ich mithilfe von Mnemo- und Loci-Technik Diplom-Marketingwirt BWA mit einem Schnitt von 1,5 bei der Hälfte der Lernzeit und war ziemlich stolz auf mich.

Durch meinen jetzigen Partner Gregor Staub bin ich erst auf diese Techniken aufmerksam geworden. Als mir Gregor diese Techniken das erste Mal gezeigt hatte, habe ich gleich Feuer gefangen, und ich beschloss, mich intensiver damit zu befassen. Nach und nach setzten sich in meinem Kopf Hunderte von Briefkästen beziehungsweise Ablageplätze fest. Mein Wohnzimmer, meine Straße, die Sporthalle, das Auto – alles Mögliche verknüpfte ich mit Informationen und mit Geschichten. Natürlich erzählte ich meinen Studienkollegen von meinem Erfolgsrezept, und verständlicherweise wollten auch sie sich diese Gedächtnisstützen zunutze machen. Im Jahr 2001 war ich so überzeugt von dem Gesamtsystem, dass ich meinen sicheren Job bei der Bank hinwarf. Mit Gregors Hilfe machte ich mich selbstständig und vermittle seitdem Menschen die Lust am Lernen.

Ein besonderes Feedback erhalte ich regelmäßig nach meinen Vorträgen an Schulen. Etwa fünfundzwanzig Mal pro Jahr bringe ich Kindern und Jugendlichen in der Aula oder der Sporthalle die Mnemo-Techniken näher. Ich zeige den Schülern, wie sie sich ihren Spickzettel für die morgige Klassenarbeit merken können und wieder Spaß am Lernen haben. Mich beeindruckt immer wieder, wie motiviert Schüler sein können, wenn sie etwas wissen. Am Abend halte ich einen weiteren Vortrag für die Lehrer und die Eltern dieser Schüler. Oft schon habe ich den Satz gehört: „Herr Hofmann, was haben Sie bloß mit meinem Kind angestellt! So motiviert habe ich es ja selten erlebt." Es ist etwas Neues, Außergewöhnliches passiert, und die Kinder und Jugendlichen hatten beim Lernen rasch ihr Erfolgserlebnis. Diese Begeisterung und diesen Schwung können nicht nur Schulen nutzen, sondern jeder Mensch, egal, in welchem Alter er ist und wo er im Berufsleben steht.

Markus Hofmann ist einer der inspirierendsten Gedächtnisexperten Europas und zählt zu den begehrtesten Vortragsredner für Unternehmen aller Branchen. Er ist Direktor des Steinbeis Transfer Instituts „Professional Speaker GSA", Lehrbeauftragter u.a. an der Management-Universität St. Gallen sowie an der ZfU International Business School in der Schweiz. Ob auf Corporate Events oder öffentlichen Veranstaltungen, der leidenschaftliche Redner verpackt erstaunliches Wissen in packendes Infotainment und begeistert sein Publikum mit einem erfrischenden Mix aus lebendiger Interaktion, hohem Praxisbezug und bewegenden Erfolgserlebnissen.

Bekannt wurde Markus Hofmann durch die Schottenwette bei „Wetten, dass ...?", die Experten-Foren namhafter Tageszeitungen und zahlreiche TV-Auftritte. Sein Versprechen: Der Weg zu mentaler Fitness ist eine leichte Übung für uns alle.

www.unvergesslich.de

Nachwort

In neuen Kategorien denken

„Die Bildungslücke" ist die Kluft zwischen dem Wissen, das das Bildungssystem uns anbietet, und dem Wissen, das wir im Berufsleben brauchen. Unsere Liste lässt sich gewiss noch erweitern – aber wir hoffen, Ihnen in diesem Buch mit einigen Best-Practice-Ansätzen ein paar entscheidende Anregungen gegeben zu haben.

Wir sind sicher: Wenn junge Menschen nicht den Anschluss an die Welt verlieren sollen, sollten wir unsere traditionelle Vorstellung davon, was „Bildung" ist, grundlegend überdenken. Dabei sollten wir nicht nur die Tauglichkeit von „Iphigenie auf Tauris" überprüfen, sondern wir sollten auch über Kompetenzen wie Erfolgs- und Zielorientierung nachdenken, über die Regeln ökonomischen Handelns und über Soft Skills wie Leidenschaft, Neugier, Hartnäckigkeit und Beziehungsfähigkeit – also all jene Eigenschaften, die Menschen erfolgreich machen können.

Schön wäre es, wenn sich das Bildungssystem öffnen würde, damit Lehrplanmacher und Lehrer in Kontakt mit dem Arbeitsleben kommen, das für die meisten Berufstätigen real ist. Wer von denen, die bisher zur

Debatte beitragen, arbeitet schon an einem normalen Arbeitsplatz in der Wirtschaft mit realem Erfolgsdruck? Wer ist selbstständig oder Unternehmer und trägt konkrete Verantwortung für ein paar Hundert Mitarbeiter, die ihre Jobs verlieren, wenn die Firma nicht ordentlich läuft? Die allermeisten Vertreter des Bildungssystems kennen die reale Arbeitswelt nicht, die die meisten Leute erleben – nur ein geringer Teil der Berufstätigen arbeitet in der Schule oder im akademischen Betrieb. Darum ist es zwar verständlich, aber eben auch Unsinn, wenn die Schule junge Leute am besten auf den Beruf des Lehrers vorbereitet.

Bestehende Kategorien hinterfragen

Bis das Bildungssystem die fürs Berufsleben relevanten Inhalte in die Lehrpläne aufnimmt, bleibt es jedem selbst überlassen, die „Bildungslücke" zu schließen. „Was wir nicht wissen, können wir nicht denken", lautet ein bekanntes Prinzip im Coaching – und demnach bleiben sehr viele Menschen unwissend bezüglich der wirklich wichtigen Inhalte. Wer nicht akzeptiert, dass er selbst für sein Leben verantwortlich ist, wird diesen Umstand nicht für real halten; wer nicht weiß, wie er Stil und Geschmack entwickelt, wird es nicht tun; wer niemals etwas von zielorientiertem Denken hört, wird weiterhin versuchen, alles richtig zu machen, dabei aber möglicherweise konsequent das Falsche tun.

In letzter Zeit sind viele Bücher erschienen, die das Bildungssystem in irgendeiner Weise kritisieren, mit den verschiedensten Ansätzen. Die meisten betrachten das Problem aus der Sicht der Pädagogik, nicht aus der Didaktik, und halten damit den Fortschritt in Sachen Inhalt wieder durch Nebenschauplätze auf. Wir glauben, dass es zunächst um die Frage geht, welche Inhalte relevant sind, bevor wir darüber sprechen, ob wir sie frontal oder im Stuhlkreis vermitteln. Andere Bücher widmen sich zwar den Inhalten, bleiben aber in der Fächer-Systematik des Schulbetriebs verhaftet und betrachten das Problem ebenso wenig von außen wie die Mehrzahl der Pädagogen. Doch so gut wie niemand beispielsweise kritisiert, dass der Musikunterricht an unseren Schulen nicht Musik unterrichtet, sondern Musikwissenschaft. Kaum jemand hinterfragt den selbstherrlichen Anspruch des akademischen Betriebes, selbst und ausschließlich zu entscheiden, was „Bildung" ist und was auf die Lehrpläne gehört. Praktikern hört das Bildungssystem bisher schlicht nicht zu, und diese Ignoranz ist der eigentliche Grund für das Versagen junger Berufsanfänger.

Wir denken, wir können es uns nicht mehr leisten, unsere Kinder ohne diese Grundfähigkeiten aufwachsen zu lassen. Die rapide Veränderung der Anforderungen, die unsere sich so rasch wandelnde Welt an junge Menschen stellt und stellen wird, macht einen Widerhall in den Fähigkeiten nötig, mit denen wir unsere Kinder ausstatten.

Nicht nur innerhalb bestehender Kategorien denken

Eines haben die meisten Beiträge in unserem Buch gemeinsam: Sie versuchen nicht, innerhalb der bestehenden Strukturen des Bildungssystems kleine Korrekturen vorzunehmen, sondern sie hinterfragen die Prinzipien, die hinter den bisherigen Inhalten stehen. In welchem Fach beispielsweise ließe sich das Thema Stil unterbringen? Bisher in keinem. Und da das Bildungssystem in traditionell stark festgezurrten Kategorien denkt, fallen Themen aus, die zwar relevant sind, aber nicht ins bisherige Raster passen. Dieses Denken in Schubladen ist fatal. Wir sollten nicht nur innerhalb der Kategorien denken, sondern die Kategorien selbst hinterfragen. Es ist nicht damit getan, dass wir nur überlegen, welche Inhalte in bestimmten Fächern fehlen und in einzelnen Fächern das eine rauswerfen und das andere reinnehmen.

Stattdessen sollten wir das System von außen betrachten und überlegen, welche Fächer überhaupt wichtig sind und wie wir das System der Fächer aufbauen. Das Prinzip der Fächer entspricht weiten Teilen des modernen Berufslebens nicht mehr – sogenannte „Hauptfächer" können für zahlreiche Schulabgänger de facto unwichtige Nebenfächer sein.

Was letzten Endes für Berufstätige wichtig ist, sollten wir nicht aufgrund der gewachsenen Strukturen des Bildungssystems entscheiden, sondern gemessen an dem, was Berufseinsteiger brauchen. Denn das ist ja nun der Sinn der Schule: junge Menschen auf den Beruf vorzubereiten. Zumal zahlreiche junge Leute sich längst auf die schnelllebige und veränderte Welt einstellen: Sie wollen nicht mehr irgendwelchen Kategorien entsprechen, sondern selbst neue Kategorien schaffen. Das entspricht auch der Arbeitswelt der Zukunft.

Die wahren Ansprüche der Arbeitswelt von morgen

Wir meinen, dass die Arbeitswelt der Zukunft noch viel flexibler sein wird, als wir uns das heute vorstellen können. Den Arbeitsplatz fürs Leben gibt es schon heute kaum noch. Manche heute Vierzig- und Fünfzigjährigen, die 1980 oder 1990 die Schule abgeschlossen haben und damals noch glaubten, nach ihrer Spezialisierung auf ein Fach einen Arbeitsplatz fürs Leben zu haben, verlieren heute ihre Jobs und stehen ohne Alternative da. Selbstwert und das Bewusstsein, dass wir unsere Realität selbst erschaffen und selbst entscheiden, wie wir die Welt beeinflussen und auch ändern, sind in solchen Fällen maßgeblich, damit Menschen sich auch trotz Jobverlust trauen, neu durchzustarten, und dabei offen sind für ungewohnte Perspektiven. Jüngere Generationen sind es längst gewohnt, dass sie Fernbeziehungen führen, weil ihre Arbeitgeber sie hin- und herschubsen, ganze Heerscharen lassen sich von Praktikum zu Praktikum vertrösten, zahlreiche Arbeitnehmer übernehmen ohne Entlohnung immer mehr Aufgaben ihrer gekündigten Kollegen. Immer mehr junge Menschen wollen sich diese Zustände nicht bieten lassen, in die sie das Bildungssystem konsequent kanalisiert, suchen nach neuen Wegen und stellen fest, dass ihnen das Schulwissen dazu oft überhaupt nichts gebracht hat.

Das Entscheidende ist aus unserer Sicht das Denken außerhalb der Bahnen des Bildungsbetriebs. Die wesentlichen Bildungsinhalte von morgen bestehen nicht aus der Sonatenhauptsatzform, dem Zitronen-säurezyklus und dem Periodensystem der Elemente. Sondern sie beste-hen aus Führung, Professionalität, Zeitmanagement, Prioritäten und vielen anderen Dingen, die wir in unserem Buch dargestellt haben.

Das wichtigste Element in einem Kanon relevanter Lerninhalte ist vielleicht die Fähigkeit, auch in einer völlig neuen, unerwarteten Situati-on aus den Gegebenheiten das Beste zu machen. Beherrschen junge Leu-te diese grundlegenden Dinge, ist es völlig in Ordnung, sich dem Spezi-alwissen aus irgendwelchen Fächern zu widmen. Doch bevor wir uns mit Nebensachen und Details befassen, sollten die Grundlagen sitzen – eine Weisheit, die die Schule im Grunde kennt.

Dieses Buch ist unser Geschenk ans Bildungssystem und an alle, die das Gefühl haben, in der Schule das Wichtigste nicht gehört zu haben. Unsere Experten stellen in diesem Buch ihr Wissen dar und schlagen es Lehrern, Ministerialbeamten und Politikern als Grundlage für eine in-haltliche Debatte über die Bildung vor. Es ist Know-how, das heute in die Schule gehört, und für das die Schule auch Zeit hat, wenn sie das bisheri-ge Schulwissen ausmistet.

Diskutieren Sie bei Facebook!

„Die Bildungslücke" ist bei Facebook. Diskutieren Sie mit Verlag, Herausgebern und Autoren über das Wissen, das im Arbeitsleben wirk-lich wichtig ist!

www.facebook.com/diebildungsluecke